JN437654

질문으로 풀어주는

멕시코

Mexico

정경원 외

한국외국어대학교 출판부

✣ 국립중앙도서관 출판시도서목록(CIP) ✣

(질문으로 풀어주는) 멕시코 = Mexico / 지은이: 정경원 외. -- 서울 : 한국외국어대학교출판부, 2009

p. ; cm

색인수록

ISBN 978-89-7464-537-3 93950 : ₩15000

멕시코(국명)[Mexico]

943-KDC4

972-DDC21 CIP2009001513

이 도서의 국립중앙도서관 출판시도서목록(CIP)은 e-CIP 홈페이지(http://www.nl.go.kr/ecip)에서 이용하실 수 있습니다.(CIP제어번호: CIP2009001513)

책을 내면서

1970년대의 선구적 업적들을 일단 접어 둔다면 국내에서 중남미에 대한 연구가 본격화된 것은 1980년대 중반 이후라고 할 수 있다. 당시는 학문 자유화의 바람을 타고 서구적 패러다임에서 벗어난 대안적 사회 인식에 대한 요구가 매우 강렬했다. 그런 와중에 제3 세계권으로 인식되던 중남미 사회 이론에 대한 관심이 증가했다. 이런 흐름을 주도한 사람들은 중남미 이론을 통해 한국 사회를 이해하기 위해 비교 정치적 차원에서 접근을 시도한 일단의 정치학자들이었다. 그들에 의해 종속 이론과 관료적 권위주의이론 등이 수입되었고, 쿠바혁명, 칠레 아옌데 정권의 사회주의 실험, 니카라과 혁명 등에 대한 연구가 활발히 전개되었다.

이렇게 시작된 중남미에 대한 관심은 1990년대 중반 세계화의 바람을 타고 또 다른 방향으로 전개되기 시작했다. 중남미 현지에서 유학하고 돌아온 역사, 정치, 경제, 인류학, 문학 등 다양한 분야의 전공자들이 주로 팀을 이뤄 중남미 역사, 문화, 사상, 문학, 정치 등에 대한 저술들을 생산하기 시작했다. 그러나 당시에 출판된 대부분의 책은 개괄서 수준을 넘지 못했다. 물론 최근에 와서야 음악, 영화 등과 같은 특정 분야의 전문화된 책들이 나오고는 있지만 대부분 문화 분야에 한정되어 있고, 사회과학 분야의 중남미 관련 저술들은 아직까지 대부분 개괄서이거나 아니면 전문화된 주제의 개별 연구논문을 모아 놓은 것들이다. 보다 세부적인 주제에 대한 체계적인 전문서의 생산은 현재 국내 중남미 학계가 안고 있는 최대의 당면과제라 할 수 있다.

이와 함께 중남미 각 국가에 대한 연구의 필요성도 시급하다. 지금까지 중남미와 관련하여 출판된 저술들을 보면 대부분 중남미 전체를 다루고 있지 특정 국가만을 언급한 것은 거의 찾아보기 힘들다. 중남미

국가들이 다양한 면모를 지니고 있지만 타 지역에 비해 상대적으로 단일하다는 사실을 고려할 때 전체를 통합적으로 다루는 연구는 반드시 필요하다. 그러나 개별 국가들이 가지는 차별성 또한 결코 적지 않기 때문에 개별 국가를 통한 접근도 매우 중요하다. 따라서 개별국가에 대한 심화 연구는 국내 중남미 학계가 안고 있는 또 다른 주요 과제라 할 수 있을 것이다.

본 중남미연구소는 이런 필요성을 인식하고 중남미 주요 국가들을 선정하여 각 국가의 다양한 측면을 총체적으로 제시할 수 있는 학술도서를 매년 1권씩 기획하게 되었다. 그에 따라 이번의 멕시코 편을 시작으로, 올해에 아르헨티나 편, 내년에 브라질 편을 기획하고 있다. 이후에도 페루, 베네수엘라, 콜롬비아, 칠레와 같은 중위권 국가들은 물론이고, 쿠바, 과테말라, 볼리비아, 에콰도르 등 작지만 흥미로운 나라들로 계속해서 연구를 확대해 나갈 예정이다.

이 책은 기본적으로 멕시코를 역사, 정치, 경제, 사회문화, 문학 등 다섯 영역으로 나누어 총체적인 접근을 시도하고 있다. 역사와 정치 분야에서는 중복될 수 있는 부분들을 피하기 위해 역사는 주로 멕시코 혁명까지를 다루고, 정치는 그 이후 부분을 다루도록 했다. 또한 문학에 대한 관심과 중요성을 고려하여 사회문화 부분에서 문학을 따로 떼어 한 파트를 구성했다. 따라서 이 책은 멕시코에 관해 기본적으로 알아야 할 거의 모든 것을 담고 있다고 감히 자부한다. 물론 이 책은 멕시코에 관해 전공하고자 하는 사람들에게도 아주 유용한 기본서가 될 수 있을 것이다.

본 저술이 기본적으로 학술적인 내용을 담고 있지만, 필자들은 독자층을 확대하기 위해 다양한 노력을 기울였다. 일단 각 분야 별로 가장 핵심적이고 관심을 끌 만한 주제를 10개씩 선정했다. 이를 위해 각 대학과 대학원 스페인어과 혹은 중남미학과 학생들을 대상으로 설문 조사를 실시했으며, 이를 바탕으로 멕시코를 알고자 하는 사람들이 가장 관심있어 하는 주제들이 무엇인지 파악해 전체적인 맥락에서 재구성하였다. 그리고 어떻게 문제의 핵심을 파악해야 하는지, 어떤 시각에서 문제에 접근해야 하는지 돕기 위해 소제목들을 질문 형식으로 제시했다. 이를 통해 중남미를 처음 접하는 사람들에게는 관심을 유발하고, 전공자들에게는 앞으로 보다 심도있게 연구할 수 있는 논점을 제시하고자 노력했다.

이 책이 중남미 개별 국가에 대한 총체적 연구의 시작을 알렸다는 점에서 의의를 찾고자 하며 멕시코를 알고자 하는 사람들에게 조금이라도 도움이 된다면 더 이상 큰 기쁨이 없을 것이다.

2009년 2월 22일
저자 일동

차 례

7

표차례

1 메소아메리카 지역의 인신공양

멜 깁슨의 영화 〈아포칼립토〉에서처럼 정말 인신공양이 행해졌는가?

정말 아스떼까 문명과 마야 문명에서 연대기 작가들이 말한 인신공양 풍습이 일반화되어 있었는가, 혹시 고대 원주민들의 원시적이고 야만적 특성을 강조하기 위해 스페인 정복자들이 과장한 것은 아닌가라는 물음은 메소아메리카 학계에 숱한 논쟁을 야기했다. 게다가 식인풍습이란 문제는 오랫동안 멕시코의 학자들에게는 일종의 터부로 여겨졌던 테마다.

이 지역 토착원주민들의 입장을 대변하고 옹호하는 일군의 학자들은 16세기와 17세기 스페인 정복자, 선교사, 그리고 개종한 원주민들이 남긴 문서기록들이 원주민 문화의 야만성을 드러내고 폄하하기 위한 목적 등 불순한 의도로 만들어졌으므로 신뢰할 수 없다고 주장한다. 먼저 이들은 기존 사료를 기록 그대로 믿지 않고 비판적 관점에서 재독한다. 인신공양의 이야기는 스페인 사람들이 아스떼까 원주민들의 전통신앙과 종교를 우상숭배와 악마적 요소를 지닌 의식으로 몰아가기 위해 만들어낸 신화요 꾸며낸 이야기라고 주장한다. 그들은 잘 드는 수술칼도 아닌 원시적인 흑요석 칼로 단번에 뼈와 근육에 감싸인 산 사람의 심장을 꺼내는 것이 불가능하다고 본다. 그러므로 그들은 역사사료 자체의 진술들을 의심한다.

그들은 정복과정에 참여한 연대기 작가인 베르날 디아스 델 가스띠요(Bernal Díaz del Castillo: 1496 ~ 1584)가 기록한 인신공양과 식인풍습에 대해서도 의심한다. 그것은 인신공양을 행하던 신전과 6 ~ 8킬로미터 떨어진 곳에 있던 군인의 진술을 실제 신전 근처에서 본 것처럼 묘사하고 있는 허구성 때문이다. 같은 맥락에서 에르난 꼬르떼스(Hernán Cortés)가 까를로스(Carlos) 5세 왕에게 보낸 편지에 언급한 인신공양도 실제로 본 것을 묘사한 것이 아니라고 비판한다. 그리고 꼬르떼스가 아스떼까의 수도인 떼노치띠뜰란(Tenochtitlán)에 들어온 후에 인신공양이 거행된 것을 본적이 없다는 것을 기록한 스페인 왕에게 보낸 두 번째 편지를 그 증거로 제시한다. 게다가 마야의 인신공양에 대한 디에고 데 란다(Diego de Randa) 수사의 기록이 모두 고문을 기초로 해서 얻어진 것이라고 반박하고, 수천 명을 처형한 집단적 인신공양이 있었다면 당연히 나와야할 대량의 뼈 무덤이 발견되지 않은 것을 근거로 인신공양의 사실성을 부정한다. 이 노선의 학자들은 인신공양의 사실성을 주장하는 사람들이 상징과 신화, 전설을 잘못 해석하고 있다는 주장을 편다. 그러나 빠블로 목떼수마 바라간(Pablo Moctezuma Barragán) 등 소수의 진지한 학자들을 제외하면 인신공양의 실제성을 부정하는 사람들은 전문적인 훈련을 받은 사람들이 아니라는 비판을 받고 있다.

이와는 대조적으로 대다수의 인류학자, 고고학자, 역사가들은 코덱스(Códices), 편지, 벽화 등 여러 진술과 이미지를 근거로 인신공양 풍습과 식인 풍습이 실제로 행해졌다는 사실을 부정하지 않는다. 멕시코의 메소아메리카학계 최고 권위자 중 하나인 미겔 레온 뽀르띠야(Miguel León-Portilla)나 브리태니커 백과사전의 집필자들도 인신공양의 역사적 사실성을 인정한다. 그리고 오늘날 인신공양에 관한 내용이 멕시코의 초등학교에서부터 대학교까지의 학생들에게 가르쳐지고 있다.

고대 메소아메리카 지역에서 인신공양과 식인풍습이 존재했음을 믿는 학자들은 연대기 사가나 선교사, 개종한 원주민들이 기록한 사료들 중에서 일부 과장이나 오류가 있다는 것을 인정한다. 예를 들면 1487년에 대신전의 개관식을 기념하기 위해 행한 제식에서 3일에 걸쳐 제물로 바친 희생자의 숫자가 8만400명이라는 기록이 과장되었을 것으로 본다. 그러나 세루주 그뤼진스키(Serge Gruzinski)나 다빗 까라스꼬(David Carrasco) 같은 저명한 학자들은 적어도 수천 명의 사람들이 제물로 바쳐진 것은 사실일 것으로 믿고 있다. 게다가 새로운 고고학적 발견들과 법의학 기술의 발전, 유전학 등 과학적 접근방식들의 지원에 힘입어 인신공양과 식인풍습의 사실성이 보다 명료해지고 있다.

최근에 이루어진 아스떼까족의 일부인 에까떼 공동체의 발굴에 법의학자, 인류학자, 토기전문학자, 역사가, 고고학자 등이 참여하여 어린이들도 인신공양과 식인풍습의 희생자였음을 또 한 번 증명했다. 특히 학자들은 살을 발라내기 위해 정육점에서처럼 토막낸 뼈의 잔해에 남겨진 흔적과 불태워진 어린이들의 유해 연구에서 많은 증거를 수집했다. 또한 발굴지에서 죽음의 신에게 인신공양을 하는 것을 그린 그림책에 나온 용기와 유사한 것을 발견함으로써 이 주장에 신빙성을 더했다.

고대 메소아메리카 지역의 인신공양은 다양한 방법으로 행해졌다. 가장 대표적인 경우가 영화 〈아포칼립토〉에서 자세히 묘사된 것처럼 포로로 잡힌 다른 부족 전사의 심장을 흑요석 칼로 도려내고 목을 잘라 신에게 봉헌하는 의식이었다. 희생된 제물의 몸은 피라미드 신전 꼭대기에서 내던져졌고, 어떤 경우에 제물이 받기받기 찢겨지거나 수많은 화살에 맞아 구멍이 나는 일도 있었다. 지나친 경우에는 토막이 나기도 했고, 산 채로 가죽이 벗겨지기도 했다. 순수하고 오염되지 않은 제물로 여겨져 아이들이 바쳐지기도 했으며, 여자들이 제물이 된 경우도 있었다. 더욱 흥미로운 것은 구기경기가 인신공양 제의와 깊은 연관이 있었다는 것이다. 경기에 참여했던 사람들도 인신공양의 대상이 되었는데, 그들의 피가 땅 위에 풍요를 기원하는 의미로 뿌려지기도 했다.

그렇다면 무슨 이유로 그들은 인신공양을 해야만 했는가? 여러 연구자들이 다양한 설명을 시도했다. 연구 초기 어떤 학자들은 고대 메소아메리카 지역에 동물성 단백질이 부족했기 때문에 인신공양과 식인풍습을 통해 필요한 영양을 공급받았다고 주장했으며, 또 다른 학자들은 급격히 증가하는 인구를 통제하기 위한 수단으로 인신공양이 이루어졌다는 이론을 내세웠다. 그러나 이러한 이론들은 설득력이 부족하여 학계에서 거부되었다.

인신공양 예식이 공포정치를 지속시키기 위한 통치수단이라고 주장하는 학자들도 있는데, 그들은 인신공양이라는 시스템을 통해 자연스레 정복지의 지도자들과 전사들을 제거할 수 있었다는 것이다. 다른 학자들은 이 예식이 공물을 바치는 종속부족과 이웃 도시들에게 강한 두려움을 심어주기 위해 이용되었다고 주장한다. 또한 이러한 것들은 일종의 거창한 볼거리를 제공하는 동시에 '구경거리(퍼포먼스) 사회'의 기본적 욕구를 충족시키는 측면도 있었다는 점을 강조한다.

그러나 가장 설득력을 있는 것은 아스떼까 사회가 지닌 고유한 신관과 우주관을 연계한 설명이다. 원주민들이 인신공양을 해야만 했던 이유가 희생자를 고통스럽게 하거나 죽음을 미화하기 위해서가 아니라 고유한 종교·정치적 의도 때문이었다. 학자들은 이 고대사회의 신화, 전설, 상징에 대한 연구를 통해 아스떼까 사람들이 인류를 살리기 위해 자신들을 희생했던 신에 대한 신앙을 가지고 있었음을 밝혀냈다. 인간과 인류를 탄생시키기 위해 신의 희생이 있었으므로 이 지역 사람들은 신들에게 빚을 졌다고 여겼다. 아스떼까 사람들이 섬기는 신들은 불멸의 존재가 아니었다. 따라서 지속적으로 음식을 바쳐 부양해야 했다. 동물들을 이용하여 공양을 하기도 하였으나 최고의 양식은 생명의 근원인 인간의 심장과 피였다. 이것들이 신에게 힘을 주는 원천이라고 믿었다. 하루 주기뿐 아니라 52년을 주기로 도는 태양이 힘을 잃거나 사라지면 인류에 재앙이 온다고 믿었다. 그들은 가장 숭상했던 태양신의 운행을 돕기 위해 아스떼까의 달력에 근거해 희생의식을 거행해야 태양을 재생시킬 수 있다고 확신했다. 그들은 세상의 종말을 지연시키기 위해 끊임없이 이러한 인신공양을 했던 것이다. 정치적으로 이것은 희생제사를 정당화하는 이념적 역할을 했다. 그러나 이러한 공양은 태양신 우이칠로뽀치뜰리뿐 아니라 비의 신 뜰랄록, 불의 신 우에우에떼오뜰, 밤과 운명의 신인 떼스까뜰리뽀까 등 다양한 신들을 위한 것이었다. 그뤼진스키에 의하면 스페인 사람들은 우이칠로뽀치뜰리 신전 제단으로 오르는 계단이 피로 낭자한 것을 보고 충격을 받았다는 기록이 있고, 제식이 벌어지는 현장에는 시체 썩는 냄새가 진동했다고 전해진다.

제물이 된 포로들이나 노예들은 의식 전까지 일정한 준비 단계를 거쳤으며, 이 기간 동안 신처럼 대우받기도 했다. 그리고 일반적으로 희생자들의 두려움과 지각을 마비시키기 위해 마취제들이 사용되었다. 많은 희생자들은 두려움 없이 죽었으며 경우에 따라서는 지원자들도 있었다. 그러나 어떤 희생자들은 희생제단에 오르기까지 두려움 때문에 울다가 끌려 나가 죽음을 맞이한 경우도 있었다.

이러한 인신공양 의식은 전쟁이나 전투, 가뭄, 기아, 홍수, 일식 등 중요한 사태나 사건, 불안정한 우주 질서로 야기되는 문제 때문에 주로 행해졌다. 의식은 국가적 차원에서 체계적으로 조직되었고, 그러한 행사의 주관자들은 그 사회에서 존경받는 사제들이었다. 이들이 사용한 흑요석 칼은 신의 손, 혹은 천상의 번개를 상징했다.

인신공양 후에 포로의 희생 제식이 끝나면 그 잔해의 일부는 귀족이나 그들의 친척들의 몫으로 돌아갔고, 인육은 일반적으로 그 포로를 생포한 전사에게 돌아갔다. 그들은 이 고기를 삶아먹었다는 기록이 베르

마글리아베치아노 코덱스에 나타난 인신공양

죽음의 신에게 바쳐진 어린이 유해(에까떼뻭 지역)

나르디노 데 사아군(Bernardino de Sahagún)이 쓴 『누에바 에스빠냐 풍물 총사(Historia general de las cosas de Nueva España)』에 언급되어 있다. 베르날 디아스 델 까스띠요도 목떼수마 황제가 자주 어린 남자아이의 고기를 먹었다고 기록했다. 이러한 식인풍습은 인신공양의 연장선상에 있는 일종의 중요한 종교·사회적 행사였다. 이것은 신성화된 죽은 자의 몸을 취함으로써 신과 하나가 됨을 의미하는 일종의 의식이었다. 이러한 자리에 참여하는 자들은 명성과 특권을 누릴 수 있었다.

2 멕시코 정복

600명의 스페인 정복자는 어떻게 아스떼까 제국을 무너뜨릴 수 있었는가?

크리스토퍼 콜럼부스(끄리스또발 꼴론)는 항해를 통해 아시아에 교역 기반과 상업을 위한 전진기지를 구축하려는 생각에서 탐험을 시작했으나, 에르난 꼬르떼스와 같은 까스띠야 왕국 출신의 스페인 정복자들은 군사적 침략, 영지의 할당, 전리품의 분배, 이교도들의 개종 등 보다 중세적이고 봉건적 사고방식에 매여 있던 사람들이었다. 그들은 '레꽁끼스따(Reconquista)'라는 국토회복 전쟁에서 이슬람 세력을 물리치며 형성된 군사문화와 전통을 계승한 사람들이다. 콜럼부스의 상업적 진출 전략이 실패하고 식민지에서 금 발견 가능성이 증가하자 새로운 원정대들이 조직되었다. 1519년 꼬르떼스의 원정은 이미 쿠바 총독 디에고 벨라스께스(Diego Velázquez)가 탐험과 무역을 목적으로 파견한 두 번째 원정이 실패로 돌아가고 조직된 세 번째 원정이었다. 그러나 꼬르떼스는 벨라스께스와 합의점을 찾지 못하자 스스로 16필의 말과 50명의 선원을 포함한 550명의 스페인 사람들을 모았다. 그리고 약 200명 정도의 원주민들과 흑인 노예들을 원정대에 참여시켰다. 먼저 유까딴 반도를 탐험하고 이곳에서 8년 전 난파자로서 마야족의 포로가 된 아길라르를 구했다. 타바스코 지역에서는 전투에서 패한 원주민들이 바친 20명의 원주민 여성 중에서 마야어와 나우아뜰어에 능통한 말린체(La Malinche)를 얻었다. 꼬르떼스는 항상 이 두 사람을 자기 곁에 두었는데 스페인어와 마야어를 할 줄 아는 아길라르와 마야어와 나우아뜰어를 아는 말린체 때문에 나우아뜰어와 마야어 그리고 스페인어 등 삼중 통역이 이루어져 많은 정보를 얻을 수 있었다. 말린체는 꼬르떼스의 정부가 되었으며 그의 정복사업을 도왔다. 꼬르떼스는 후일 이들의 도움으로 아스떼까족의 규모와 정황 등에 대한 정확한 정보를 얻고, 치밀한 전략을 세울 수 있었다. 당시 이 제국의 수도인 떼노치띠뜰란은 약 20만~30만 정도의 주민이 살고 있어 당시 베이징과 함께 최대의 규모의 도시였다.

꼬르떼스는 총독의 승인 없이 독자적으로 추진한 정복사업을 정당화하기 위해 정박하던 베라끄루스(Veracruz) 지역에 도시를 설립했다. 그리고 시의회 격인 까빌도(Cabildo)를 통하여 행정적, 군사적 권한을 위임받은 총사령관으로 선출되었다. 당시 스페인 법에 의하면, 하나의 도시가 까빌도와 함께 설립되면 그 도시는 자치도시가 되는 것이었다. 따라서 벨라스께스의 명령에 복종할 필요가 없고 오직 스페인 왕의 명령에 복종할 의무만 있을 뿐이었다. 꼬르떼스는 스페인의 까를로스 5세 왕에게 그 동안 획득한 금과 은, 보석들을 보내며 자신의 정복사업의 허가를 요청했다. 그는 자신의 결의와 각오를 부하들에게 보이기 위해 베라끄루스에 정박한 모든 배에 구멍을 뚫어 가라앉혔다. 정복 이외엔 길이 없다는 것을 부하들에게 상기시킨 것이다.

이미 각지에 파견된 전령들은 스페인 사람들에 대한 소식을 상세히 목떼수마 황제에게 보고했고, 이 사실을 접한 황제는 불안과 근심 속에 빠져들었다. 그는 전진해 오는 꼬르떼스 군을 저지하기 위해 많은 선물과 함께 사신들을 파견해 돌아가기를 종용했다. 그러나 꼬르떼스는 자신의 군사력을 과시할 목적으로 대포를 쏘아 목떼수마가 보낸 사신들을 겁에 질리게 만들었다. 역설적으로 아스떼까의 황제가 보낸 금과 보석 등 선물은 군인들의 탐욕을 더욱 자극했을 뿐 아니라 아스떼까 제국의 부에 대해 확신을 갖게 만들었다.

먼저 셈뽀알라에서 아스떼까 제국에 복속되어 조공을 바치던 또또나까족의 환대를 받은 꼬르떼스는 원주민 지도자들과 협정을 맺고 아스떼까 제국의 지배로부터 그들을 해방시켜주겠다고 약속했다. 또또나까족은 꼬르떼스에게 1만3천의 전사를 지원했다. 초기에 뜰락스깔라(Tlaxcala)족도 자신의 영토에 스페인군이 들어오는 것을 거부하고 대항했으나 전투에서 패하자 지도자들은 화친조약을 체결했다. 아스떼까 제국에 끝까지 저항하던 뜰락스깔라족도 결국 꼬르떼스가 자신들의 원수인 아스떼까 제국을 섬멸할 수 있을 것으로 보고 동맹을 맺었다.

아스떼까 제국에 이어 두 번째로 인구가 많던 촐룰떼까족은 아스떼까 제국에 조공을 바치던 동맹세력이었다. 목떼수마 황제의 지침을 받은 촐룰떼까족은 스페인 사람들이 초룰라 시로 입성하는 것을 환영했다. 그러나 원주민들이 매복하여 자신들을 죽일 거라는 정보를 입수한 스페인군은 먼저 기습을 감행하여 5,000여 명의 주민들을 잔인하게 도륙했다. 결국 촐룰떼까족도 전쟁에서 패배한 후 꼬르떼스와 동맹을 하고 그들을 지원하게 되었다.

1519년 11월 8일 아스떼까의 수도인 떼노치띠뜰란에 도착했을 때 목떼수마 황제는 평화의 표시로 직접 꼬르떼스를 영접했다. 그러나 꼬르떼스는 베라끄루스 지역에서 있었던 스페인군과 아스떼까 전사들의 전투에서 7명의 스페인 군인이 죽은 것을 핑계로 목떼수마 황제를 체포했다. 꼬르떼스는 황제를 인질로 삼음으로써 손쉽게 그의 권한을 이용할 수 있었다. 그러나 그때 이미 쿠바 총독이 반란의 죄목으로 꼬르떼스를 잡기 위해 파병한 나르바에스가 19척의 배에 쿠바 원주민 1,000명을 포함한 1,400명을 싣고 베라끄루스 지역에 도착했다. 꼬르떼스는 총애하는 뻬드로 알바라도에게 남은 병사에 대한 통솔을 맡기고 군대를 이끌고 가서 나르바에스의 부대를 물리쳤다. 포로들 중에서 다수가 꼬르떼스의 편에 새롭게 가담했다. 그러나 그가 떼노치띠뜰란에 돌아왔을 때 그의 부관 알바라도가 야기한 대학살로 스페인군은 고립된 상태였다. 알바라도가 죽인 사제들과 귀족들은 원주민 제국의 종교의식을 주관하던 지도자들이었다. 결국 목떼수마 황제를 앞에 내세워 봉기를 진정시키려 했으나 황제는 성난 원주민들이 던진 돌에 맞아 그 상처로 며칠 후 사망했다.

위원회를 통해 황제직은 목떼수마의 사촌인 꾸이뜰라우악(Cuitláhuac)이 계승했다. 물과 음식의 공급이 중단되자 꼬르떼스는 1520년 6월 30일 뜰락스깔라로 후퇴를 감행했다. 퇴각하던 중에 집중적인 원주민 공격을 받은 꼬르떼스 군은 결정적 타격을 입었다. 결국 그는 800명의 스페인 병사와 5,000명의 동맹군뿐 아니라 말과 무기, 그리고 획득한 모든 금을 상실했다. 이 전투가 일어난 밤을 스페인 역사가들은 '슬픈 밤'이라고 명명했다. 이 전투에서 입은 타격으로 꼬르떼스는 다시 전세를 회복하는 데 일 년의 세월을 허비해야 했다. 그럼에도 불구하고 결코 좌절하지 않은 꼬르떼스는 카리브해 지역으로부터 새로운 병력과 보급품을 지원받고 무기를 만들었으며, 범선을 제작하는 등 총공세를 준비했다. 그러는 사이 흑인 노예가 전파한 천연두로 아스떼까 제국은 재앙과 혼란 속에 빠져들었다. 꾸이뜰라우악 황제가 이 전염병으로 쓰러졌고 수많은 원주민이 죽어 나갔다. 이 병으로 아스떼까 사람들은 거의 전의를 상실했다. 다행히 황제직을 계승한 꾸아우떼목(Cuauhtémoc)은 용맹한 지도자였다.

1521년 이후 스페인 정복군은 떼노치띠뜰란을 압박하고 있었다. 소규모 전투들이 계속되며 전진과 후퇴를 거듭하던 중 꾸아우떼목도 마지막 일전을 준비하며 주민들을 독려했다. 자신들의 지배하에 있던 부족들에게 조공을 폐지하면서까지 동맹군으로 포섭했다. 꼬르떼스는 전투 중 적에게 잠시 생포되는 위험을 겪었으나 부관의 도움으로 그 위기를 벗어났다. 1521년 8월 13일 마침내 아스떼까 제국의 황제가 항복함으로써 제국은 멸망을 고했다. 스페인 사람들은 황금과 보물이 있는 곳을 알아내기 위해 꾸아우떼목을 고문했으며 황제는 고통스런 최후를 맞았다. 정복자들과 그 원주민 동맹세력은 약 4만 명의 아스떼까족을 죽였다고 꼬르떼스 자신이 스페인 왕에게 보낸 편지에서 밝혔다. 로뻬스 데 고마라에 의하면 포위작전이 진행되는 약 3개월 동안 20만 명이 동원되었고, 그중 스페인 사람은 900명, 말은 80필이었다고 전한다. 반면에 아스떼까 사람은 10만 명이 죽었는데, 이는 기아나 전염병으로 죽은 사람은 포함되지 않은 숫자임을 밝히고 있다. 게다가 단지 50명의 스페인 사람과 6필의 말이 죽고 소수의 동맹군 원주민들이 죽었다는, 쉽게 믿어지지 않는 숫자를 밝혔다.

전쟁에 승리한 후 정복자들에게는 자신들의 투자와 공로에 상응하는 포상이 주어졌다. 그러나 정복에 가담한 모두에게 골고루 승리의 전리품이 돌아간 것은 아니었다. 정복을 위해 약 2,000명의 스페인 정복자들이 자신의 운명을 시험했지만 많은 수가 그 과정에서 죽거나 여러 이유로 충분한 보상을 받지 못했다. 꼬르떼스를 위시해 약 4% 정도만 만족할 만한 보상을 받았다. 많은 스페인 사람들의 불만은 다행히 중미와 멕시코 북부로 정복이 계속되면서 완화되었다.

그런데 왜 대제국 아스떼까는 전쟁에서 패하고 소수의 스페인 군이 승리할 수 있었을까. 역사가들은 먼저 스페인의 지도자들이 아스떼까 제국과 조공을 바치던 주변 부족국 사이에 존재하던 반목을 이용하여 서로 분열시키고, 반대세력을 규합하여 동맹을 맺고 세력화한 것이 결정적인 성공요인이었다고 평가한다. 뜰락스깔라족과 또또나까 같은 부족은 주력군이 되어 전투에 참여했으며 필요한 군수품을 조달해 주었다. 토착원주민들 사이에는 서로가 한 피로 맺어진 종족이라거나 한 국가의 국민이란 의식이 없었다. 이런 점이 서로를 단결하여 외부의 적을 물리치는 데까지 발전하지 못했던 이유이다.

또 다른 이유 가운데 하나는 스페인 군이 우세한 무기와 보다 파괴적인 전쟁관을 가지고 있었다는 점이다. 칼과 갑옷 등 철제 무기뿐 아니라 말과 대포, 화승총은 원주민들을 경악하게 만들기에 충분했다. 이러한 무기의 우수성은 전쟁을 조직하고 전술을 구사하는 데도 양자 간의 차이를 만들었다. 전쟁에 임하는 태도도 상당한 차이가 있었는데 스페인 사람들에게 전쟁은 적을 죽이고 굴복시키며 약탈하는 것을 의미했다. 그러나 아스떼까 원주민들에게 전쟁은 적을 굴복시켜 조공을 받거나 태양신에게 바칠 희생 제의용 포로를 잡아오는 것에 불과했다. 따라서 살상용 무기나 일격에 적을 죽이는 도구가 발달한 것이 아니라 포획을 위한 단순한 방망이와 같은 무기가 주를 이루었다. 이것이 스페인 사람들이 소수의 병력으로도 제국을 상대할 수 있었던 이유였다.

학자에 따라서는 목떼수마 황제와 꼬르떼스의 지도력의 차이를 지적

멕시코의 화가 디에고 리베라가 그린 떼노치띠뜰란의 전경

하는 사람도 있다. 우유부단한 목떼수마는 싸워보지도 않고 이미 두려움과 전의를 상실한 모습을 보였다. 이것은 아마도 스페인 사람들을 아스떼까족이 숭상하던 께찰꼬아뜰신(Quetzalcoatl: '깃털 달린 뱀'을 의미함)의 귀환으로 생각했기 때문인 것 같다. 금발에 하얀 턱수염의 형상을 가진 이 신은 동쪽으로 사라지면서 다시 돌아오겠다고 선언했던 신이었다. 이에 반해 스페인의 꼬르떼스는 전사적 분위기를 풍기는 엑스뜨레마두라 지역 출신의 하위귀족으로 신대륙에 부와 명예, 영광을 찾아 모험을 떠나온 젊은이였다. 성공에 대한 집념뿐 아니라 신앙심이 투철한 인물로 전쟁 중에도 매일 미사를 드리고 모든 전투에 성모상을 지니고 다녔다. 선교라는 명분, 신의 지원 하에 얻게 될 승리에 대한 확신, 서구문명이 원주민 토착 문명보다 압도적으로 우월하다는 자신감을 가지고 있었다. 이러한 정신력은 수적 열세를 극복하는 데 결정적인 역할을 했다. 게다가 정복자들이 신앙하는 가톨릭은 그들의 전쟁이 '정당한 전쟁'임을 이념적으로 정당화해 주었다. 게다가 천연두와 같은

유럽에서 건너온 새로운 유형의 전염병과 질병도 아스떼까 제국의 전의를 상실시키는 데 중요한 역할을 했다. 이러한 질병은 아스떼까 황제의 목숨까지 앗아갔으며 원주민들 사이에서 병에 걸리지 않는 스페인 사람들은 두려운 존재로 부각되었다. 면역성이 없던 원주민들은 전염병의 창궐로 심한 절망 속에서 전의를 상실한 채 죽어갔다.

3 식민통치

소수의 스페인 사람들이 어떻게 드넓은 멕시코를 통치할 수 있었는가?

스페인 정복자들은 멕시코의 아스떼까 제국을 무너뜨린 후 바로 식민화 정책을 실시했다. 사실 정복보다 더 어렵고 힘든 작업은 스페인 사람들의 이주와 정착을 돕고 도시를 건설하는 것이었다. 원주민들을 새 체제에 적응시키고 통치기구들을 정비하는 것 또한 긴급한 문제였다. 가장 먼저 이루어진 것은 정복자들의 노고에 대한 보상을 하고 직위와 서열, 정복 과정의 공헌도에 따라 전리품을 분배하는 일이었다. 식민지의 주요 지역에 도시가 건설되었는데, 아스떼까와 마야 문명권이 있었던 지역에서는 옛 도시가 그대로 새로운 행정 중심지가 되었다. 각 도시의 중앙광장을 중심으로 교회와 시청과 같은 종교시설과 행정기관들이 가장 먼저 들어섰다.

멕시코에서 자신의 지배권을 확고히 하려고 했던 스페인의 가톨릭 왕들에게 노예제와 엔꼬미엔다(Encomienda)의 확대는 하나의 심각한 위험요소였다. 일찍이 이사벨과 페르난도 왕은 멕시코 정복 이전인 1500년에 공식적으로 인디오의 노예화를 금지했다. 여왕은 단지 예외적으로 스페인 사람들을 공격하거나 식인과 같은 악습을 유지하는 인디오들에 대해서만 노예로 삼는 것을 허락했다. 그러나 인디오를 노예로 삼는 것은 곧 노동력 확보를 통한 부의 증대를 의미했기 때문에 많은 정복자들이 인디오를 노예로 삼기 위해 이 법을 악용했다. 토지를 통한 중세 봉건 체제의 회복은 국왕의 힘을 약화시키는 주요 요소였다. 그래서 왕들은 원주민이 점유하지 않은 모든 토지와 그 지하에 매장된 자원도 국왕의 소유로 선언했고, 토지귀족이나 대농장의 출현을 막기 위해 토지가 한 사람에게 집중되지 못하도록 견제했다. 왕실은 그 일환으로 멕시코 내에서 자체적으로 사법권을 가지는 중세의 영지 수여를 거부했고, 귀족작위를 선사하는 데도 인색했다. 이러한 정책은 모두 멕시코에서 중앙 통제와 왕권강화를 위한 것이었다.

신대륙에서도 멕시코는 식민시대 행정의 중심지였다. 마야와 아스떼까로 대표되는 이 지역은 원주민들이 이룩한 찬란한 문명의 유산을 간직한 곳이었으며 인구의 규모나 문화면에서 타 지역보다 훨씬 앞서 있었다. 스페인 사람들도 원주민들이 이룩한 터전을 자신들의 식민통치의 주춧돌로 사용하였다. 따라서 1535년 멕시코에 가장 먼저 식민지 부왕청이 세워졌나. 특히 이 지역은 금과 은 등 귀금속이 많이 생산되었으며 농산물과 광물들이 풍부하여 경제적 가치가 매우 높았다.

스페인 왕실은 정복된 신대륙을 효과적으로 통치하기 위해 본국에 통상원(Casa de Contratación)과 인디아스 자문위원회(Consejo de Indias)를 설치했다. 먼저 통상원은 세비야에 1503년 세워진 경제적 성격의 기구였다. 설치의 주된 목적은 해상 무역을 통제하고 조직하는 업무, 교역 상품에 대한 세관업무, 여행자의 출입국 업무를 관장하기 위한 것이었다. 또한 멕시코를 비롯한 신대륙에서 항해법을 어기거나 항해 도중 범죄행위를 한 사람들을 다스리는 사법기능도 가졌다. 통상원이 주로 경제적 업무를 당당했다면 인디아스 자문위원회는 식민지 통치와 관련된 주요 업무를 상의하고 결정하는 최고 기관이었다. 이 기구에서는 군사와 재정적인 문제를 제외하고는 멕시코와 신대륙에서 발생하는 모든 문제를 다루었다.

위원회의 주된 활동은 스페인의 법률을 신세계의 현실에 적용시키는 것이었다. 이 기구는 원주민 보호를 목적으로 하는 법들을 재정하는 데 기여했다. 특히 1542년 원주민을 광범위하게 보호하는 법령들이 포함된 신법(Leyes Nuevas)을 재정하는 데 공헌했다. 이런 법률들이 효과적으로 시행되도록 하기 위해 인디오의 보호자(Protector de indios)라는 직책을 만들었는데 이것은 멕시코 남부 치아빠스 교구의 주교였던 바르똘로메 데 라스 까사스(Bartolomé de Las Casas)에게 최초로 수여됐다. 이 자문위원회는 멕시코뿐 아니라 신대륙의 모든 분쟁을 중재하고 해결하는 최고 기구로서의 역할을 수행했다. 또한 식민지의 주요 행정 관리와 사법 관리들을 임명했고 감찰관을 파견하기도 하였다. 교회의 고위 성직자인 주교와 수도원장을 추천하는 것도 이 위원회의 임무였다.

통상원과 인디아스 위원회가 본토인 스페인에 설치된 기구라면 부왕청과 아우디엔시아는 멕시코와 신대륙에 설치되어 직접 식민지를 다스렸던 기구들이었다. 식민지에서 왕의 권한을 대행하는 부왕은 주로 스페인 왕실과 가까운 귀족들 중에서 임명되었으며 그가 관장하는 부왕청은 최고의 행정기구였다. 초기 부왕은 종신직이었으나 3년 임기제로 바뀌었고 다시 5년 임기제로 정착되었다. 이것은 부왕의 권력이 비대해지는 것을 막기 위한 왕실의 조치였다. 누에바 에스빠냐의 부왕청 관할지는 지금의 멕시코와 코스타리카를 포함한 중앙아메리카 그리고 캘리포니아, 텍사스, 뉴멕시코, 애리조나, 유타, 네바다, 콜로라도의 일부 등 1848년 미국에 빼앗기기 전 영토를 포함하는 광대한 지역이었다.

아우디엔시아(Audiencia)는 일종의 상고 재판소를 뜻하는 사법기구였다. 주로 법률가들로 구성된 이 기구는 판사나 '경청하는 사람'을 뜻하는 4명의 오이도레스(Oidores), 한 명의 검사로 구성되어 있었다. 이들은 주로 스페인 본토에서 식민지로 파견되었으며 부왕과 같이 막강한 중앙 권력을 대표했다. 이론적으로 총독부(Gobernación)는 행정면에서 독립적 기구였지만 실제적으로는 가까운 아우디엔시아에 종속되어 있었다. 아우디엔시아가 지역 행정과 밀접한 연관이 있었던 것은 행정의 수장이 이 기구의 명예 회장직을 맡았던 것을 보면 알 수 있다. 본토의 아우디엔시아와 달리 식민지의 아우디엔시아는 단순히 사법적 업무만을 관장하는 기구가 아니라 행정과 정치 영역까지를 포함한 상당히 광범위한 권한을 행사했다. 도시들을 감시하고 예산을 점검하기도 했으며 관리들을 감독하기도 했다. 또한 원주민들을 보호하고 총독이나 부왕의 부재나 사망 시 임시로 직무를 대리하기도 했다. 이런 측면에서 보면 아우디엔시아는 식민지 경영의 머릿돌 역할을 했다고 볼 수 있다.

총사령관을 뜻하는 까삐딴 헤네랄(Capitan General)이나 '선봉'을 뜻하는 아델란따도(Adelantado)가 주로 군사적 중요성에 의하여 정복자들에게 부여된 칭호라면 총독(Gobernador)은 주로 왕실이 임명한 지역의 최고 관리자를 뜻했다. 정복시기에 임명된 총독은 주로 정복자들에게 부여된 것이라 종신직이었으나 그들의 사후 본국에서 파견한 총독은 3년이나 길게는 8년을 임기로 교체되었다. 총독은 지역 행정과 사법 분야의 수장이었고 경우에 따라서는 군 총사령관의 직책도 겸했다. 특히 원주민들의 저항이 계속되던 멕시코 북부지역에서는 자주 겸직 현상이 나타났다.

스페인 왕실은 정치와 행정의 기초단위로서 중요한 역할을 했던 중세 까스띠야 지역의 도시체제(Régimen Municipal o Ayuntamiento)를 그대로 멕시코에 적용했다. 이 도시의 최고 행정과 사법 기구는 위원회격인 까빌도로서 시장과 주민들에 의해 선출된 위원들로 구성되었다. 왕실은 멕시코에 설치된 이 위원회를 감시 감독하기 위해 꼬레히도르(Corregidor)를 파견했다. 이런 측면에서 보면 이 시스템은 중세시대의 완전한 자치기구와는 약간 다른 성격의 것이었다.

왕실은 파견 관리들의 부패와 전횡을 막기 위한 통제 시스템을 운영했다. 수많은 식민지 관리들에 대한 본국의 견제와 감시는 주로 감찰관 파견과 지역 관료의 임기만료 때 지역민들로부터 고발을 받아 실시했던 '주재지 심판(Juicio de residencia)'이라는 절차를 통해 이루어졌다. 또한 관리들에 대한 여러 가지 규제가 있었는데 한 예로 오이도레스들은 관할지에서 태어난 여자와 결혼하는 것, 토지와 집을 구입하는 것이나 선물을 수령하는 것이 금지되었다. 그러나 멕시코에서 이 모든 시스템이 문제없이 돌아간 것은 아니었다. 공직들은 매관매직 되었고 돈을 주고 직책을 산 사람들은 자신이 투자한 것을 단기간에 뽑아내려 했다. 그리고 본국으로부터 하달되는 왕의 명령을 수령하되 이를 교묘히 이행하지 않는 태도를 취했다. 이러한 현실에서 가장 고통을 당한 것은 원주민이나 힘없는 하위계층의 사람들이었다.

멕시코에서 스페인 정복자들이 찾고자 했던 것은 무엇보다 금과 은 같은 귀금속이었다. 그러나 자신의 부를 보증하는 다량의 금을 얻은 정복자들은 드물었다. 그래서 스페인 왕실은 정복에 대한 보상으로 엔꼬미엔다에 의존할 수밖에 없었다. 멕시코에서 이 제도는 국왕이 식민자들에게 원주민들을 보호하고 그리스도교 교인으로 교화시킬 의무를 부과하는 위탁체제였다. 그 대신 식민자들은 원주민들에게 개인적인 노동력을 요구할 수 있었다. 점차 정복자들은 엔꼬미엔다의 주인인 엔꼬멘데로(Encomendero)로 전환되었고 간접적으로 자신의 노고에 대한 보상을 받을 수 있었다. 그러나 이것은 원주민들에게 사실상 노예제와 다름없는 것이었다. 시간이 지남에 따라 왕실과 교회는 이 제도의 위험을 발견했다. 왕실은 이 제도가 중세의 봉건적 구조로 환원될 수 있음을 염려했고, 교회는 지나친 원주민들의 착취가 그리스도교적 정신에 위배됨을 걱정했다. 왕실은 교회의 지원 하에 인디오 보호 법령들을 재정하였다. 그러나 식민지 엔꼬멘데로들은 반발하며 이 제도가 식민지 경영에 있어 꼭 필요한 것이라고 강력히 주장했다. 멕시코에서는 이들에 의한 모반 시도가 발생하기도 했다. 이 제도는 이런 갈등을 겪으면서 계속되었고 비록 시간이 지날수록 약화되었지만 식민말기까지 이어졌다.

멕시코에서 원주민들에 대한 착취와 억압은 결국 저항을 불러왔다. 원주민들의 저항은 정복전쟁시기에만 존재했던 것은 아니다. 스페인 사람들에 대항한 전투는 그 저항의 규모가 작든 크든 식민시기 내내 계속되었다. 멕시코 북부지역과 두랑고주, 유까딴반도 지역에서 일어난 반발은 오랫동안 스페인 관리들을 괴롭혔다. 원주민들이 벌였던 전쟁은 전통적 형태의 전쟁이 아니라 게릴라전이었다. 특히 원주민들의 전통신앙과 의식을 제거하고 그리스도교라는 새 종교를 강요할 때 저항은 더욱 거세졌다. 새 시대의 도래를 예언하는 주술사들은 원주민들이 그리스도교를 포기할 것을 종용했고, 정복에 의해 단절된 옛 전통을 재수립해야 한다고 주장했다. 1541년 멕시코 북부 지역에서 믹스똔전쟁이 발생해 교회와 십자가가 불태워지고 선교사들과 그리스도교로 개종했던 원주민들이 처형되었다. 종교적 성격이 아니더라도 광산지역이나 엔꼬미엔다에서 지나치게 노동력을 착취하고 인디오들에게 필요 없는 것을 강매했을 때도 반란은 일어났다. 부를 축척하기 위해 스페인 사람들이 인디오들을 수탈하고 고혈을 짜내는 정책을 사용한 것이 직접적인 원인이었지만, 인디오들에 대한 차별과 신분상승의 기회를 박탈한 사회구조도 원주민 봉기를 촉발시킨 주요한 요인이었다. 이러한 것은 도시나 시골을 가리지 않고 발생했다.

스페인 사람들은 1521년부터 1821년까지 원주민들의 저항에 맞서며 위에서 언급한 제도를 통해 300년 간 멕시코를 통치했다. 특히 그들이 주도한 원주민들과의 혼혈정책은 원주민과 스페인 사람들을 하나가 되도록 만들었다. 두 피의 혼합과 문화의 융합은 독립 후 새로 태어난 멕시코를 여러 면에서 풍요롭게 했으나, 동시에 자신들이 누구인지에 대한 의문과 함께 정체성에 대한 혼란을 겪게 만들기도 했다.

4 가톨릭 선교

'정신적 정복'인 가톨릭 선교는 어떻게 이루어졌는가?

스페인의 정복자 에르난 꼬르떼스가 칼을 들고 멕시코 땅을 밟았을 때 그의 옆에 십자가를 든 바르똘로메 데 올메도(Bartolomé de Olmedo) 신부가 함께 있었다. 비록 신부 한 명이었지만 그의 존재는 신세계에서 제도교회의 현존을 의미하는 것이었다. 정복자들이 실제적인 목표가 신분상승과 토지나 금 등으로 부귀영화를 누리는 것이었지만, 언제나 그리스도교의 전파가 그 대의명분으로 이용되었다. 이처럼 이교도 원주민에 대한 선교는 정복이 갖는 부당성과 폭력성을 감추기 위한 일환으로써 뿐만 아니라 식민통치를 합리화하는 기재였다.

멕시코에서 선교 사업은 언제나 칼과 십자가, 교회와 국가, 왕좌와 제단의 합작품이었다. 이를 가장 잘 드러내는 것은 빠뜨로나또 레알(Patronato Real) 협약과 이단을 심판하던 종교재판소(Inquisición)다. 교황 알레한드로 6세는 새로 발견된 아메리카 대륙의 지배권을 스페인의 가톨릭 왕들에게 양도하면서 이 지역의 복음화 의무를 그들에게 부과하는 빠뜨로나또 레알을 체결했다. 이 협약의 결과 왕은 교회의 십일조를 관리하고 운영할 수 있고, 주교나 고위성직자 후보를 추천할 권리가 있으며, 교회 내적인 분쟁에 개입할 수 있는 권리를 보장받았다. 이렇게 스페인 왕은 교회의 후원자가 된 것이다.

종교재판소는 일종의 교회의 법정으로 세례를 받은 자들이 교회가 인정하지 않는 교의를 믿거나 우상숭배를 하는 것을 심판하던 제도였다. 법정의 심판관들은 주로 명망과 학식이 높은 도미니코회 소속 신부들로 임명되었다. 16세기 초반부터 이 재판소가 있었으나 공식적으로 설치된 것은 1571년 이었다. 초기에는 주로 개종한 원주민들의 신앙적 일탈을 벌주는 역할을 했으나, 점차 무지하고 신앙의 초심자들인 원주민을 벌주는 것이 지나치다고 하여 그 집행이 중단되었고, 주로 유럽에서 유입되는 서적과 식민지에서 출판되는 서적들을 검열하여 관련자들을 처벌하는 일을 맡았다. 그러나 때로는 종교적인 영역 밖의 문제들도 심판했으며, 반란과 역모를 꾀하는 백인들을 다스리는 데 이용되었다. 이 법정은 부왕이라도 통제하거나 관여할 수 없는 별도의 영역으로 교회가 식민지에서 하나의 정치세력화하는 데 기여했다.

1521년에 아스떼까 제국이 붕괴한 후 2년 뒤 꼬르떼스의 간곡한 요청에 따라 프란시스코회 소속 3명의 수도자들이 원주민들을 그리스도 교화하기 위해 파견되었다. 그 후 스페인의 까를로스 5세 왕은 교황 아드리아노 6세와 협의하여 신세계 선교를 위한 열두 사도를 상징하는 12명의 수도자들을 파견했다. 이 중 수도회 원장의 책임을 맡은 마르띤 데 발렌시아(Martín de Valencia)는 최초의 멕시코 교회의 고위성직자였다. 그 후 1526년 도미니코회, 1533년 아우구스티노회, 1574년 예수회를 비롯해 다양한 수도회들이 선교와 교화를 목적으로 멕시코에 진출했다.

외국에 파견하는 선교사는 기존 회원들 중에서 성덕과 학식이 깊고 타의 모범이 되는 자를 보내는 전통에 따라 멕시코에 도착한 첫 번째 선교사들은 비교적 훌륭한 사람들이었다. 대다수 선교사들이 열악한 환경 속에서 선교를 해야 했으므로 부귀영화를 원하는 사람들이 자원하는 곳이 아니었다. 새로운 환경은 그들에게 일종의 도전이었다. 생소한 자연환경과 음식, 언어의 장벽은 그들에게 커다란 인내를 요구했다. 아무런 체계가 잡히지 않은 땅에서 미사를 집전하고 성사를 베풀며 세례와 교리교육을 전담하는 일은 종교적인 사명 없이는 하기 힘든 일이었다. 특히 16세기 초반 유럽은 도미니코회 소속 마르틴 루터 신부에 의해 시작된 종교개혁에 의해 혼란 속에 빠져들고 있었으며, 부패한 교회에 대한 비판이 증가하고 있었다. 초기 멕시코 선교사들도 오염되고 부패한 신앙 속에 있는 구세계와는 다른 본래적이고 때 묻지 않은 신앙에 의해 건설된 교회를 멕시코에 만들고자 했다. 에덴동산 같은 신세계에 초대교회 같은 이상적인 교회를 건설하려고 시도했다.

멕시코에 파견된 수도회들은 그 크기와 회원 수에 따라 선교지를 배당받았다. 제일 먼저 대규모로 선교사를 파견한 프란시스꼬회는 멕시코 가톨릭교회와 그 문화 형성기에 자신들의 색깔을 강하게 남겨 놓았다. 프란시스꼬회는 멕시코시와 뿌에블라주, 뜰락스깔라주, 똘루까주 등 비옥하고 원주민들이 많이 거주하는 지역을 차지했다. 도미니코회도 멕시코시의 일부 지역과 꾸에르나바까와 뿌에블라에 수도회를 설립했고, 멕시코 남부인 오아하까와 치아빠스주를 중심으로 활동했다. 앞서 선교를 시작한 두 수도회보다 늦게 도착한 아우구스티노회, 예수회, 갈멜회 등은 원주민들이 많지 않은 덜 비옥한 지역에서 선교해야 했다.

선교 사업은 먼저 원주민들이 신앙하던 우상, 그림책(코덱스), 신전과 피라미드를 파괴하고 그곳에 교회를 세우면서 시작되었다. 촐룰라(Cholhula)의 치유의성모 성당이나 멕시코시의 대성당이 피라미드 위에 세워진 대표적인 성당들이다. 창조적이고 건설적인 여러 방법들이 원주민 선교와 교리교육을 위해 동원되었다. 학교나 대학 설립, 인쇄를 통한 교자재의 보급, 병원 건설, 원주민 축제나 교회 축제를 통한 선교, 연극과 음악을 통한 선교, 그리고 벽화나 조각, 회화 등 예술을 통한 교리교육이 여기에 해당된다.

가장 대표적인 학교는 1536년 프란시스꼬회가 설립한 산따 끄루스 데 뜰랄뗄롤꼬(Santa Cruz de Tlaltelolco)이다. 이곳에서는 성경 번역뿐 아니라 인디오 귀족 자녀들에게 서양의 학문과 교리를 가르쳤다. 어린이들은 아직 덜 이교적 풍습에 물들었을 뿐 아니라 각 원주민 공동체의 지도자들로 성장할 학생들이었기 때문에 선교의 첨병 역할을 수행할 수 있었다. 원주민들에게 학교의 행정을 맡기고 수준 높은 교육을 시키자, 정복자들과 그 후손들은 1575년 원주민들을 지배하는 데 방해가 된다며 이 학교를 폐쇄하도록 행정 당국에 요구했다. 또한 이곳에서 신학을 공부한 원주민들에게 사제직을 수여하려던 수도회의 계획은 좌절되었다. 정복자들이나 일부 수도회에서 원주민들의 사제 서품을 반대했으므로 교황청은 공식적으로 원주민의 서품을 금지하는 포고령을 내렸다. 이것은 자생적인 토착 교회의 뿌리를 제거하는 조치였을 뿐 아니라 교회가 갖는 원주민에 대한 인식을 드러내는 것이었다. 원주민들은 교회 내에서 조차 차별받는 존재였다.

그러나 이 학교는 파괴되고 사라져가는 원주민 문화를 보존하는 데 크게 기여했다. 베르나르디노 데 사아군 신부는 이 학교에서 원주민들의 역사, 관습, 전통, 언어들을 연구해 민속학과 민속지에 기념비적 책인 『누에바 에스빠냐 풍물 총사』를 저술했다. 게다가 이 학교 출신인 안또니오 발렌시아노와 알바 익스뜰리쇼치뜰(Ixtlixochitl)은 구아달루뻬(Guadalupe) 성모 발현에 관한 증언을 기록한 『니깐 모뽀우아(Nican Mopohua)』를 씀으로써 선교 촉진에 결정적으로 기여했다. 원주민과 같은 피부와 얼굴로 나타난 성모는 원주민들이 신앙하던 대지의 여신인 또난친(Tonantzin)이 있던 떼뻬약(Tepeyac) 언덕에 발현함으로써 자연스레 기존 원주민 신앙을 가톨릭 신앙으로 대체하고 흡수하는 역할을 했다. 이 성모 이야기는 멕시코에서 가톨릭교회가 종교 혼합적 요소에 물들어 있음을 보여주는 대표적인 예로 자주 언급된다. 이러한 예는 특히 민중종교성이 잘 반영되어 있는 지역의 종교축제나 수호성인 축제에서도 잘 나타난다. 기존 원주민들의 축제에 그리스도교적 종교 색체가 입혀져 원주민들이 별다른 종교·문화적 저항 없이 개종되었다. 그러나 이런 종교 혼합적 요소에 대해 수도회 간 토착화에 대한 논쟁이 일어나기도 했다. 이런 측면에서 보면 원주민들은 가톨릭교회 속에 자신들의 고유한 종교적 요소를 숨겨두거나 혼합시키는 데 어느 정도 성공했다고 볼 수 있다.

멕시코시의 주교였던 후안 데 수마라가(Juan de Zumárraga)의 주도하에 1551년 설립된 대학에서는 법, 철학, 의학뿐 아니라 신학도 가르쳤으므로 체계적인 신앙 전파에 도움을 주었고, 인쇄기술의 보급은 다량으로 교리문집을 펴내는 데 기여했다. 또한 바스꼬 데 끼로가(Vasco de Quiroga) 주교가 멕시코시와 미초아깐주에 설립한 병원은 단지 환자를 돌보는 병원의 기능만 수행한 것이 아니라, 일종에 사회복지와 원주민의 자치공동체적 성격을 가진 조직이었다. 원주민들은 공동경작에 공동소유를 원칙으로 했으며 자신들의 대표기구를 통해 학교와 병원을 운영하였다. 이곳은 초대교회의 모습을 모방한 유토피아적 공동체를 지향했다. 선교사들은 전교의 편의성과 행정적 효율성 때문에 원주민들이 산이나 오지에서 생활하는 것보다는 도시 주변에 집단적으로 거주하는 것을 더 선호했다. 따라서 성당이나 수도원을 중심으로 커다란 원주민 촌락들이 형성되었다.

선교사들이 구사한 전교방법 중 가장 효율적인 것은 원주민들의 예술성을 자극하는 것이었다. 성서에 나타난 주요 사건이나 교리에 대한 것을 직접 연극을 통해 보여주거나 성화를 성당 천정과 벽면에 장식함으로써 교육적 효과를 높였고, 예수의 모습을 조각하거나 인형을 사용하여 시각적 효과를 극대화시키는 전략도 구사되었다. 후안 디에고(Juan Diego)의 망토에 구아달루뻬 성모의 이미지가 새겨져 있는 것도 이러한 가시적 효과를 중시하던 전통과 무관한 것이 아니다. 또한 음악도 원주민들을 성당이나 교회축제 속으로 불러들이는 데 중요한 역할을 했다.

그러나 선교는 평화롭게만 이루어진 것은 아니었다. 유까딴반도 지역이나 북부지역에서 원주민들은 자신들의 종교와 관습을 수호하기 위해 강력히 저항하기도 했으며, 선교의 책임을 맡은 수도회 간 선교 방법에 대한 견해차로 충돌이 발생하기도 했다. 특히 앞서 언급한 종교혼합적 요소와 적절한 교리교육 없이 하루에 몇 천 명 단위로 베푸는 집단세례가 문제시 되었다.

정복이 원주민들이 가진 물질적 세계를 파괴하는 것이었다면 선교는 그들의 정신세계를 파괴하는 것이었다. 먼저 새 종교를 통한 영혼의 정복은 인디오들이 가지고 있던 기존 신앙을 뿌리째 뽑는 것이었다. 기존 종교의 원리에 의해 유지되던 도덕과 윤리, 세상에 대한 가치와 판단의 기준이 일시에 무시되고 지워졌으며, 생소한 다른 윤리나 가치, 우주관들이 이식되었다. 간단한 예로, 낙후되고 쓸모없는 뇌를 다른 새로운

1531년 멕시코에서 발현한 원주민 용모를 지닌 구아달루뻬 성모

뇌로 바꾸는 대수술이 진행된 것이다. 이러한 현실에서 인디오들은 자신들의 신이 죽었음을 받아들여야 했다. 그것은 곧 그들이 신앙하는 태양신이 그리스도교의 신에게 패배한 것을 의미했다.

멕시코에서 이러한 비극적 결과가 발생한 것은 전교가 중세 스페인적인 선교관의 연장선에서 이루어졌기 때문이었다. 칼과 십자가를 앞세워 이교도를 죽이거나 개종시키는 전투적 선교관이 고착화되었고, 이것이 이슬람 세력을 스페인에서 몰아내는 재정복 과정에서 더욱 발전했다. 이것을 가장 잘 보여주는 것이 멕시코 정복 당시 스페인 사람들이 가져온 수호성인인 산띠아고 마따모로스(Santiago Matamoros)였다. 다른 신이나 우상을 믿는 이교도들은 악마로 여겨지고 하느님의 군대에 의해 제거되어야할 운명을 타고난 것이었다. 따라서 선교는 정복이나 전쟁과 무관한 것이 아니었다.

멕시코에서 가톨릭은 야누스적 얼굴을 가진 종교로 비춰진다. 정복사업의 일환으로 이루어진 선교에서 교회는 억압과 착취의 세력으로 비쳐졌고, 때로는 그에 대한 저항세력의 이미지로 부각되었다. 이러한 모순적인 얼굴을 한 가톨릭은 이 지역에서 종교뿐 아니라 정치, 군사, 문화 등 다양한 사회영역에 지울 수 없는 흔적을 남겼다.

5 독립운동

왜 끄리오요들은 아버지의 나라 스페인에 칼을 겨누었는가?

스페인 팽창정책의 일환인 식민정책은 자연스레 신대륙에 끄리오요(Criollo)를 양산했다. 이들은 식민지에서 사는 스페인 출신 부모에게서 태어난 백인들을 뜻하거나 그들의 후손들을 의미한다. 이들은 모두 교육받고 문화를 향유할 뿐 아니라 경제적으로 자산과 막대한 부를 소유한 식민사회의 중요한 엘리트 계층이었다. 그러나 끄리오요들은 본토에서 건너오거나 파견된 반도 사람들과 비교할 때 상대적인 차별을 받았다. 그들은 아무리 개인적인 능력이 뛰어나도 식민지의 부왕 직책을 비롯해 고위 행정직에 오르는 것이 제한되었고, 종교적 측면에서도 주교와 같은 고위 성직자가 되는 것이 불가능했다. 권력과 지위는 중앙인 스페인 본토의 왕실 주변에서 만들어지고 있었기 때문이었다.

그들은 자신들에게 불리한 식민체계를 자신들에게 이로운 새 체제로 바꾸길 원했다. 중산층 이상의 끄리오요들은 점차 독립에 대한 소망을 키웠다. 광산이나 대토지를 소유한 상류층 끄리오요들과 은행을 소유한 부유한 상인들, 기업가들은 식민지의 부를 스페인 사람들과 나누는 것이 못 마땅했다. 따라서 스페인이 자신들에게 메어놓은 멍에를 벗기를 원했다. 그들은 점차 자신들의 조상의 나라, 아버지의 나라인 스페인 속에 자신들이 속해있지 않음을 깨닫고 있었다. 자신들이 받은 서자 취급에서 벗어나 자기 구역인 멕시코 땅에서 만이라도 주인으로 살고 싶어 했다. 한 마디로 표현하면, 그 누구로부터도 통제받지 않는 정치 권력을 차지하는 것이었고, 스페인에서 만들어 놓은 부당한 세제나 식민지에 불리한 독점체제를 타파하여 자유로운 무역과 경제활동을 하는 것이었다.

국제정세의 변화도 멕시코의 독립을 촉진시키는 역할을 했다. 아메리카의 독립을 바라는 미국이나 영국, 프랑스 등 외국 정부는 멕시코나 아메리카 식민지가 스페인으로부터 자유로워져야 무역을 통해 쉽게 자국의 이익을 증대시킬 수 있으리라 믿었다. 끄리오요들은 외국 정부들로부터 독립에 필요한 자금이나 무기를 더 수월하게 공급받을 수 있기 때문에 독립을 이룰 가능성이 더 크다고 생각했다.

사상적으로 끄리오요들은 당시 유럽에서 유행처럼 퍼져나가던 계몽주의에 영향을 받았다. 이미 유럽은 신세계 발견 이후 아리스토텔레스와 교회 교부들의 사상에 기초한 중세적 사고를 벗어나 근대로 진입해 있었다. 근대 사상은 진보와 과학, 기술을 신뢰하고 있었고, 인간이 평등하다는 사상과 사회계약이나 민주주의라는 새로운 정치개념들을 발전시켰다. 특히 프랑스는 이러한 변화를 선도하고 있었으며, 사상가들과 철학자들이 주도하여 백과사전을 펴내고 보급하는 데 앞장섰다. 또한 몽테스키외, 루소, 볼테르 등은 새로운 진보사상을 발전시켜 사회, 문화, 국가, 정부, 민중 등에 대해 다시 생각할 여지를 제공했다. 이러한 학문의 진보는 단지 지성사적 사건에 머물지 않고 엄청난 정치적 반향을 불러왔다. 교회의 권위와 군주의 주권이 의심받았고 새로운 형태의 정치제도들이 실험되었다. 먼저 미국이 진보와 민주주의를 내세우며 영국으로부터 독립했고, 프랑스에서는 1789년 대혁명이 일어나 귀족과 군주의 권위를 무너뜨렸으며 자유, 평등, 형제애의 꿈을 제도화하기 위해 인권과 시민권을 보장하는 체제로 나갔다. 이러한 일련의 사건은 카리브 해 지역에도 영향을 미쳐 흑인국가인 아이티를 독립시키는 데 일조했다. 이러한 역사와 사상의 흐름은 끄리오요들에게 대학과 학교, 지식인들을 통해 그대로 전해졌으며, 점차 스페인으로부터 독립을 꿈꾸게 되었다. 그러나 독립의 기회는 뜻밖의 사건을 통해 다가왔다.

1808년 3월 프랑스의 나폴레옹은 스페인을 점령하고 스페인 왕실로부터 아메리카 식민지를 양도받는 조약을 체결했다. 그는 자신의 형제인 호세 보나파르트(José Bonaparte)를 내세워 1813년까지 스페인을 통치했다. 그러자 스페인 사람들은 새 군주를 인정하지 않고 투쟁을 전개했다. 멕시코 내에서는 이러한 혼란의 상황을 이용해서 독립의 음모를 꾸미는 끄리오요들이 나타났다. 먼저 독립의 기수로 등장한 것은 과나후아또주의 돌로레스 본당 신부 미겔 이달고(Miguel Hidalgo)였다. 독립운동을 주도한 이달고 신부는 산니꼴라스 학교에서 교육 받고 1778년 사제서품을 받은 인물로 학식이 뛰어나고 명망이 높아 자신이 졸업한 학교의 교장이 되어있었다. 그는 백인 끄리오요 출신으로 경제적으로도 아시엔다(hacienda)와 두 개의 농장을 가진 부유한 사람이었다. 특별히 혁명을 주도하거나 역모를 꾸며야할 특별한 이유가 없었다. 그럼에도 불구하고 그는 자신에게 부여된 역사적 사명에 대한 잘 알고 있었다. 그는 정치권력에 대한 야망을 지닌 끄리오요들의 소망과 이권을 대변했다.

1810년 9월 16일 미사를 집전한 후 종을 치며 나쁜 정부를 무너트리는 데 모두가 참여할 것을 호소하고, 신자들에게 스페인에 대항해 싸우는 데 함께할 것을 독려했다. 처음에는 600명 정도 되는 주민들이 구아달루뻬 성모가 새겨진 깃발을 따라 이 대열에 참여했다. 그러나 시간이 지나면서 참가자 수는 급격히 증가하여 수만 명의 사람들이 모여들었다. 이후 이달고 신부가 이끄는 군대는 파죽지세로 산미겔, 셀라야, 살라망까를 점령하고 과나후아또까지 점령하는 기염을 토했다. 결국 멕시코시 인접지역까지 도달하며 스페인 정부군을 위협했다. 당시 멕시코시는 무방비 상태로 있었으므로 이달고가 이끄는 독립군의 기세로는 멕시코시까지 점령할 기세였다. 그러나 스페인 정부와 협상을 시작하면서 돌연 게레따로주로 되돌아감으로써 멕시코시 점령의 기회를 상실했다. 그는 바야돌릿에서 지역 대표들로 의회를 구성했고, 원주민들이 내는 세금을 폐지하고 원주민 공동경작지를 보호하는 법령을 선포했다. 게다가 담배와 같은 물품들의 독점제와 노예제도를 폐지했다. 그러나 1811년 스페인 군과 한패가 된 반역자의 꼬임에 넘어가 체포되어 법정에서 사형선고를 받은 후 같은 해 7월 총살당했다. 반란세력에 대한 경고의 뜻으로 그의 목은 잘리어 과나후아또에 효수되었다.

그러나 이후에도 스페인에 대항한 반란은 끊이지 않았고 여러 지역에서 계속되었다. 한 때 이달고 신부의 반란군에 가담해 남부 지역에서 맹활약을 했던 호세 마리아 모렐로스(José María Morelos)가 새로운 지도자로 부상했다. 그는 모렐리아주에서 출생해 1795년 신부가 되었고, 독립군에 가담해 미초아깐주, 멕시코주, 오아하까주와 뿌에블라주 지역을 점령하면서 위용을 떨쳤다. 1813년 아까뿔꼬를 점령하고 칠빤싱고에 국민의회를 설치해 헌법을 제정하고 아빠싱간에서 그것을 공포했다. 비록 실행이 되지는 못했던 급진적인 헌법으로 보수주의자들에 의해 비난받았으나 멕시코의 입헌주의 전통의 서막을 알리는 신호탄이었다. 그러나 1914년 스페인에서는 다시 절대 왕정이 복구되자 독립운동 세력이 약화되었다. 모렐로스도 1815년 스페인 왕실군에 체포되어 종교재판소에서 사형을 언도받았고 12월 22일에 총살형에 처해졌다. 모렐로스가 죽은 후 5년 간은 독립운동이 소강상태에 빠져들었다. 대다수의 끄리오요들은 자신들의 독립을 위한 봉기가 실패했음을 인정하고 있었다. 그러나 스페인의 새로운 정황은 멕시코 사람들에게 새로운 기회를 부여했다.

1920년 초반 스페인에서 자유주의자들이 페르난도 7세에 대항해 자유주의 체제를 회복하고 의회를 구성하면서 반란을 일으켰다. 의회는 급진노선의 자유주의자들이 장악했고 교회를 개혁하는 등 체제 변화를 시도했다. 그러자 멕시코의 보수주의자들은 더 이상 본국을 신임할 수 없게 되었다. 식민지 경영의 책임을 맡은 멕시코 내에서 생활하던 귀족들이나 고위성직자들은 본국에서 불어 닥치는 개혁에 대항해 자신들의 이익을 지키기 위해 할 수 없이 반란자들의 대열에 참여하게 되었다.

그러나 식민지에 살던 스페인 사람들은 본국에서 자유주의자들의 포로가 된 페르난도 7세가 아메리카로 건너와 통치하기를 바라고 있었다. 이처럼 혼란과 분열이 계속되는 와중에 아구스띤 데 이뚜르비데(Agustín de Iturbide)가 멕시코의 독립에 결정적인 역할을 했다. 그는 바야돌릿 지역의 부유한 끄리오요였다. 스페인 군에 가담해 독립군들

멕시코 독립의 영웅 호세 마리아 모렐로스

을 진압하며 혁혁한 공을 세워 스페인으로부터 인정을 받았다. 그러나 1816년 이후 부유한 끄리오요들 사이에 일어나는 변화를 감지하고 독립운동에 가담하기로 결심했다. 스페인 당국의 신뢰를 받던 그는 남부 지역에서 비센떼 게레로(Vicente Guerrero)가 이끄는 반란세력을 진압하겠다는 구실로 병력을 지원 받은 후, 게레로와 공모하여 독립을 위한 공동투쟁을 전개했다. 이렇게 함으로써 이뚜르비데는 반란군의 지도자가 되었다.

이뚜르비데와 게레로에 의해 선포된 이구알라 계획(Plan de Iguala)

은 멕시코의 독립, 가톨릭을 유일한 국가종교로 인정, 왕실군과 반란군의 통합 등의 핵심 내용을 담고 있었다. 그러나 부왕은 이를 인정할 수 없어 군사행동을 전개했으나 군사작전이 실패하자 군부의 압력에 의해 물러났다. 새로 프란시스꼬 데 노베야(Francisco de Novella)가 부왕으로 추대됐으나 스페인 본국에서 파견된 신임 부왕 돈 후안 오도노후(D. Juan O'Donojú)가 도착하자 권한을 상실했다. 결국 이뚜르비데는 새 부왕과 협상을 통해 1821년 8월 24일 꼬르도바 협정(Tratado de Córdoba)을 체결하고 멕시코의 독립과 주권을 인정받았다. 1821년 이뚜르비데는 게레로와 함께 멕시코시에 입성하여 임시 정부 평의회를 결성하였다. 결국 아이러니하게도 멕시코 독립은 스페인 자유주의 정권에 대항하던 멕시코 보수 끄리오요 세력에 의해 완성되었다. 이뚜르비데는 1822년 아구스띤 1세라는 이름으로 스스로 황제가 되었다.

멕시코 끄리오요들이 시도한 아버지 나라와의 관계 단절이 곧바로 이 나라의 희망찬 미래를 보장해주지 못했다. 멕시코의 독립은 발전과 평화를 의미하는 것이 아니라 더 큰 혼란과 대립을 의미했다. 끄리오요 사이의 권력투쟁과 보수파와 자유주의파 사이의 격돌로 민중의 삶은 피폐해져갔다. 처음부터 독립은 민중의 더 나은 삶에 대한 동기에서가 아니라 특권층의 이익을 증대하기 위한 계획의 일환이었다는 한계를 지니고 있었다.

6

미국-멕시코전쟁

미국에는 왜 스페인 식 지명이 넘쳐나는가?

많은 사람들은 로스앤젤레스나 캘리포니아 그리고 텍사스 등 미국의 남부나 서부 지역을 여행하다가 영어식 이름이 아닌 생소한 스페인 식 지명들을 발견하고 의문을 가지는 경우가 많다. 이 의문을 풀기 위해서는 약 150년 전에 있었던 미국과 멕시코 사이의 전쟁을 이해해야 하다. 이 전쟁은 텍사스 주와 관련된 문제에서 발생했다.

텍사스 지방은 원래 1822년 스페인으로부터 독립한 멕시코의 영토였다. 그러나 너무 먼 변방에다 사람이 별로 살지 않아 방치된 오지였으므로 멕시코 사람들은 그곳으로 이주하길 원하지 않았다. 멕시코 정부도 이 지역에 대한 관심이 부족했고 주요 정치 주체였던 끄리오요들은 통치의 경험이 부족하여 효과적인 관리를 위한 대안을 마련하지 못하고 있었다. 따라서 멕시코 정부는 미국인이 이 지역으로 이주하는 것을 막지 않았다. 특히 대단위 면화 재배 단지가 스티븐 오스틴(Stephen F. Austin)에 의해 조성된 뒤 미국 남부지역 농민들의 이주가 급증했다. 이미 텍사스 지역 주민의 9할은 미국인들이었다. 그들은 멕시코 정부의 감시나 세금으로부터 자유로웠으며 영어 사용과 개신교를 신봉하는 데 별 규제를 받지 않았다. 1830년에는 2만 명의 백인과 1,000여 명의 노예가 정착할 정도로 급성장했다. 그러자 멕시코는 텍사스의 앵글로 색슨화를 우려한 나머지 미국인 이주자들을 제한했고 미국상품에 대해 무거운 세금을 부과했다. 게다가 국경 수비까지 강화하는 조치를 취하자 텍사스에 정착한 미국인들 사이에 불만이 증가했다. 이 불만은 결국 1836년 반란으로 발전했고, 같은 해 3월 2일 텍사스의 독립을 선언하는 사태로까지 이어졌다. 멕시코의 산따아나 장군이 군대를 이끌고 가 반란을 진압했다. 그는 초기 알라모(Alamo) 전투와 야노 데 엔시날(Llano del Encinal)전투에서 승리했으나 방심하던 차에 미군의 급습에 대패하고 사로잡혀 독립을 승인하는 조약에 서명했다. 결국 텍사스는 멕시코 연방에서 1936년 4월 분리되었다.

독립과 함께 텍사스는 공화국 체제를 수립한 후 미연방에 합병을 요청했다. 그러나 당시 밴 뷰런 대통령은 텍사스의 합병이 남부의 노예제를 지지하는 주의 세력 확대로 발전할 것을 두려워한 나머지 합병에 적극적이지 않았다. 텍사스가 영국에 도움을 요청하고 가까워지려는 시도를 하자 미국정부는 태도를 바꾸어 적극적으로 합병 교섭에 응했다. 결국 1845년 12월 텍사스는 미국 연방에 가입되었다. 당시 미국 내에는 '명백한 운명(manifest destiny)'론이 퍼져나가고 있었다. 이 이론은 대륙 전체에 영토를 확대하여 소유하는 것이야 말로 자유와 자치, 민주주의 발전을 위해 신이 미국인에게 부여한 운명이라는 주장을 담고 있었다. 이 운명론은 미국의 태평양 연안으로 뿐 아니라 멕시코의 영토를 편입하도록 자극했고, 영토 확장 정책을 합리화시키는 데 기여했다.

이러한 상황은 결국 멕시코와 전면전을 피할 수 없게 만들었다. 텍사스가 미국에 합병되자 멕시코는 미국과의 국교를 단절했다. 그러나 텍사스 합병 후 멕시코와의 국경문제가 미해결 상태로 남아있었으므로 존 슬라이델(John Slidell)을 특사로 파견하여 멕시코 쪽에 가까운 리오그란데 강을 따라 국경을 정하려 했으며 뉴멕시코와 캘리포니아도 사들이려 했다. 그러나 멕시코 측에서는 외교관계를 단절했으므로 그를 사절로 받아들이는 것이 의전 상 모순이었고, 대화를 해서 자국에 특별히 이로울 것이 없다고 판단했으므로 멕시코 정부는 그를 인정하지 않았고 냉대했다. 그러자 미국 대통령은 멕시코 측이 주장하는 국경선인 뉴에이서스(Nueces) 강을 건너 리오그란데(Río Grande) 강까지 군대를 진격시켜 멕시코를 자극했다. 결국 멕시코 국경수비를 맡은 부대가 미군을 공격하였고, 일부 사상자를 핑계로 미국 정부는 기다렸다는 듯이 전쟁을 선포했다.

그러나 미국 내에서도 북부 지역에 위치한 주들과 휘그당은 전쟁에 반대하는 목소리를 분명히 했다. 그들은 미군이 생명을 잃은 곳이 아직 영토가 확정되지 않는 분쟁지역이었고, 노예제를 지지하는 남부 주들의 음모가 반영된 전쟁이라는 논리를 폈다. 또한 미국-멕시코전쟁이 단지 영토 확장을 위한 전쟁이요 멕시코를 해체하기 위한 전쟁이라고 비난했다. 신참으로 하원에 입성한 에이브러햄 링컨도 이 전쟁에 반대한다는 요지의 연설을 했다. 그러나 의견이 분열된 상태에서도 5만 명의 미군은 승승장구하여 멕시코 본토를 점령해 나갔다. 게다가 윈필드 스콧(Winfield Scott) 장군이 베라끄루스 항에 상륙하여 멕시코 정부를 압박했다. 그러나 미군이 멕시코 본토를 점령해 오는 동안에도 멕시코 장군들은 대통령직을 차지하기 위한 권력투쟁에서 벗어나지 못했다. 1947년 9월 '어린 영웅들'로 불리는 사관생도들이 차뿔떼뻭 성을 지키며 최후까지 장렬히 싸웠으나 결국 멕시코시가 미군의 손에 넘어갔다. 미국은 멕시코의 주요 도시를 점령하는 동안 일부 지역에서는 보호비를 요구했고, 지역 행정당국은 우편, 담배, 관세, 직접세를 통해 이 비용을 충당했다. 그러나 미군은 현지인들과의 직접적인 충돌은 피했고 점령지에서 미군의 부당한 행동을 차단했으며 교회와 여성을 존중하는 정책을 폈다.

멕시코는 정부를 임시로 게레따로주로 이전하여 저항했으나 결국 미국이 제시한 평화조약을 수락할 수밖에 없었다. 결국 1848년 2월 체결된 구아달루뻬 이달고 조약은 아직까지 미국과 멕시코의 외교 관계에 중요한 영향을 미치는 조약으로 남아있다. 조약에는 멕시코가 미국에 텍사스는 물론 장래의 캘리포니아주, 네바다주, 유타주, 뉴멕시코와 애리조나의 대부분 및 와이오밍과 콜로라도 일부를 양도한다는 것이 명시되었다. 멕시코는 자국 영토의 절반 이상인 50만 평방마일의 땅을 양도해야 했다. 리오그란데 강이 미국과 멕시코의 국경이 되었으며 그 대가로 멕시코는 미국으로부터 1천500만 달러를 받고 미국정부는 3천250만 달러에 이르는 멕시코를 상대로 한 미국인들의 청구권을 떠맡았다. 멕시코 측에서 보면 협정서 초안에 삽입되었던 바하깔리포르니아주의 양도와 떼완떼 지협을 통과할 권리 요구가 최종적으로 조약에서 빠진 것은 다행한 일이었다.

미국 내에서 일부는 사람의 접근을 허락하지 않는 산맥, 협곡, 메마른 분지와 길도 없는 황무지를 돈을 주고 샀다고 비난했다. 게다가 멕시코가 1500만 달러의 돈을 받고 쓸모없는 땅에서 해방되는 쾌거를 얻었다고 주장하는 사람도 있었다. 멕시코 의회에서도 후일 대통령이 된 베니또 후아레스(Benito Juárez) 같이 조약의 비준에 반대하는 소수의 정치가들이 있었다. 그러나 대다수의 정치인들은 미국에 국가의 자치와 주권을 빼앗길까 두려워해서 미국의 요구를 들어주었다.

전쟁이 종료되었을 때 캘리포니아에서 텍사스까지 약 7만5천 명 정도의 멕시코 사람들이 새로 미국으로 편입된 영토에 살고 있었다. 그러나 그들은 본국으로 돌아갈 지 아니면 미국에 남을 지를 선택해야 했다. 만일 미국에 남는다면 1년 후 자동으로 미국 시민이 될 수 있었다. 그러나 자신들이 2류 시민임을 깨닫는 데는 그리 오랜 세월이 걸리지 않았다. 비록 법에는 그들이 미국인임을 인정하고 재산권을 보호해준다는 명목이 있었으나 복잡한 절차와 언어장벽 때문에 자신들의 사유재산을 지키지 못했고, 자기 땅에서 외국인으로 취급받았다. 이러한 불이익은 1930년대까지 계속되었다.

전쟁의 결과는 양국 모두에게 결정적인 영향을 미쳤다. 멕시코에게는 패배가 국가의 미래와 운명에 암운을 드리우는 비극을 의미했다. 모든 전투가 멕시코 영토 내에서 이루어졌기 때문에 군인뿐 아니라 시민이 죽는 인명피해가 발생했고, 주요 도시, 항구, 도로 등 사회기반시설들이 파괴되었다. 국내 및 국제 무역이 급격히 줄어들어 경제가 더욱 악화되었고, 갑작스레 농민들을 충원해 전쟁을 치렀기 때문에 농업과 광업 생산량이 급감했다. 2년 간의 전쟁기간 동안 7명의 대통령과 10명의 외무부 장관이 바뀌었다. 그 후에 정치에 대한 혐오감이 증대되었고 압제적인 정치체제가 들어서는 것을 막지 못했다. 그러나 가장 치명적인 결과는 멕시코 영토의 절반 이상을 빼앗기고 멕시코의 수도가 함락

미국 군대의 멕시코 시 점령

되는 수모를 당해 국가적 위상이 추락한 것이다. 이것은 심리적인 차원의 심각한 후유증을 남겼다. 미국-멕시코전쟁은 스페인으로부터 독립한 후 자긍심과 희망에 차있던 멕시코인들이 열등하고 무능한 존재라는 것을 만천하에 드러냈다. 이 전쟁이 끝난 후에도 멕시코는 국가의 통합과 국가발전 프로젝트의 부재, 지역주의, 고립과 가난에서 벗어나지 못하고 혼란 속으로 빠져들었다. 그리고 젊은 정치인들을 중심으로 국가의 개혁을 요구하는 목소리가 전국으로 번져나갔다.

이에 반해 미국은 외국과의 첫 전면전에서 적국의 수도를 점령하는 첫 쾌거를 올렸다. 멕시코에서 빼앗은 캘리포니아의 금광에서 쏟아낸 금만 1848년부터 초기 10년 간을 계산해도 5억5,000만 달러였으며, 서부를 향한 포장마차 대열이 꼬리를 물며 '골드 러쉬'를 향한 서부 개척시대를 활짝 열었다. 게다가 후일 텍사스에서는 '검은 금'이라는 석유가 쏟아졌다. 거대한 새 영토를 획득하면서 막대한 수자원도 동시에 얻었고, 태평양 해안의 주요한 항구를 확보함으로써 미래의 태평양 시대의 발판을 마련했다. 이 전쟁 이후 미국의 역사는 새로운 단계로 진입했고, 자긍심과 자신감에 차 세계무대의 주인공으로 등장할 수 있었다.

이제 미국은 대서양 연안 몇 백 마일에 불과한 인구 희박한 작은 해안 지대의 삼류 공화국이 아니라 대서양에서 태평양에 이르는 광대한 영토를 소유한 강대국이 된 것이다. 이 전쟁의 승리로 협상보다는 무력이 더 효과적임을 깨달은 미국은 더욱 호전적이 되었고 라틴아메리카를 자기 안방으로 생각하기 시작했다.

이와 같은 역사적 맥락을 이해하면 왜 미국 내에 그토록 많은 스페인 식 지명이 있는지에 대한 의문이 풀릴 것이다. 스페인으로부터 1819년 구입한 플로리다 반도를 비롯해서 멕시코로부터 빼앗거나 구입한 땅에는 아직도 스페인어로 된 지명이 그 잔재로 남아있다. 오늘날도 이 지역을 중심으로 1100만 명에 달하는 멕시코 사람들이 살고 있다. 미국 내의 스페인 식 지명은 멕시코 사람들에게 자신들의 아픈 과거를 회상시키고 있다.

7 베니또 후아레스 대통령의 개혁

최초의 인디오 대통령 베니또 후아레스가 지향한 개혁은 무엇인가?

몇 해 전 에보 모랄레스(Evo Moralez)라는 아이마라족 원주민이 볼리비아의 대통령으로 선출되어 세상을 놀라게 했다. 특히 그의 혁명적이고 개혁적인 면은 자국민들에게 많은 우려와 희망을 동시에 주었다. 그러나 멕시코에서는 이미 150년 전에 베니또 후아레스라는 원주민 대통령이 탄생해 모랄레스만큼, 아니 그보다 더 충격적인 개혁들을 단행했다.

베니또 후아레스는 1806년 3월 21일 오아하까주의 한 오지 마을인 구엘라따오(Guelatao)에서 사뽀떼까족 원주민의 자손으로 태어났다. 그는 스스로 당시 사회에 존재하던 인종차별적 카스트 체제의 아픔을 경험하면서 자랐다. 12살이 될 때까지 양치기로 학교도 없고 교회도 없는 고향에서 생활했다. 그 후 오아하까시로 이사하여 소신학교를 졸업하고 법을 공부하여 변호사가 되었다. 변호사로서 토착원주민들의 보호와 권익향상에 주력했다. 1833년에 주의원으로 선출되었고, 1847년 연방의원 직책으로 미국-멕시코전쟁 동안 전쟁비용을 충당하기 위해 교회에 차관을 요청하는 것을 승인하기도 했다. 같은 해 오아하까주의 주지사가 되어 도로확충, 학교건설에 주력했다. 당시 대통령인 산따아나가 재집권에 성공했을 때 다른 자유주의자들과 함께 중산층과 메스띠소 세력을 규합해 그의 체제에 도전했다. 그 후 후아레스는 체포되어 미국으로 추방되었고 뉴올리언스에서 머물다 귀국했다. 1854년 3월 자유주의자들은 후안 알바레스(Juan Alvarez)를 중심으로 아유뜰라 계획(Plan de Ayutla)을 발표하여 독재체제를 부정하고, 새 지도자, 새 정부, 새 헌법을 기치로 식민체제로부터 해방과 개혁을 부르짖었다. 군부와 외부 세력의 지지를 상실한 산따아나는 사임 후 콜롬비아로 추방되었고, 1855년 10월 후안 알바레스가 대통령에 취임했다. 그 후 후아레스는 대법원장의 직책을 맡아 '후아레스 법'을 공포하는 데 기여했다. 이 법은 군대와 교회가 누려온 기존의 특권을 폐지하는 것이 골자였다.

1855년 12월 이그나시오 꼬몬포르뜨(Ignacio Comonfort)가 대통령이 되자 '레르도 법'을 통해 반성직주의적인 조치들을 단행했다. 종교와 민간단체들의 재산 소유를 금한 조치는 교회의 힘을 약화시키는 데는 성공했으나 공동소유와 경작을 하던 원주민 공동체에도 타격을 주었다. 법령 선포 전에는 팔지 못하던 원주민들의 공동 소유지 '에히도(Ejido)'를 팔 수 있게 되자 인접 지역의 대지주들이 합법적으로 토지를 구매하기 시작하면서 부익부 빈익빈 현상이 증가했다. 1857년 1월에는 주민등록법이 시행되면서 그동안 교회가 담당하던 출생, 결혼, 및 사망에 대한 행정적 임무를 정부가 빼앗았다. 이러한 조치들은 더욱 급진적으로 발전해 1859년 교회의 재산 징발과 수도원들의 폐쇄로까지 이어졌다. 이 조치로 결국 정복시대부터 이어져온 국가와 교회의 밀월 관계가 종말을 고하게 되었다. 교회 밖에서 이루어지는 일반 결혼의 인정, 묘지와 장례의 세속화, 민속 축제일 확정 등 일련의 조치들은 교회의 힘을 약화시키려는 의도에서 시행된 것이다.

그러나 정치 체제의 개혁을 위한 조치들도 있었다. 무엇보다 1857년 2월 공포된 자유주의 헌법은 지주와 군부 지도자, 교회의 이권을 대변하던 상원을 폐지하는 것과 연방 체제를 강화하는 법령으로 장식되어 있었다. 특히 미국 헌법을 참고로 많은 조항을 모방했으며, 교육에 관련 된 것을 언급한 3조, 언론자유를 언급한 7조, 종교의 자유와 반교회적 조항들이 포함된 13조, 27조, 123조는 교회와 보수파의 이권을 심각하게 위협하는 것이었다. 1857년 4월에는 교회가 부패하고 개혁에 저항하는 세력일 뿐 아니라 국가와 대등한 권리를 누린다는 구실로 일부 교회의 재산을 매각하고 국고로 환수했으며, 수도회를 탄압했다. 대지주들이 교회 자산을 싼 값에 구입하면서 부를 축적했고, 매각한 자금은 재정적 어려움에 허덕이던 자유주의 정부와 정당의 자금으로 유용되었다. 교회의 토지에 의존해 소작하던 농민들은 더 악착같던 대농장주의 소작인으로 전락했다. 교회가 비록 탄압을 받고 정치·경제적으로 심각한 타격을 받았으나 그 영향력을 완전히 상실한 것은 아니었다. 이러한 일련의 조치들은 원주민과 교회, 군부의 저항을 불렀다. 자유주의 정책이 국가 전체를 위한 차원에서 시행되지 못하고 정권의 이익과 세력 확대라는 정치적 측면에 치우쳐 그 빛이 바랬으며, 자유주의자들 사이에서도 서로 의견이나 노선에 있어 분열하고 대립하는 모습을 나타냈다.

1858년 후아레스는 부통령으로 당선되었으나 펠릭스 술로아가(Félix Zuloaga) 장군이 군부와 보수파를 동원하여 반기를 들자 꼬몬포르뜨 대통령은 미국으로 도주하고, 후아레스는 게레따로에서 자유주의 의원들에 의해 대통령으로 추대되었다. 술로아가도 각 주의 대표로 구성된 평의회를 통해 대통령이 됨으로써 멕시코는 동시에 두 명의 대통령과 두 개의 정부로 인해 대립하는 내란 상태에 빠졌다. 후아레스는 다시 정부를 베라끄루스로 옮기고 그곳에 새 정부를 수립하여 보수주의자들과 대항했다.

자유주의자들은 주로 미국식 공화제와 의회 모델을 추종했으며 모든 시민의 법 앞에 평등함을 주장했다. 특히 성직자나 군부의 특권을 인정하지 않고, 사유재산을 존중한 반면 원주민들의 공동재산 체제는 부정하는 경향을 보였다. 이와는 반대로 보수주의자들은 영국식 군주제와 의회 모델을 선호해했고 귀족과 성직자의 특권을 인정했으며, 원주민들에 대한 특별한 보호와 공동재산을 인정했다. 보수주의자들이 미국보다 유럽에서 지원세력을 확보하려 했다면 자유주의 노선의 정부는 미국 정부로부터 승인을 받으려 노력했다. 결국 1859년 12월 후아레스는 미국과 맥레인-오깜뽀(Mclane-Ocampo) 조약을 맺고 테우안테펙 지협의 통과로 생기는 개설권과 여러 이권들을 미국에 양도해주면서 200만 달러를 받고 미국 정부로부터 공식정부로 승인을 받았다. 그러나 이 양도권 중에는 미군의 멕시코 영토 진입권도 포함되어 있어 멕시코 때문에 발생할 수 있는 국제문제와 국내에서 의견 불일치로 발생할 분열을 원치 않던 의회가 이 조약에 대한 비준을 거부했다.

보수주의 정부와 자유주의 정부 사이의 세력균형이 한동안 유지되었으나 1860년 12월 후아레스 측이 멕시코시로 입성함으로써 전쟁이 종식되었다. 1861년 의회가 후아레스를 대통령으로 선언했고 보수주의 세력은 거의 와해되었다. 멕시코의 재정은 1857년 12월부터 1861년 1월 1일까지 계속된 '개혁전쟁'으로 고갈되고 외채가 급증하게 되었다. 결국 후아레스는 스페인, 프랑스, 영국에 진 빚을 2년간 지불 유예한다고 선언함으로써 국제적 분쟁을 촉발시켰다. 유럽의 3국이 동맹하여 멕시코에 침공하자 후아레스는 영국과 스페인을 설득하는 데 성공하였으나 멕시코 정복 야욕을 지닌 프랑스는 설득할 수 없었다. 멕시코 보수주의자들은 이 기회를 이용해 프랑스군의 보호 하에 군주국 수립을 요청했다. 그러나 프랑스 군이 1862년 뿌에블라 전투에서 이그나시오 사라고사(Igancio Zaragoza) 장군이 이끄는 군대에 대패하자 좌절했다. 그러나 결국 프랑스 군이 1863년 멕시코시를 점령함으로써 후아레스는 정부를 산루이스뽀또시로 옮겨 저항을 계속해야했다.

프랑스는 1864년 오스트리아 합스부르크 왕조의 왕자인 페르난도 막시밀리아노(Fernando Maximiliano)를 멕시코 황제에 추대하였다. 보수주의자들과 교회의 성직자들은 새 황제의 도착을 환영했다. 그러나 그는 1867년까지 통치하면서 자유주의자들의 세력을 약화시키지도 못했고 보수주의자들의 환심도 사지 못함으로써 위기에 직면했다. 그를 옹립하는 데 결정적인 역할을 하던 프랑스도 자국 군대의 파병 비용과 급료, 전쟁 비용, 그리고 전쟁기간 입은 피해에 대한 보상을 요구하며 그를 위협했다. 결정적으로 1867년 프랑스 군이 미국의 압력과 국내 사정으로 철군하자 남북전쟁이 끝난 미국의 지원을 받는 후아레스는 게레따로 전투에서 승리하면서 황제를 생포했다. 국제적인 압력에도 불구하고 후아레스는 재판을 통해 막시밀리아노 황제 부부를 처형했다.

1867년 다시 권력을 잡은 후아레스 대통령은 국가 예산을 줄이기 위해 군대를 축소하고 활발한 이민정책을 통해 전쟁으로 인해 줄어든 인구를 회복하려했다. 그리고 대농장의 해체와 경지정리 사업을 실시하여

베니또 후아레스 대통령

농지문제를 해결하려 노력했다. 문화적으로는 민족주의를 고취시키고 실증주의 사상을 전파했으며, 교육을 강화하기 위해 초등교육의 무상화 정책을 실시하고 학교 건립을 추진했다. 특히 과학 기술의 발전을 자극하여 산업발전을 촉진시키려는 정책을 구사했다. 그러나 그의 이러한 노력은 대부분 실패로 돌아갔다. 그는 자유주의자들 사이의 내부 분열로 어려움을 겪었고, 1871년에 대통령에 재선된 것을 인정하지 않던 뽀르피리오 디아스(Porfirio Díaz) 등 군부와 보수 노선의 도전에도 직면해야 했다. 후아레스는 1872년 7월 18일 대통령직을 수행하다 서거했다.

후아레스는 멕시코 역사상 가장 훌륭한 대통령으로 추앙 받는다. 비록 그의 개혁들이 다 성공하지 못하고 실패했더라도 개혁의 방향과 향후 멕시코 발전을 위한 비전을 제시한 것은 높이 평가받는다. 인권에 대한 수호와 종교와 언론의 자유, 무상교육, 교회와 국가 간의 관계 재설정과 분리 등은 멕시코뿐 아니라 라틴아메리카 전체에 커다란 영향을 미쳐 다른 나라 헌법에도 이러한 사상들을 명문화하는 데 기여했다. 특히 멕시코에서는 가장 어려운 작업 중에 하나로 여겨졌던 '국가 안에 또 다른 국가'로 불리며 절대 권력을 행사하던 가톨릭교회를 정치무대에서 완전히 배제시킨 것이 그의 공로로 인정받는다.

8 멕시코 혁명

어떻게 황야의 무법자들인 빤초 비야와 에밀리아노 사빠따가 멕시코 혁명의 아이콘으로 부상했는가?

멕시코 혁명(1910 ~ 1920)은 뽀르피리오 디아스 대통령의 계속되는 독재와 영구집권에 대한 정치적 불만에서 발생했다. 게다가 디아스가 대토지 소유자나 산업자본가 세력 등 특권층만을 위한 정책을 실시함으로써 새롭게 등장하던 중산층이나 하위계층의 불만을 야기한 것도 혁명의 발생과 관련이 있었다. 그가 비록 멕시코의 경제적 안정은 달성했지만 여덟 번에 걸친 연임은 국민들에게 기존 체제 내에서는 평화적 정권 교체가 불가능하다는 인식을 심어주었다. 1908년 다시는 출마하지 않겠다던 약속을 어기고 1910년 후보 등록을 한 디아스에 실망한 빈대세력은 정치개혁을 주장하는 치와와주 대지주 가문 출신인 프란시스꼬 마데로(Francisco Madero)를 중심으로 뭉쳤다. 특히 도시 중산층, 지식인, 권력을 노리는 지방의 까우디요(caudillo: 군사적 우두머리) 등 다양한 지역의 이질적인 세력들이 그에게 변화에 대한 희망을 걸고 있었다.

깨끗하지 못한 선거를 통해 디아스가 권력을 쟁취하자 마데로는 감옥에 갇히는 신세가 되었다. 그러나 감옥에서 탈출한 마데로는 텍사스로 가 멕시코 국민에게 11월 20일을 기해 총궐기할 것을 호소하고 사회개혁에 대한 약속을 담은 산루이스뽀또시 계획(Plan de San Luis Potosí)을 발표한다. 처음에는 디아스 정권에 겁을 주기 위한 의도로 대국민 호소를 했으나 마데로조차도 기대하지 않던 반응이 전국에서 일어났다. 가장 먼저 북부지역에서 빠스꾸알 오로스꼬(Pascual Orozco)와 함께 빤초 비야(Pancho Villa)가 봉기했고, 멕시코시가 있는 중부 고원지역까지 디아스의 군대를 물리치며 남하했다. 중남부지역에서는 에밀리아노 사빠따(Emiliano Zapata)가 농민군을 이끌고 궐기해서 디아스 군대를 압박했다. 결국 디아스는 6개월 후 권력을 포기하고 프랑스로 망명했다.

마데로가 돌아와 권력을 잡았으나 지지세력 기반이 취약했으므로 그의 개혁정책은 위기에 봉착했다. 옛 시스템을 선호하는 뽀르피리오 디아스 추종 세력과 무역과 석유 이권이 위협당하는 것을 염려한 미국, 토지 분배와 정치 참여 보장에 대한 약속이 실현되지 않자 불만을 품은 농민세력 등이 마데로 정권을 위협했다. 특히 사빠따는 가장 강력한 세력으로 아얄라 계획(Plan de Ayala)을 발표하고 농민을 위한 토지분배를 요구했다. 결국 1913년 2월 빅또리아노 우에르따(Victoriano Huerta) 장군이 주도한 반란이 성공하고 마데로가 암살되자 헨리 레인 윌슨(Henry Lane Wilson) 미국대사와 디아스의 조카인 펠릭스 디아스(Félix Díaz)의 지원을 받은 우에르따 장군이 권력을 차지했다. 보수층의 지지를 받던 새 정권은 언론자유를 금지하고 노동운동을 탄압했다. 그러자 다시금 그의 정책에 반대하는 새로운 봉기가 전국적으로 발생했다. 베누스띠아노 까란사(Venustiano Carranza)와 빤초 비야가 치와와, 소노라, 시날로아, 따마울리빠스주 등 북부지역을 중심으로 다시 일어났고, 남부 지역의 실력자인 사빠따도 이 봉기에 가담했다. 우에르따도 결국 권좌에서 물러나 외국으로 망명했다. 1914년 비야와 사빠따는 말을 타고 6만 명의 군대를 이끌고 멕시코시에 입성하는 데 성공했다.

혁명세력의 도움으로 권력은 점차로 까란사 손으로 넘어갔다. 그는 과두주의자 이미지가 강한 인물이었다. 노동자, 광부, 지식인들의 지지를 받았으며 비야와 사빠따와 달리 전문적 지식을 갖춘 인물이기도 했다. 그러나 시간이 지남에 따라 승리한 혁명세력들 사이에서 발생한 입장과 견해차는 결국 상호 간의 투쟁으로 발전했다. 특히 사빠따와 까란사는 토지문제에서 서로 합의점을 찾지 못했다. 분열을 막아보려고 각 혁명세력의 대표들이 아구아스 깔리엔떼스에 모였으나 합의점을 찾지 못하자 혁명은 까우디요들 사이의 내전으로 비화되었다.

까란사 세력으로부터 공격을 받은 비야는 모렐로스, 뿌에블라, 게레로주를 근거로 세력을 확대하던 사빠따에게 도움을 청했고, 공조 하에 미국의 지원을 받는 까란사와 알바로 오브레곤(Álvaro obregón) 일파와 대립했다. 그러나 그들은 1915년 셀라야 전투에서 패하자 각자 자신들의 세력기반인 모렐로스와 치와와주로 퇴각했다. 비야는 다시 군대를 조직했으나 계속해서 열세에 몰리자 게릴라식 투쟁으로 전환했다. 까란사는 그에 목에 현상금을 10만 뻬소를 걸어 잡으려 했으나 비야는 까란사를 지원하는 미국 국경을 넘나들며 남부 지역 주민을 살상하는 등 미국을 교란시켰다. 그를 잡기 위해 미군이 파견되었으나 북부지역 지리에 능한 그를 잡을 수는 없었다. 반미 감정을 가진 멕시코 민중들에게 그는 더욱 영웅시 되었다.

한편 1915년 대통령에 오른 까란사는 오브레곤 장군이 무장 반란세력들과 싸우는 사이에 국가를 재정비하기 시작했다. 그의 대표적인 업적은 1917년 선포된 헌법을 만들고 반포한 것이다. 이 헌법은 근대 멕시코의 정치, 사회적 구조를 확립한 것으로 대통령의 권한을 대폭적으로 확대했을 뿐 아니라 재선이 불가능한 대통령 단임 제도를 명시했다. 또한 하루 8시간 노동, 어린이 노동 금지, 파업권 보장, 최저 임금에 등 여러 사회적 권리를 명백히 했다. 동시에 후아레스가 만들어 놓은 전통을 따라 교회의 특권을 폐지하고 국가와 교회를 엄격히 분리시켰다.

1919년 매복한 적에 의해 사빠따가 암살당하고 1920년 권좌에 있던 까란사도 정적들에 의해 제거되자, 오브레곤이 대통령직에 올랐다. 비야는 까란사가 제거되자 은퇴하여 두랑고 주의 한 아시엔다에 머물며 생활했다. 그러나 그도 새로 들어선 집권세력에 의해 잠정적인 적으로 간주되었고 1923년 7월 20일에 암살당하는 비운의 주인공이 되었다. 이렇게 1920년 이후 혁명의 핵심 주동자들이 사라짐으로써 혁명은 끝이 났지만 1934년까지 소소한 군사적 반란이나 폭력의 상황이 계속되었다. 쁠루따르꼬 엘리아스 카예스(Plutarco Elías Calles) 대통령이 오늘날의 제도혁명당(Partido Revolucionario Institucional)의 전신인 민족혁명당(Partido Nacional Revolucionario)을 설립하면서 혁명 이념이 제도화되기 시작했다.

사빠따와 비야는 '더 정의로운 멕시코 건설'이라는 같은 목표 때문에 혁명에 가담했다. 정치색이 농후한 다른 혁명가들과 달리 사빠따와 비야는 사회 개혁과 농민 운동적 성격이 강했다. 이들은 농촌을 기반으로 성장한 사람들이었으며 직접 땅을 경작하는 농민이 토지의 주인이 되어야 한다고 믿었다. 대토지나 대농장을 소유한 사람들이 거대한 토지를 다 경작하지 못해 방치하는 현실과는 대조적으로 농민이나 원주민은 자신들의 목숨을 연명할 작은 토지도 소유하지 못하는 현실을 개탄했다. 그래서 사빠따는 '토지와 자유'를 목표로 내걸고 농민들을 규합해 혁명 대열에 가담했다. 두 사람 모두 대토지 소유자들의 횡포가 없는 세상을 꿈꾸었고 농민이 자신의 땅을 경작하는 세상을 꿈꾸었다는 점에서 유사하다. 그러나 이 두 혁명가는 실패할 수밖에 없는 한계가 있었다. 무엇보다도 그들은 사회의 각계각층의 요구를 수렴한 것이 아니라 한 계층인 농민이나 원주민 등 가난한 사람들의 요구만을 반영하고 있었다. 비록 사빠따가 남부지역, 비야가 북부지역의 민중의 지지를 받고 있었으나 전국적으로 지지기반을 확보한 것은 아니었다.

두 영웅 사이에 또 하나의 공통점은 다른 혁명 지도자들과 달리 대통령직에 대한 야심이 없었다는 점이다. 한때 까란사가 비야에게 멕시코 대통령직을 권유했으나 자신이 그런 그릇이 못 된다고 거절했다. 간신히 읽고 쓸 줄만 알 뿐 의원들과 외국 대사들을 다룰 그런 충분한 교양과 문화가 부족하다며 거절했다. 이 점은 1914년 12월 멕시코시에 사빠따와 입성하여 대통령 전용의자에 앉아서 나눈 둘 사이의 담소에도 잘 나타난다. 비야는 "민간인을 이 자리에 앉힙시다. 그리고 우리는 떠납시다. 우리 것은 이것이 아닙니다."라고 말했고, 사빠따는 "장군님!, 전 이 자리에 앉으면 현기증이 납니다."라고 대답했다. 비야는 "장군님!, 우리가 있을 곳은 저 넓은 평원입니다"라고 응답했고 둘은 모두 멕시코시를 떠났다.

혁명기간 이 두 사람 사이의 관계는 가깝고도 먼 사이였다. 한때 사

멕시코 시로 입성한 후 대통령 권좌에 앉아 기념 촬영 중인 비야와 사빠따

빠따는 1914년 마데로가 토지개혁을 실시하지 않고 미적거리자 북부의 비야와 접촉해 마데로를 제거하려 했고, 아구아스 깔리엔떼스에서 비야와 공조하려고 했으나 뜻을 이루지 못했다. 1914년 12월 4일 멕시코시 남부 소치밀코에서 비야와 잠시 동맹 협정을 맺고 멕시코시에 같이 입성하는 데 까지는 성공했으나 두 혁명세력 사이에 긴밀한 공조는 이루어지지 않았다. 게다가 비야의 부하들이 사빠따의 사람인 빠울리노 마르띠네스(Paulino Martínez)를 죽임으로서 둘 사이는 더욱 멀어졌다. 까란사는 이 둘 사이의 분열을 가장 잘 이용하여 권력을 유지할 수 있었다. 비야가 오브레곤과의 전투에서 패해 도망자로 있을 때 사빠따는 그를 도와주지 않았다.

이념면에서 둘 사이에는 분명한 차이점이 있었다. 사빠따와 비교할 때 비야는 뚜렷한 혁명적 이념이 없었다. 그는 복잡한 이론보다 과부를 보호하고, 고아에게 교육의 기회를 주며, 생필품을 반값에 공급하고, 경작되지 않는 대농장을 해체하여 농민들에게 나누어주는 아주 단순하고 원시적인 사회주의식 모델에 대해 언급했을 뿐이다. 그리고 혁명 후의 구상도 분명한 것이 아니었다. 이에 반해 사빠따는 좀 더 급진적이었으며 확고한 혁명의 이념을 가지고 있었다. 비록 멕시코 모든 계층을 아우르는 프로젝트를 가지고 있지는 않았지만 적어도 당시의 다수를 차지하던 농민을 해방시키려는 계획을 가지고 있었다.

1920년 이후 승리한 혁명세력이 비야와 사빠따의 위대성을 축소하기 위해 무식한 약탈자와 무법자의 이미지를 강조하는 전략을 구사했음에도 불구하고 오늘날까지 그들은 농민과 민중 속에 개혁적인 혁명가요 영웅으로 기억된다. 멕시코 혁명의 영웅들은 멕시코시 혁명 기념탑 내부에 잠들어 있지만 그 누구도 사빠따나 비야만큼 현재진행형으로 멕시코 사람들의 가슴속에 살아있는 영광을 누리지는 못한다. 그들은 단지 혁명의 전설이 아니다. 오히려 중요한 역사적 순간에 끊임없이 부활하는 잠들지 않는 혁명의 아이콘이다.

9 끄리스떼로 전쟁(Guerra Cristera)

왜 혁명정부와 가톨릭 신도들 사이에 전쟁이 발생했는가?

뽀르피리오 디아스의 독재(1876 ~ 1910) 동안 가톨릭교회와 국가는 비교적 서로 대립하지 않고 조용히 지냈다. 교회는 다시금 선교에 열중하며 활력을 찾고 있었다. 교황 레온 13세의 회칙 노동헌장에 따라 다양한 교회 단체들이 조직되었으며, 신도들은 사회활동에도 적극 참여하면서 교회에 새 활력을 불어넣고 있었다. 그러나 1910년 시작된 멕시코 혁명이 결국 자유주의와 민족주의 노선의 색채를 띤 까란사와 오브레곤의 승리로 귀결되자 가톨릭교회에게는 심각한 위협이 되었다. 이들의 주도 하에 만들어진 1917년 헌법에는 여러 다양한 반교회, 반성직주의 노선의 사상이 반영되었다. 혁명정부는 교회가 가진 힘과 영향력을 축소하거나 제거하려 했다. 성직자들의 선거권과 피선거권 박탈, 교회의 재산 소유 금지, 수도원 등 부속기관 신설 금지, 국가에 의한 교회와 성직자의 수 통제권한, 교회 언론의 정치적 개입 금지, 초등교육에서 성직자나 수도자의 학교 운영 금지 등 그간 교회가 누려왔던 법적 권리를 박탈하는 것이었다. 교회의 지도자들인 주교들과 성직자들은 이러한 조치가 부당하다고 항의했으나 끝까지 평화적 수단을 통해 법 개정을 얻어내려 노력했다.

알바로 오브레곤 장군의 통치기간(1920 ~ 1924) 동안 새 혁명정부와 교회 사이의 긴장과 대립의 골은 더욱 깊어갔다. 멕시코 정부는 1923년 1월 바티칸의 에르네스또 필립비 교황대사가 과나후아또주의 꾸빌레떼 언덕 위에 세워진 '그리스도 왕'의 기념비를 축성했다는 것을 구실로 그를 추방했다. 추방의 근거로 제시한 것은 멕시코 당국의 권위를 무시하고 헌법 33조를 유린했다는 이유였다. 알바로 오브레곤은 전국의 주지사들에게 헌법의 엄격한 적용을 명령했다. 그 결과 1년 사이에 183명의 외국인 사제들이 추방되고 74개 수도원이 폐쇄되었다.

그러나 쁠루따르꼬 엘리아스 까예스(Plutarco Elías Calles) 장군이 대통령이 되자 국내외 정치 사회적 사정은 더욱 복잡해 졌고 정부와 교회의 관계도 더욱 악화되었다. 민족주의자인 까예스가 보기에 가톨릭 신도는 자기 조국보다 로마 교황에게 더욱 충성하기 때문에 좋은 시민이 될 수 없다고 생각했다. 그는 로마에 충성하는 교회가 아니라 멕시코에 충성하는 국가 교회를 창설하려고 시도하였다. 정부와 대통령의 지원을 받는 '멕시코 노동자 지역 총연맹(Confederaciốn Regional Obrero Mexicano)'의 지원 하에 1925년 2월 '멕시코 가톨릭 사도 교회(Iglesia Catốlica Apostốlica Mexicana)'가 창설되었다. 이를 통해 정부는 가톨릭교회를 분열시키려 했다. 결국 이 교회의 지도자로 호아낀 뻬레스(Joaquín Pérez)라는 사제가 추대되었다. 교리는 가톨릭 교의를 따랐으나 로마 교황이 아닌 멕시코 국가에 충성하는 교회였다. 그러나 이 전략이 더욱 가톨릭 신도들과 주교들을 자극하여 결속시키는 계기를 만들었다. 이 교회는 신도들의 저항과 민중의 지지를 얻지 못하자 힘을 잃고 사라졌다.

점차 가톨릭교회에 대한 박해가 노골화되었다. 따바스꼬주에서는 주지사가 사제직을 수행하기 위해서는 결혼을 해야 한다는 법령을 공포했고, 따마울리빠스주에서는 외국인 사제의 전례 집행을 금지시켰다. 게다가 이러한 조치들은 치아빠스주, 이달고주, 할리스꼬주 등 전국적으로 확대되었다. 주교들과 사제들뿐 아니라 많은 신도들이 이 조치에 항의했다. 결국 평신도 지도자들과 여러 교회 내 단체들이 '종교자유 수호를 위한 전국연대(Liga Defensa de la Libertad Religiosa)'를 결성했다. 이 단체의 영향력은 단기간에 전국적으로 확대되었다. 그러나 정부는 이 조직을 불법 단체로 규정하고 전국적으로 가톨릭 예배를 제한하는 조치들을 실시했다.

1926년 2월 멕시코시의 대주교가 헌법의 반성직주의적 노선을 거부한다는 성명서를 신문에 발표한 뒤 당국에 체포되는 사건이 발생했다.

교회와 국가의 관계가 돌이킬 수 없는 파국으로 치달았다. 까예스는 외국인 성직자의 추방, 수도회가 운영하는 학교의 폐쇄, 사제의 수를 주민 6000명당 한 명으로 제한, 교회의 교육권을 박탈 등의 조치가 명시된 헌법 130조를 입법화했다. 그의 이름을 따서 '까예스 법'으로 명명된 이 조항은 1926년 8월부터 시행되었다.

가톨릭 주교들은 거룩한 종교 업무를 수행하는 데 지나친 제약과 박해를 받자 종교 활동과 예배를 중단하겠다는 의견을 바티칸에 보내며 교황의 최종 의견을 물었다. 교황의 승인이 떨어지자 전국적으로 교회는 항의의 표시로 문을 닫기 시작했다. 까예스 정부는 교회의 문을 닫을 생각까지는 아니었다. 단지 교회가 국가에 종속되고 국가 권력의 잠정적 라이벌이 아닌 국가 통제 하에 있는 조직이 되길 원했다. 일부 주교들은 최종적으로 법령이 시행되기 전에 까예스 대통령을 찾아가 법령의 시행을 멈추려 노력했다. 그러나 까예스는 법 앞에 무조건 복종이냐 아니면 무장봉기냐를 선택하라고 응수했다. 막다른 골목에 처한 가톨릭교회와 '종교자유 수호를 위한 전국연대' 등 여러 단체에서 200만 명 이상이 서명한 헌법개정청원서를 의회에 제출했으나 의회는 접수조차 거부했다. 당시 멕시코 전체 인구가 1,400만 명이었음을 감안한다면 200만 명의 서명은 엄청난 규모였다. 결국 이 연대는 정부를 압박할 목적에서 보이콧 전술을 실천했다. 세금을 내지 않았고 정부가 제공하는 물품들에 대한 소비를 최소화했다. 또 정부가 운영하는 복권과 가솔린도 구입을 중단함으로써 정부에 막대한 경제적 손실을 주었다. 가톨릭 신도들은 헌법 개정 이라는 자신들의 목적을 달성하지는 못했지만 정부 정책에 대한 비협조와 반대를 분명히 했다. 그러나 평화적 방법으로는 부당한 법 조항들을 폐지하는 것이 불가능하다는 것을 깨닫고 가톨릭 신도들은 1927년 1월 무장봉기를 선택했다. 서로의 이념과 노선을 포기할 수 없던 두 열차가 정면으로 충돌한 것이다. 결국 문제의 해결은 극단적인 수단인 전쟁을 통해 이루어졌다.

무기를 들기 전에 연대에 참여한 평신도 지도자들은 주교단에 자신들의 권리를 지키기 위해 무기를 드는 것이 정당한 것인지 의견을 구했고, 주교들은 정황상 정당하다고 답변했다. 그러나 교회의 지도자들인 주교나 교황청은 전쟁에 대해 승인한 것은 아니었고 교회 측에서는 전쟁을 위한 어떠한 지원도 하지 않았다. 이미 공식적인 전쟁에 돌입하기 훨씬 전부터 삽과 낫을 든 저항이 곳곳에서 일어나고 있었다. 그러나 '종교자유 수호를 위한 전국연대'의 공식적인 봉기 선언은 결국 선전포고의 역할을 했다.

지방에서 농민들을 중심으로 산발적으로 일어나던 저항과 봉기가 점차 게릴라식에서 정규군과 같은 구조와 조직으로 발전했다. 여기에는 군사 정치적 지원과 함께 저항세력들의 단일화를 촉구한 '종교자유 수호를 위한 전국연대'의 역할이 결정적이었다.

무장봉기 세력의 주축인 농민들이 "그리스도 왕 만세!"를 외치며 봉기했기 때문에 이 가톨릭 저항군을 '끄리스떼로스(Cristeros)'라고 불렀다. 먼저 할리스꼬주에서 시작된 무장봉기가 사까떼까스주, 과나후아또주, 미초아깐주를 거쳐 멕시코 중부지역 전역으로 확대되었다. 이렇게 멕시코의 절반에 해당하는 지역이 시민·종교 전쟁에 빠져들었다. 초기 전세는 정부군에게 유리했으나 저항군이 점차 조직화되고 통일성을 갖추어 가자 장기전화되는 양상을 보였다.

1928년 가톨릭에 대해 좀 더 온건한 정책을 펼칠 것으로 기대되던 알바로 오브레곤이 대통령에 당선되자 가톨릭교회 측에서는 자신들에게 호의적인 협정이 체결될 것으로 기대했다. 그러나 그해 7월 한 가톨릭 청년에 의해 오브레곤이 암살되자 에밀리오 뽀르떼스 힐(Emilio Portes Gil)이 임시 대통령직을 수행하게 되었다. 정부와 가톨릭교회 간 협정이 성과 없이 지지부진 시간만 낭비하자 여러 중제자들이 적극적으로 개입하였다. 특히 멕시코 정부의 고위 인사들과 친분이 깊은 미국의 모로(Dwigth Morrow) 대사가 결정적인 역할을 수행했다. 그는 교황청으로부터 협상의 대표직을 위임받은 루이스 플로레스와 빠스꾸알 디아스 주교를 집요하게 설득하였다. 그들은 교황에게 협정을 위한 기본 지침을 의뢰했고 교황은 평화적 해결을 강조했다. 모로가 직접 '모두스 비벤디(Modus vivendi)'라는 협정서를 작성했고, 정부와 가톨릭 측 대표들이 서명함으로써 전쟁은 종식되었다. 이 협정서는 가톨릭교회보다 정부 측에 유리하게 작성되었다. 이 협정은 무장봉기자들의 사면권과 일부 교회 건물들의 반환에 대해서는 언급하고 있으나 기존 헌법의 주요 내용을 변경하거나 폐지하는 것은 아니었다. 정부는 교묘하게 반가톨릭 법 조항을 개정하지 않고 단지 법 적용을 중단하는 방법으로 문제를 해결했다. 이렇게 전쟁은 종식되었지만 문제가 해결된 것은 아니었다. 협정과정에서 배제된 끄리스떼로스의 지도자들과 농민들은 전쟁 전에 비해 별로 나아진 것이 없는 상황에 대해 불만을 품었다.

전국의 교회에서 다시 찬송가와 미사, 그리고 여러 가지 성사들이 집전되었다. 그러나 급조된 미봉책은 언제나 교회와 정부 간의 충돌로 다시 타오를 여지를 가지고 있었다. 협정이 체결된 뒤에도 사면 받은 끄리스떼로들이 도시와 농촌에서 정부군의 보복으로 살해되고 박해를 받았으며, 고문을 당하는 일들이 벌어졌다. 그러자 여러 지역에서 다시 끄리스떼로들이 봉기하기 시작했다. 두 번째 반란이란 의미로 '라 세군다(La Segunda)'로 불린 이 봉기는 1926년에서 1929년 사이에 있었던 전쟁에 비해 미약한 것이었다. 이 봉기는 그 전의 무장봉기와 달리 교회의 배신에 대한 불만이 반영되어 있었다. 비록 이 봉기가 정부군에 의해 빠르게 진압되어 정부를 위협할 정도는 아니었으나 소규모 게릴라전 양식으로 1930년대 말까지 지속되었다.

끄리스떼로스 전쟁이 야기한 충격은 멕시코 사회에 커다란 충격을 주었다. 교회도 국가도 이 전쟁에 대해서는 침묵했고 기억하고 싶어 하지 않았다. 전쟁의 책임은 죽은 자들에게 돌려졌고 어떠한 연구나 평가도 이루어지지 않았다. 교회는 정부가 공교육을 독점하고 자신들의 교육활동을 규제하는 것에 대해 비판했다. 교육과 관련해서 교회와 국가는 여러 차례 충돌했지만 양쪽 다 신중한 태도를 취해 직접적인 충돌을 피해나갔다.

미초아깐 주의 끄리스떼로스 저항군

1979년 교황 요한 바오로 2세의 멕시코 방문은 교회와 국가 간 새로운 관계를 여는 계기가 되었다. 1988년 까를로스 살리나스 고르따리(Carlos Salinas Gortari) 대통령이 교회와 국가 간의 관계 정상화를 시도했고, 교회의 종교적 자유를 인정하는 쪽으로 헌법을 개정했다. 1992년 바티칸과 멕시코 간 중단되었던 외교관계가 정상화되었고 반가톨릭 교회적인 헌법조항들이 개정되었다. 이것은 국가와 교회 간 화해의 시대를 여는 데 결정적으로 기여했다.

10 폭력성, 불평등, 특권의식, 비관용, 부권주의, 까우디요, 강한 국가

멕시코 정치문화에 남아있는 역사적 유산은?

역사는 흘러간 과거의 기억이 아니다. 역사는 때때로 현재를 비춰주는 거울의 역할을 한다. 다시 말해 지금 우리들의 모습 중 많은 부분은 역사적 산물이다. 한 민족의 삶의 형태 즉 넓은 개념의 문화도 바로 이런 역사에 따라 형성된다. 따라서 문화는 단순한 제도적 변화 등으로 쉽게 변화시킬 수 없는 본질적 성격의 것이다. 그럼으로 우리는 멕시코 정치를 이해하기 위해 비록 문화결정론까지는 가지 않더라도 최소한 그들이 역사적으로 물려받은 정치적 유산이 무엇인지는 먼저 짚어보아야 할 것이다.

흔히 멕시코 정치의 역사적 유산을 짚어보는 작업은 스페인 식민지 시대로부터 시작하는 것이 일반적이다. 그러면 멕시코인들의 피의 반을 차지하고 있는 스페인 정복 이전 시대의 원주민 문화의 유산은 어떻게 할 것인가? 멕시코 정치 문화에 있어 그들의 영향이 전무하다고 단정할 수 있는가? 『백년의 고독』의 저자 가브리엘 가르시아 마르께스는 중남미 각국에서 공통적으로 나타나는 폭력적 정치문화를 이해하려면 멕시코 국립인류학 박물관 아스떼까실에 가서 그들의 대지의 여신 꼬아뜰리꾸에 상 앞에 서 5분간만 그를 뚫어지게 바라보라고 했다. 그러면 그에 대한 답을 얻을 수 있을 것이라고 말한다. 그 괴기한 상에는 바로 아스떼까의 모든 것이 나타나 있고, 그러한 모습이 바로 오늘날 멕시코인들의 삶에도 그대로 녹아 있다는 것이다. 그러면 꼬아뜰리꾸에 상에 비친 아스떼까인들은 어떤 사람들이었으며, 또 그것이 오늘날 멕시코 정치에는 어떤 영향을 미치고 있는 것일까?

멕시코 북부 지역에서 다른 부족들의 지배를 받으며 살았던 아스떼까인들은 그들의 주신 우이칠로뽀츠뜰리의 인도 하에 번영의 삶의 터전을 찾아 떠난다. 그리고 불과 백 년도 되지 않아 아스떼까인들은 멕시코와 중미에 걸치는 대제국을 건설하게 된다. 이러한 대과업을 이루기 위해서 그들은 굶주림 속에서도 끊임없이 전쟁에 나서야 했고, 그 과정에서 어느 종족보다 더 잔혹성과 호전성을 가지게 되었을 것이다. 종교적 대임이든, 제국주의적 정복이든 어떤 이유에서든 아스떼까인들은 평생을 전쟁과 함께 해야 했고, 그로 인해 아스떼까의 전사들과 그의 가족들에게 있어 죽음은 늘 두려움이자 친근함의 대상이었다. 정복자로서의 호전성과 야수성 그리고 그 이면에 나타나는 죽음에 대한 두려움과 공포야 말로 바로 아스떼까 대지의 여신 꼬아뜰리꾸에 상에 그대로 나타나는 아스떼까인들의 본 모습이다.

오늘날 멕시코의 정치인들이 가깝게 느끼지만, 그렇기 때문에 또 항상 두려워하는 것이 바로 정치적 폭력성이다. 역사적으로 멀게는 19세기 까우디요 시대와 멕시코 혁명, 가깝게는 1994년 멕시코 대선 기간에 발생한 일련의 암살 사건들, 그리고 최근의 치아빠스 사빠띠스따 혁명군의 봉기, 게다가 마약과 관련된 다양한 사회적 폭력 등 멕시코의 정치는 과거나 현재나 이러한 다양한 폭력들에 의해 몸살을 앓아 왔다. 아스떼까의 호전성이 바로 이러한 멕시코의 전반적인 폭력적, 혁명적, 파괴적 정치문화의 한 요인이 되었음은 아무도 부정할 수 없을 것이다.

그러면 식민지 시대에 스페인이 남긴 역사적 유산은 무엇인가? 우선 인종적 문제를 들 수 있다. 미국과는 달리 멕시코에서 스페인은 원주민과의 공존을 선택했다. 그리고 그를 통해 대대적인 혼혈이 이루어졌다. 혼혈에도 불구하고 백인, 메스띠소, 원주민 간의 사회적 차이는 명백했고, 이러한 인종적 차이가 그에 기반을 둔 사회적 계급의 차이를 심화시켰다. 사회적 불평등이 인종적 차이로 인해 보다 더 강화된 것이다. 이러한 인종에 기반을 둔 심각한 사회적 불평등은 멕시코 혁명과 그 후 다양한 정부의 통합정책에도 불구하고 근본적인 변화 없이 지금까지 이어져 오고 있다. 따라서 인종에 따른 극심한 사회적 불평등은 현재 멕시코 정치의 다양한 측면에 영향을 미치고 있다.

두 번째는 종교적 영향이다. 스페인은 신대륙에 가톨릭을 전파했다. 신대륙에서 가톨릭교회는 단순히 종교적 영역을 넘어 교육에 대한 독점과 경제적 권력까지 장악함으로써 식민지 시대 멕시코에 봉건적 사회구조를 형성하는 데 가장 크게 기여했다. 따라서 그의 영향력은 '국가 내의 국가'라 할 만했다. 그럼으로 멕시코 정치 문화의 형성에 있어 가톨릭교회가 미친 영향력은 매우 크다.

그중 하나가 조합주의적 특권의식이다. 조합주의는 국가와 특별한 관계를 가지는 특성 사회 그룹들에게 정치적 지지의 대가로 국가가 다양한 특권을 부여하는 정치구조를 말한다. 그에 따라 식민지 시대부터 강력한 정치적 영향력을 보유한 교회는 국가와의 특별한 관계를 통해 다양한 특권을 누릴 수 있었다. 이러한 특권은 그를 향유하는 세력들에게는 매우 매혹적인 것이었기 때문에, 그를 놓치지 않기 위해 피비린내 나는 투쟁도 마다하지 않았다. 독립 이후 19세기 멕시코 정치의 대부분도 바로 이러한 특권을 유지하려는 교회와 그를 빼앗으려는 세력 간의 갈등이었다. 그리고 혁명 이후 20세기 멕시코 정치도 바로 이러한 특권을 차지하려는 다양한 세력들의 투쟁의 장이었다고 할 수 있다. 어쨌든 교회가 누렸던 것과 같은 특권을 둘러싼 투쟁은 그 후 멕시코 정치의 주요한 갈등의 요인이 되었다.

가톨릭교회가 남긴 또 다른 정치적 유산은 바로 비관용의 문화이다. 종교 재판에서 볼 수 있듯이 가톨릭교회는 식민지시대 이래로 자신의 종교적 교리와 다른 그 어떤 종교나 사상이 멕시코에 들어오는 것을 허용하지 않았다. 교회의 도그마적 태도가 사회의 전반적 문화로 굳어짐에 따라, 지금까지도 멕시코는 자신과 다름을 존중할 수 있는 다원주의적 정치문화를 형성하는 데 어려움을 겪고 있다. 이러한 불관용의 정치문화는 대화와 타협이 필요한 민주주의 발전에 가장 큰 걸림돌이 되고 있다.

식민지 시대의 세 번째 정치적 유산은 무력집단의 정치적 영향력 확대이다. 식민지 시기 동안 통치자들은 광범위한 아메리카 전부를 통제하기 위해 각 지역의 민병집단들에 점점 더 의존하지 않을 수 없었다. 따라서 식민지시대 이러한 군사집단들의 주된 임무는 외부의 적으로부터 국가를 방어하는 것이라기보다는, 오히려 원주민들의 반란을 진압하고 내부적 질서를 유지하는 것이었다. 즉 식민지시대 이래로 멕시코에서 군사집단들은 이러한 역할을 맡음으로써 교회와 마찬가지로 정치적 특권 집단으로 성장했다. 심지어 독립 이후 스페인 왕실의 지배구조가 붕괴되고, 권력의 공백이 생김에 따라 소위 까우디요를 중심으로 하는 군사집단들이 무력 투쟁을 통해 권력을 직접 쟁취하는 데 전념하게 된다. 이들의 무력을 통한 권력 투쟁으로 인해 19세기 중반 멕시코 정치는 소위 '아나키즘의 시대'라 불리는 혼돈에 빠지게 되었다. 멕시코에서 군부의 이러한 정치적 영향력은 20세기 중반 혁명이 완전히 제도화될 때까지 지속되었다.

식민지시대의 네 번째 정치적 유산으로는 스페인식 관료주의 전통을 들 수 있다. 식민지시대의 권력 구조는 계급적 위계질서가 명확했고, 모든 권력은 부왕(virrey)에게 집중되어 있었다. 부왕은 행정과 군부의 장이었으며, 교회 선교 사업의 책임자이기도 했다. 부왕의 권력은 거의 견제를 받지 않았다. 비록 아우디엔시아(audiencia: 식민지 시대 사법부 역할을 한 기관)가 국왕에게 직접적인 보고 등을 통해 부왕을 견제하고, 국왕이 직접 식민지에 파견한 관리인 비시따도르(visitador)가 부왕을 감시했다고는 하나, 그러한 감시와 견제가 권력의 분립을 의미하는 수준은 아니었다. 따라서 식민지 시대의 절대적 권력은 부왕에게 있었다고 할 수 있다. 이러한 부왕에의 권력 집중을 의미하는 스페인식 관료주의가 멕시코 정치문화에 미친 영향은 결코 적지 않다. 그중에서도 권력의 집중으로 인해 발생된 권력의 사유화와 개인화는 정치적 정당성을 제도보다는 개인에게로 이전하게 했고, 그로 인해 멕시코 정치에 있어서 제도보다 개인의 중요성이 더 부각되는 계기가 되었다.

또한 식민지적 관료주의의 강화는 멕시코 사회에 있어 국가 역할의 강화를 불러왔다. 물론 멕시코에서 국가역할의 강화는 시민사회의 미약함에도 원인이 있다. 스페인은 식민지를 중상주의에 따라 통치함으로써 멕시코에서 상공업의 발달은 억제되었다. 주로 일차 상품 생산에 전념했던 멕시코 사회에서 상공인의 발달은 미약했고, 그로 인해 강력한 국가에 비해 시민사회는 거의 발달할 수 없었다. 식민지 시대부터 20세기 초반까지 멕시코에서 국가와 비교할 만한 시민사회 기구는 교회가 유일했다. 이런 조건에서 강력한 스페인의 식민지적 관료주의 통치 방식이 멕시코에서 국가를 가장 강력한 제도적 기구로 만든 것은 너무나 당연하다. 멕시코에서 중요한 식민지적 유산의 하나는 바로 강력한 국가의 전통이라고 할 수 있다.

독립 이후 19세기 동안 식민지 시대에 형성된 다양한 정치문화는 변화하고 발전하기보다는 오히려 심화되었다. 보수주의와 자유주의는 교회의 특권을 둘러싸고 한 치의 양보도 없이 폭력적 투쟁만을 일삼았다. 디아스의 집권은 이러한 폭력성과 무질서를 일시적으로 중단시키는 효과를 가져왔으나, 그것은 군부와 민간인 정치인들의 밀접한 관계 강화를 통해서 이루어진 것이었다. 그 자신이 19세기 폭력적인 무력 투쟁의 중심에 있었던 디아스는 집권 후 무력 투쟁 당시 동료들을 정부의 요직에 임명했다. 그로 인해 군 출신들이 많이 디아스 정부의 요직을 차지했다. 정권이 안정됨에 따라 고위 관직에 있어 군인들은 민간인 전문가들에 의해 대치되었지만, 그렇다고 군부가 민간인 정부에 복종하는 관계가 형성되는 데까지 이르지는 못했다. 질서를 가장 중요시했던 디아스 정부는 군부와 민간의 공동 권력구조라는 정치적 유산을 남겼고, 그러한 구조는 혁명 후 1940년까지 이어졌다.

디아스는 또한 식민지 이전 그리고 식민지 시대의 정치문화로부터 공히 기인하는 부권(父權)주의(paternalismo)를 강화했다. 부권주의란 대통령이 국가의 권력을 사유화함으로써 국가 권력의 운영을 가정에서 가장의 역할처럼 하는 것을 말한다. 그에 따르면 모든 공직은 대통령 개인의 사사로운 친분에 따라 임명되고, 대통령에 의해 선택된 자들에게는 거대한 경제적 보상이 주어진다. 그럼으로 공직과 그에 대한 경제적 보상을 원하는 사람들은 어떻게 하든 대통령의 개인적 호의를 얻는 데에 모든 노력을 기울이게 된다. 디아스는 반대파들과 그에게 충성하는 사람들을 다루는 방식으로 이러한 기술을 널리 활용하였다. 권력의 이러한 사유화는 필연적으로 정치적 부패를 만연하게 했다. 공직을 가진 자들은 공적인 책임감을 가지기 보다는, 공직을 디아스 개인에 대한 충성심에 대한 보상 정도로 생각하게 되었다.

결국 디아스 시대에는 식민지 시대에 이식된 스페인식 관료주의 전통에 따른 권력의 사유화와 개인화가 보다 강화되었다고 할 수 있다. 디아스는 식민지 시대의 부왕처럼, 심지어 스페인 본국에 의한 간섭이 없음으로 인해 그보다 더 큰 권력을 개인의 사유물처럼 마음껏 향유했다. 권력을 유지할 수단으로 국가기구를 강화하였지만 결코 그를 법적 기준에 따라 제도화 하지는 않았다.

이렇게 보면 20세기 초 멕시코 혁명이 정치 사회 전반에 걸친 대대적인 변화를 가져오기까지, 스페인정복 이전 시대부터 식민지 시대와 독립 이후 19세기를 거쳐 형성된 멕시코의 정치문화를 정리해 보면, 폭력성, 불평등, 특권의식, 비관용, 권력의 사유화, 국가의 강화 등으로 요약할 수 있을 것이다. 역사적으로 형성된 이러한 정치문화는 혁명과 그의 제도화 과정을 거치면서도, 심지어 최근의 민주화 과정에도 불구하고 본질에 있어서 큰 변화 없이 유지되면서 다양한 측면에서 오늘의 멕시코 정치를 규정하고 있다.

11 혁명의 제도화

제도혁명당(PRI) 72년 장기집권이 가능했던 이유는?

멕시코의 제도혁명당은 1928년에서 2000년까지 72년간 멕시코를 지배했다. 그것도 힘에 의한 전체주의적 일당 독재가 아니라, 정기적인 선거에서 승리를 통한 집권이었다. 따라서 2000년까지 멕시코의 정치는 제도혁명당의 정치였고, 제도혁명당의 운영 메커니즘에 대한 이해 없이 멕시코 정치를 안다는 것은 불가능했다. 그렇다면 제도혁명당이 역사적으로 유래 없이 선거를 통해 장기 집권할 수 있었던 요인은 무엇인가? 이런 물음을 통해 우리는 멕시코 정치의 또 다른 본질적 측면에 접근할 수 있을 것이다. 그리고 이러한 모습들의 상당부분은 2000년 정권교체 이후에도 여전히 현재진행형으로 남아있기 때문에 그에 대한 이해는 여전히 중요하다.

제도혁명당이 창당된 것은 1928년이다. 당시 쁠루따르꼬 엘리아스 까예스는 멕시코 혁명의 제도화 필요성에 따라 제도혁명당의 전신인 민족혁명당(PNR)을 창당한다. 까예스가 정당을 설립한 가장 기본적 목적은 혁명 이후 혼돈스러운 권력 구조를 제도화할 필요성이 절박했기 때문이다.

실제 멕시코 혁명은 폭력적 정치의 산물이었다. 우선 멕시코 혁명의 선구자인 프란시스꼬 마데로의 암살에 이어, 혁명의 민중적 영웅인 에밀리아노 사빠따와 빤초 비야도 각각 같은 혁명동지들에 의해 살해되었다. 그리고 사빠따를 살해한 베누스띠아노 까란사는 역시 소노라 출신의 또 다른 혁명가 알바로 오브레곤에 의해 살해되었고, 그 또한 재집권을 노리다가 정치적 암살의 희생양이 되고 만다. 이렇듯 멕시코 혁명은 각 지역의 군사적 우두머리들의 공동 봉기에 의해 이루어진 혁명이었고, 그러다 보니 혁명이 성공한 이후 이들 간의 권력 게임이 폭력적 수단에 의해 전개될 수밖에 없었다. 따라서 이러한 폭력적인 권력 투쟁을 잠재우지 않고서 멕시코 정치의 안정을 기대할 수는 없었다. 제도혁명당의 기원도 바로 이러한 폭력적 정치를 정당정치를 통해 제도화하는 데 그 목적이 있었다.

오브레곤에 이어 또 다른 소노라 출신의 군인 까예스가 정권을 이어받았고, 그의 임기 말 실시된 대선에서 오브레곤이 다시 대통령에 선출되었다. 오브레곤은 멕시코 혁명의 대의 중 하나가 재선 금지였음에도 불구하고 현직이 아니라는 이유로 재선이 아님을 강조하면서 다시 선거에 나서 승리한 것이다. 그러나 그는 집권할 수 없었다. 취임도 하기 전에 한 종교적 광신도의 의해 살해된 것이었다. 그러나 말이 그렇지 그의 암살은 분명 정치적 의도에서 이루어진 것이다. 그의 암살 이후 당시 대통령 까예스는 임기 말임에도 불구하고 정국을 주도하면서 정당을 창설하고, 새로운 대선을 실시했다. 이때 까예스는 민족혁명당을 설립하고, 6년 단임제 원칙을 제도화함으로써 권력 투쟁을 폭력의 장에서 정당 내부로 끌어들이는 데 성공했다.

1938년 라사로 까르데나스(Lázaro Cardenas)는 멕시코 정치에 새로운 바람을 몰고 왔다. 당시 막후 세력으로 남아있던 까예스에 의해 낙점된 미초아칸 주의 군인 출신인 까르데나스는 예상과는 달리 집권 이후 까예스를 국외로 추방하고, 자신이 추구하는 새로운 정치를 실현하게 된다. 그 과정에서 정당을 재조직하게 되는데, 그때 그는 정당의 이름을 멕시코혁명당(PRM)으로 개정하게 된다. '멕시코 혁명의 양심'이라고도 불리는 까르데나스는 정당 내 진보파의 리더로서 멕시코 혁명 과정에서 분출되었던 민중의 욕구를 실현하는 데 앞장섰다. 그는 지금까지 약속만 한 채 제대로 이행되지 않았던 토지개혁을 본격적으로 단행하였다. 특히 원주민 공동경작지인 에히도 제도를 통해 전임자들보다 2배 이상의 토지 분배를 실현하였다.

그리고 까르데나스는 까란사 정부 하에서 혁명의 이상을 반영하여 제정된 1917년 멕시코헌법 27조(모든 토지와 지하자원은 국가의 자산이며, 국가는 이를 개인에게 양도할 수 있지만, 집합적 이익을 위해 다시 몰수할 수도 있다. 그리고 멕시코 영토 하에 존재하는 모든 지하자원은 국가만이 개발할 수 있다)에 따라 당시 미국을 비롯한 외국 자본에 의해 개발되고 있던 석유산업을 국유화함으로써 멕시코 민족주의의 화신이 되었다. 따라서 그로 인해 탄생한 멕시코 국영석유회사(PEMEX: Petróleos de México)는 멕시코 민족주의의 상징이 되었다.

사실 까르데나스의 석유산업 국유화는 제도혁명당의 장기집권을 가능하게 한 가장 중요한 요인 중 하나이다. 왜냐하면 국영석유회사를 통한 수익이 국가정당이기도 한 제도혁명당의 선심정책을 가능하게 했기 때문이다. 국가의 정책이 곧 제도혁명당의 정책으로 인식되는 상황에서 석유산업 국유화로 인한 국가 재정 수입의 확대는 그대로 제도혁명당 정책 실현의 물질적 조건 확대와 동일시되었다. 이를 통해 만년 여당 제도혁명당은 다양한 사회정책들을 실현할 수 있었고, 심지어 자신의 정당을 지지하는 사람들에게 일자리를 나누어 주기도 했다. 이런 방식을 통해 제도혁명당은 석유산업을 정치적 지지 확보를 위해 활용했다. 결국 석유산업은 제도혁명당 포퓰리즘의 물질적 기반으로서 제도혁명당 장기집권의 확고한 물질적 기반이 되었다.

까르데나스는 정당 개혁을 통해 장기집권을 위한 또 하나의 기반을 구축하게 된다. 그는 정당 내에 노동자, 농민, 군부, 중산층을 4개의 지지기반으로 하는 조합주의 체제를 구축한다. 여기에 대해서는 다음 장에 보다 구체적으로 언급하겠지만, 까르데나스의 석유산업 국유화와 조합주의 체제의 구축이 제도혁명당 장기집권의 기반이 되었음은 분명하다.

멕시코혁명당(PRM)이 현재의 이름인 제도혁명당으로 바뀐 것은 1946년 미겔 알레만(Miguel Alemán) 대통령부터이다. 알레만 대통령은 멕시코국립대학교(UNAM) 법대 출신으로 혁명 이후 최초의 민간인 출신 대통령이라는 특징을 가지고 있다. 게다가 그는 까르데나스와 비교하면 명백히 우파적 인물이다. 그러나 알레만은 제2차 세계대전 이후 본격적인 산업화를 추진할 필요성에 따라 제도혁명당의 대선 후보가 되었다. 따라서 대통령으로서 그의 최대 과제도 당연히 경제발전에 있었다. 그로 인해 알레만은 집권 시기에 수많은 사회간접자본을 위한 공공프로젝트들을 실현했으며, 심지어 멕시코의 뿌리 깊은 민족주의 감정에도 불구하고 미국 관광객들을 끌어들이기 위해 관광산업을 육성함으로써 관광산업을 멕시코의 주요한 외화수입원으로 만들기도 했다. 또한 알레만은 까르데나스에 의해 형성된 당을 재정비하기 위해 정당에 '제도'라는 이름을 추가하고, 조직을 노동자, 농민, 민중 세 부문으로 나누기도 했다. 이렇게 제도혁명당은 시대적 필요에 따라 좌우를 넘나들면서 시대적 요구에 맞는 인물들을 대통령에 내세우는 등 이데올로기적으로 유연한 자세를 보여줌으로써 장기집권을 가능하게 할 수 있었던 것이다.

1958년 대통령으로 선출된 아돌포 로뻬스 마떼오스(Adolfo López Mateos)도 바로 이런 제도혁명당 후보 지명의 이데올로기적 유연성의 산물이었다. 전 정권에서 노동부 장관을 지냈던 로뻬스 마떼오스는 친노동자 성향의 인물로 알려져 있었다. 그는 1940년 이래 제도혁명당의 친기업적 이미지를 변화시킬 필요성을 느꼈다. 실제 조합주의에도 불구하고 그의 혜택을 받는 노동자와 농민의 수는 매우 제한적이었다. 실제 대부분의 노동자와 특히 대다수의 농민들은 조직화의 보호를 받을 수단을 가지고 있지 않았다. 국민의 다수가 노조에 가입하면서 노조가 강력한 정치적 반대세력을 형성한 아르헨티나나 칠레와 달리, 멕시코의 경우 노조에 가입한 사람은 전체 노동 인구의 일부에 불과했다. 따라서 이들은 비록 정치적 영향력을 발휘하기는 하였지만 그것은 자치적이기보다는 국가조합주의 틀 내에서 제한적 영향력을 발휘하는 데 불과했다.

어쨌든 로뻬스 마떼오스는 까르데나스 이후 두 번째로 많은 토지개혁을 단행하고, 다양한 노동자 복지 정책을 확대했다. 게다가 그는 쿠바혁명 이후 라틴아메리카에서 쿠바를 고립시키려는 미국의 정책에 반대해 끝까지 쿠바와 기존의 외교정책을 유지하기도 하였는데, 그로 인해 1960년대 멕시코는 라틴아메리카에서 쿠바와 외교 관계를 유지한 유일한 나라가 되기도 했다. 멕시코인들의 반미감정을 적절히 이용하는 자주적 외교정책은 제도혁명당에 대한 국민들의 지지를 유지하게 한 또 다른 한 요소이다. 실제 제도혁명당은 그 이후에도 멕시코와는 뿌리 깊은 애증의 관계에 있는 미국과의 외교관계에 있어 이러한 민족주의 이데올로기를 적절하게 활용함으로써 헤게모니를 유지하는 수단으로 삼았다.

그 후에도 제도혁명당 대선 후보들의 이데올로기의 추는 역시 시대 상황에 따라 좌우를 유연하게 넘나들었다. 1964년에서 1970년까지 대통령을 지낸 디아스 오르다스(Díaz Ordaz)는 내무장관 시절 공산주의 벽화미술가 다빗 알파로 시께이로스(David Alfaro Siqueiros)의 체포 명령을 내린 강경파이다. 그는 전임 로뻬스 마떼오스의 좌파성향과는 다른 정책을 펼칠 것으로 기대되었다. 비록 그가 정책상 전과 크게 다

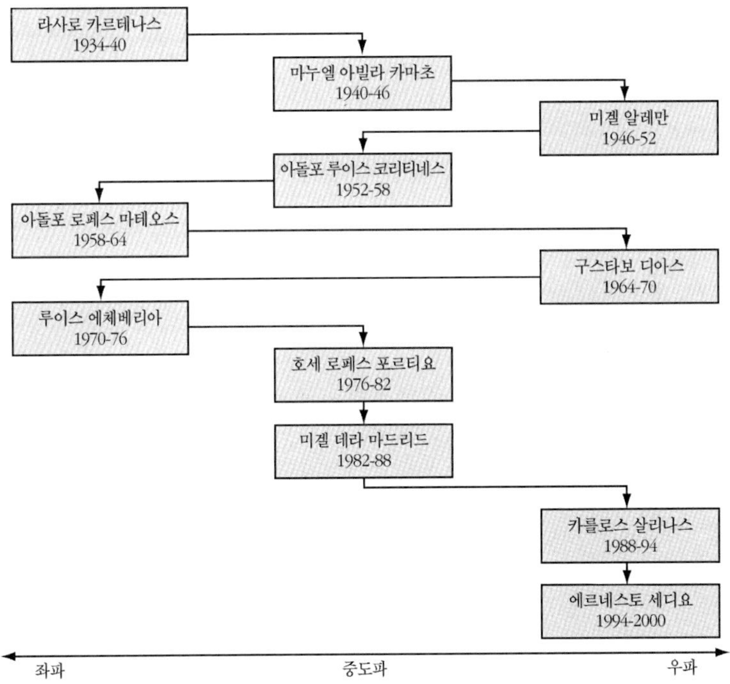

멕시코 역대 대통령의 이데올로기 성향

른 방향으로 나아가지는 않았지만 그러나 그는 올림픽을 앞둔 1968년 12월 2일 제도혁명당의 일당 지배에 반대하는 학생시위를 수백 명의 목숨을 앗아가는 강경한 방식을 통해 진압했다. 이런 사건을 겪은 후 다음 대통령인 루이스 에체베리아(Luís Echeverría)는 그를 무마하기 위해 다시 좌파적 정책을 펼치게 된다. 그는 디아스 정권 시절 학생시위에 대한 강경진압으로 인한 국민들의 불만을 완화하기 위해 경제성장과 그의 이익의 분배에 정책의 우선권을 두었다. 그 후 1970년대 말 로뻬스 뽀르띠요(Jose López Portillo)와 1980년대의 미겔 데 라 마드리드(Miguel de la Madrid) 대통령도 모두 멕시코 정치의 이러한 이데올로기 추에 따라 움직였다.

그러나 살리나스에 오면 이러한 시대상황에 따른 제도혁명당 이데올로기 추의 유연한 변화가 제대로 작동하지 못한다. 1980년대 외채위기를 겪으면서 실업률은 늘어났고, 빈곤층은 확대되었으며, 사회적 불평등도 심화되었다. 이런 상황에서 1988년 대선은 보다 좌파 성향의 후보를 원하고 있었다. 그러나 세계화와 신자유주의라는 시대적 상황은 멕시코 지배 계층으로 하여금 국민 다수의 요구와는 상반되는 우파 후보를 선택하게 했고, 그 결과 제도혁명당은 선거에 있어 최초의 정치적 위기를 경험하게 되었다. 그 이후 제도혁명당의 헤게모니는 붕괴되기 시작했고 마침내 2000년 대선에서 패배함으로써 72년간 장기집권은 막을 내리게 되었다.

세계적으로 유래를 찾기 힘든 민주적 선거 방식을 통한 제도혁명당의 장기집권은 결국 석유산업 국유화를 통한 물질적 기반의 확보, 조합주의 체제의 구축, 정당 내부의 이데올로기적 유연성, 민족주의 이데올로기 등의 수단을 적절히 활용함으로써 가능했다고 할 수 있다. 다양한 계급연합으로 이루어진 제도혁명당은 그 내부에 다양한 정치세력들을 포함하고 있었고, 이러한 기반 위에서 좌우를 넘나드는 이데올로기적 유연성을 발휘하면서 시대적 요구에 따라 유연하게 대통령과 정책의 방향을 결정함으로써 장기집권을 가능하게 했던 것이다.

12 코포라티비즘(조합주의)

멕시코 노조의 전통적인 정치적 영향력과 현재의 위상은?

제도혁명당의 장기 집권을 가능하게 했던 요인 중 하나인 조합주의는 멕시코 정치 시스템의 가장 큰 특징 중 하나이다. 멕시코의 정치 통제는 제도혁명당을 통해 이루어졌고, 제도혁명당은 국가와의 밀접한 관계를 통해 조합주의 하에서 패트런(후원자)과 클라이언트(종속적 지지자)적 관계를 유지함으로써 정치통제를 가능하게 했다.

멕시코에서 그러한 정치적 고리에 속하기 위해서는 우선 제도혁명당의 당원이 되어야 한다. 그를 위해서는 제도혁명당에 소속되어 있는 농민, 노동자, 일반대중(popular) 등 다양한 하부조직들에 우선 가입해야 한다. 그리고 제도혁명당은 이런 조합주의적 구조를 통해 사회의 모든 부분에 실제적으로 침투할 수 있었다.

패트런과 클라이언트 관계는 정당과 국가 그리고 소속된 사회조직들 간에 이루어진다. 정당과 국가기관들은 소속 사회 조직원들이 제도혁명당 후보에 투표하고, 당이 후원하는 시위에 참여하고, 당의 선거전에 도움을 주는 등 정치적 지지의 대가로 이들에게 다양한 호의를 제공한다. 호의는 현금일 수도 있고, 의료보장, 주택보조 등의 제도적 특혜일 수도 있다. 심지어 멕시코 국영석유회사(PEMEX) 노조의 경우에서 보듯이 제도혁명당 산하의 일부 국영기업 노조에게는 노동자 채용권이라는 특혜가 주어지기도 한다. 한편 길거리 상인과 같은 비공식부문에서도 이런 관계는 작동한다. 법의 틀 밖에서 운영되는 비공식 부문의 종사자들은 자신의 정치적 후원자에게 정기적으로 자릿세와 같은 뇌물을 지불하고, 그를 받은 후원자는 불법을 허용받는 대가로 상부 라인에 있는 관료와 관할 경찰에게 정기적으로 일부를 상납한다.

까르데나스 대통령은 농민, 노동자, 대중, 군부의 4개 축에 기반을 둔 조합주의적 정당구조를 형성하는 데 놀라운 솜씨를 발휘했다. 이러한 조직으로는 농민을 대표하는 전국농민연합(CNC), 멕시코 노동자 동맹(CTM), 교사, 국영기업 노동자, 자영업자, 그 외 도시 저소득층을 대변하는 전국 대중조직 동맹(CNOP) 등이 있다. 그리고 이러한 직업에 기반을 둔 조직들을 연결하는 당의 중앙기구로서 국가집행위원회(CEN)를 두고 있다. 이러한 조합주의 조직들은 각각의 하부조직들을 가진 대중조직으로서 멕시코 정치에 강력한 영향력을 행사하게 되었다.

특히 까르데나스 대통령의 제도혁명당 조합주의 체제 구축에 따라 탄생된 조직 중 가장 큰 정치적 영향력을 가졌던 것이 멕시코 노동자 동맹이다. 1936년 설립된 멕시코 노동자 동맹은 제도혁명당 산하의 조직 중 가장 큰 단체로서 멕시코 5백만 노조 가입 노동자 중 2백만 명 이상을 회원으로 하고 있으며, 제도혁명당의 주요 당직은 물론 당 소속 하원 의석의 3분의 1이 그들 몫이다. 게다가 지방자치 정부나 노동부, 농림부, 내무부 등의 일부 장관직도 그들 몫으로 돌아가기도 한다. 1980년대 외환위기 이후 노조의 영향력이 많이 감소하기까지 멕시코노동자동맹, 그리고 1940년대부터 위 동맹의 리더였던 피델 벨라스께스(Fidel Velázquez)의 정치적 영향력은 매우 컸다. 예를 들어 1980년대까지는 벨라스께스의 지지 없이 제도혁명당의 대선 후보로 지명되는 것은 꿈도 꿀 수 없었다. 실제 살리나스는 벨라스께스가 지지하는 후보가 아니었지만 무리하게 후보로 지명됨에 따라 멕시코노동자동맹의 지지를 받을 수 없었고, 그것이 1988년 대선에서 제도혁명당이 사실상 패배한 주요 원인이 되기도 했다. 따라서 1980년대까지만 해도 멕시코에서 대통령이 되기를 원하는 사람들은 어떠한 방법을 통해서든 벨라스께스의 호의를 사기 위해 노력하지 않을 수 없었다. 따라서 벨라스께스가 매주 월요일 오전에 주도하는 월요집회는 때때로 대통령 주도의 국무회의보다 더 큰 국민적 관심을 모으기도 했다.

그러나 멕시코노동자동맹의 이러한 영향력도 1980년대의 외채위기와 1990년대의 경제개혁 과정을 통해 점차 약화되기 시작했다. 특히 석유노조가 야당후보를 지지함으로써 선거에서 어려움을 겪었던 살리나스는 집권 후 석유노조의 지도자들을 구속하고, 교사 노조의 지도부도 개편했다. 나아가 살리나스는 시장경제개혁을 강력히 추진하기 위해 지금까지 존재했던 노조와 정부와의 은밀한 관계를 제거할 필요가 있었다. 멕시코 경제 개혁의 절박함 때문에 살리나스는 결국 고집스러운 노조지도자들에 대한 통제를 확보할 수 있었고 그에 따라 노조는 이제 과거와 같은 영향력을 더 이상 발휘하지 못하게 되었다. 당내에서 공식적인 대변 기관을 가지지 않는 기업인 단체들은 노동자들이 여전히 기업인들보다 더 큰 정치적 영향력을 가진다고 주장하지만, 1980년대 이후에는 노동자와 민간기업인들이 함께 참여하는 정책결정과정에서 항상 후자의 의견이 더 크게 반영되었다는 것은 의심의 여지가 없다.

한편 민간 기업인들은 제도혁명당의 혁명적 민족주의 수사와 일치하지 않는다는 표면적 이유로 인해 공식적인 당의 조합주의 체제에서 대표성을 가지지는 않는다. 그러나 기업인들은 그런 공식적인 조직을 통해 영향력을 행사하기보다는 비공식적인 수단들을 통해 자신들의 요구를 정책에 반영시켰다. 멕시코의 기업인들은 요구사항을 반영하기 위해 의회를 통한 로비를 하기보다는 해당부처의 장관들과 직접 만나 문제를 해결한다. 그리고 이러한 접촉을 용이하게 하기 위한 수단으로서 다양한 기업가 조직들을 형성하였다.

멕시코의 대표적인 기업가 조직은 약 38명의 대표 기업인들로 이루어진 멕시코기업인 자문회의(CMHN)이다. 이들은 빈번하게 내각의 주요인물들이나 심지어 대통령과 만남의 자리를 가진다. 그러나 이 자리에서 기업인들은 자신의 이익을 전체적으로 대변하기보다는 다만 정부 고위 관료나 대통령과의 인적 네트워크를 쌓는 차원에서 활용한다. 1970년대까지는 이런 방식을 통해 정부와 기업인들의 관계가 비록 겉으로는 긴장관계였지만 내부적으로는 상호 공생관계를 유지해왔다.

그러나 1976년 에체베리아가 경제에 있어 국가의 개입을 보다 강화함에 따라 정부 여당과 기업인의 관계는 악화되기 시작했고, 급기야는 로뻬스 뽀르띠요가 은행 국유화를 단행함에 따라 양자 간의 불신과 긴장은 정점에 달했다. 1980년대에 데 라 마드리드 대통령이 이러한 관계를 개선하기 위해 많은 노력을 기울였고 또 일부 성과를 거두기도 했지만, 멕시코공화국 고용자동맹(COPARMEX)과 같은 일부 자율적인 기업인 조직은 우파인 국민행동당(PAN)에 대한 공개적 지지를 선언했고, 그 정당의 주요 지지기반인 멕시코 북부 지역에서는 직접 후보로 나서는 등 명백히 반 여당적인 정치적 행보를 개시했다.

어쨌든 기업인들은 비록 제도혁명당에 대변조직을 가지고 있지는 않았음에도 불구하고 다른 어떤 조직들보다도 정부의 정책 결정과정에 큰 영향을 미칠 능력을 가지고 있었다. 물론 기업인들은 경제정책 결정과정에 있어서 그러한 영향력을 행사하기 위해 지속적이고 의미 있는 노력을 기울이지는 않았다. 그럼에도 불구하고 대부분의 경제 정책이 노동자들보다는 기업인들에게 유리하게 결정된 것은 기업인들의 영향력 행사라기보다는 정치권의 자체적인 필요성에 따른 결정이었다.

결론적으로 멕시코 정치를 특징짓는 조합주의는 그를 통해 다양한 사회 조직들이 정치적 영향력을 발휘하고 다양한 물질적 혜택을 받았음에도 불구하고, 총체적 시각에서 볼 때 노동자, 농민, 도시대중의 사회조직들을 분리하는 방식으로 이루어짐에 따라 그들만의 연대를 어렵게 한 반면, 그를 전체적으로 통제하는 대통령의 권한을 강화하는 역할을 하게 되었다. 다시 말해 조합주의는 지금까지 제 목소리를 내지 못했던 멕시코의 농민과 노동자들을 사회의 가장 중요한 구성요소로 만드는 데는 기여했지만, 그것이 그들 간의 자발적 연대를 통해 이루진 것이 아니고 당과 국가라는 상위 조직에 의해 분리된 형태로 이루어졌기 때문에 그들만의 연대를 통해 기존의 체제에 도전하는 시도를 불가능하게 한 측면도 있다.

따라서 조합주의는 민주적으로 기능할 수 있는 측면도 있지만, 멕시코에서는 대개 이익단체와 그의 조합원들에 대한 통제를 유지하려는 권위적 국가개입주의의 산물로 발전되었기 때문에 멕시코의 조합주의는 반자유주의, 반다원주의, 반시장주의적 성격을 띠게 되었다.

멕시코의 조합주의는 최근 NAFTA와 국영기업의 민영화, 당내 대선후보 경선제 도입과 같은 정치개혁을 통해 민주주의와 다원주의로 대체되는 경향을 보여주고 있다. 특히 현직 대통령 권력의 핵심이었던 차기 대선 후보 지명권 포기는 단순히 대통령 권한의 약화를 넘어 전통적인 조합주의 체제의 붕괴를 야기했다. 빈곤한 남부지역에서는 아직도 여전히 전통적 스타일의 조합주의 체제가 남아있기도 하지만, 북부나 중부 지역에서 조합주의 정치 형태는 상당 부분 사라졌다고 할 수 있다.

조합주의의 붕괴가 제도혁명당과 그의 정치적 리더들의 헤게모니적 지배를 약화시키는 긍정적 결과를 가져온 이면에, 그로 인한 권력의 공백은 경찰과 같은 공권력의 부패, 마약카르텔의 부상과 그의 정치적 영향력 확대, 주지사와 연방정부 사이의 갈등 심화와 같은 어두운 측면을 부각시키기도 했다. 그리고 조합주의에 속한 이익단체들에 이어 새로운 정치세력으로서 다양한 시민사회단체(NGOs)들이 부상한 것도 조합주의 붕괴 이후 나타나는 새로운 정치현상들이다.

한편 조합주의 체제 하에 들어갔던 멕시코 노동자동맹과는 달리 전기산업노조를 중심으로 한 전통적 자주노조들은 혁명적 민족주의를 지향하기도 했는데, 최근에는 이런 노조마저도 중남미에서 민족해방운동의 소멸과 함께 힘을 잃고, 경제적 전투주의를 표방하는 신자주노조운동도 전국적 연합체로서는 소멸하고 있다. 다만 신자주노조는 작업장 수준에서 자동차 산업을 중심으로 투쟁을 지속하면서 멕시코 자주노조운동의 맥을 이어가고 있다.

13 까마리야와 데다소

멕시코 정치를 특징지었던 게임규칙은 사라졌는가?

멕시코에서 정부와 정당의 고위직에 도달하기 위해서는 크게 두 길을 걸어가야 한다. 하나는 전문적 정치인의 길로서 주로 정당과 선거시스템을 통해 성장한다. 전문 정치인들은 주로 정당원으로 출발해서, 시 선거, 국회의원 선거, 주지사 선거 등에서 승리함으로써 자신의 기반을 다지고 내각에 입각하면 주로 내무부 장관과 같은 정치 관련 직을 맡게 된다. 또 다른 길은 기술 관료로서 국립중앙은행이나 개발은행 등에서 전문적 경력을 쌓은 다음에 재무부나 경제 관련 부처에서 장관직을 수행하는 코스이다.

1970년까지 멕시코 대통령들은 대부분 첫 번째 길을 걸어온 전문정치인들로서 주로 내무부 장관 출신들이 많았으나, 1970년부터 이러한 관례에 변화가 일기 시작했다. 당시 대통령에 당선된 루이스 에체베리아는 한 번도 선출직에 당선된 적이 없는 전문 관료였으며, 다음 대통령인 호세 로뻬스 뽀르띠요는 멕시코 최초의 재무부 장관 출신으로 대통령이 되었다. 그리고 그 후 데 라 마드리드, 살리나스, 세디요(Ernesto Zedillo) 대통령은 모두 경제 관료 출신들로서 두 번째의 길을 걸어온 사람들이다.

그러나 어떤 길이든 멕시코에서 정치적으로 성공하기 위해서는 무엇보다 '까마리야(camarilla)'라 불리는 사적인 그룹에 소속되는 것이 필요하다. 까마리야는 공동의 정치적 이해관계를 가지면서 정치적 지위 향상을 위해 서로 의지하고 도와주는 개인들의 집단을 말한다. 까마리야 집단의 회원들은 자신의 그룹의 리더가 정부의 중요한 요직에 임명되도록 서로 힘을 합하고, 그렇게 해서 리더가 정부나 당의 주요 역할을 맡게 되면 그는 또 자신의 까마리야 동지들에게 주요 직을 나누어 줄 수 있도록 힘을 쓴다.

까마리야는 주로 가족관계나 학교 - 주로 대학 - 에서의 인연을 통해 형성된다. 까르데나스 대통령 시절까지만 해도 주로 혁명가문을 통해 정치인들이 배출되었다면, 최초의 민간인 대통령인 미겔 알레만부터는 85% 이상이 학교의 인연을 통해 까마리야가 형성되었다. 특히 멕시코 국립대학교(UNAM) 법학부와 경제학부는 이러한 까마리야 형성을 위한 정치적 접촉의 출발점이었다. 알레만 대통령부터 시작해서 제도혁명당의 마지막 대통령인 세디요를 제외하고 8명의 대통령이 모두 멕시코 국립대학교 출신이었고, 정부 관료의 50% 이상이 모두 이 학교 출신이었다는 사실은 그를 잘 말해준다. 그러나 외채위기를 겪으면서 1980년대부터 정치인에게 있어 보다 전문적인 지식이 요구됨에 따라 미국의 하버드, 예일, MIT 같은 유수한 대학의 박사 졸업장이 멕시코에서 정치인으로 성공하는 데 필요한 또 하나의 조건으로 추가되기도 했다.

가족관계 또한 정치적 성장을 위해서는 물론 중요하다. 한 조사에 따르면 1970년에서 1988년 사이에 멕시코 중앙 정치에서 활동하는 8명 중 한 명 이상이 유명 정치인의 자식이며, 가족의 관계를 부자관계를 넘어 좀 더 확장하면 같은 시기의 정치인 중에서 5분의 1에서 3분의 1이 주요정치인과 인척관계에 있다고 한다. 이렇게 가족적 배경은 멕시코에서 학연과 함께 가장 중요한 정치적 배경이라고 할 수 있다.

멕시코 정치의 가장 큰 특징 중 하나라 할 수 있는 까마리야의 주요한 특징을 살펴보면 우선 그의 구조가 멕시코 정치의 전반적 특징인 코포라티즘의 패트런-클라이언트 관계와 흡사한 멘토-멘티의 관계에 기반을 두고 있음을 알 수 있다. 어떤 까마리야들은 이데올로기적 유사성을 특징으로 하는 것도 있지만 대부분은 이데올로기보다는 개인적 친분에 따라 형성된다. 그리고 생각과는 달리 까마리야는 배타적이기보다는 서로 상호 중첩되는 경우가 많고, 따라서 대부분의 성공한 정치인들은 다양한 까마리야에 소속되어 있다. 따라서 자신이 속한 까마리야들 간의 이해관계가 상충될 때도 있는데 그때는 어느 한 쪽을 선택해야 한다. 그리고 자신이 속한 까마리야의 리더가 더 이상 정치적인 성공을 거두지 못하는 경우에 한해 정치적 충성의 대상을 바꾸는 것이 어느 정도 허용된다.

대부분 처음에는 멘토의 까마리야에 소속되는 동시에 자신의 까마리야도 형성하게 되는데 그가 속한 까마리야의 규모가 크면 클수록 그의 리더와 소속원들의 정치적 영향력도 커진다. 지금까지 제도혁명당 내에서 가장 큰 까마리야는 라사로 까르데나스와 미겔 알레만 두 명의 정치인을 중심으로 형성되었다. 그런데 1987년에 라사로 까르데나스 까마리야의 정치적 후계자인 그의 아들 꾸아우떼목 까르데나스(Cuauhtémoc Cardenas)가 당의 전반적 우경화에 불만을 갖고 제도혁명당 지도부에서 탈퇴해 자신의 정당을 새로 설립함으로써 제도혁명당 까마리야의 한 축이 무너지기도 했다. 결국 이는 제도혁명당 장기지배체제에 결정적 타격을 주게 된다.

그리고 1980년대 경제적 위기를 겪으면서 나타나기 시작한 또 다른 현상은 복잡한 정책결정과정에 따라 멕시코중앙은행(Banco de México)과 같은 정부 기구를 통해 형성된 전문화된 까마리야가 부각되기 시작했다는 점이다. 물론 1980년대 이후에도 가족 관계나 학연에 바탕을 둔 까마리야는 여전히 중요하다. 그러나 전문분야의 지식을 바탕으로 한 전문적 까마리야의 등장은 멕시코 정치에 있어 새로운 현상이라고 볼 수 있다.

특히 데 라 마드리드와 살리나스 대통령은 자신의 까마리야를 형성하는 데 있어 미국대학에서의 박사학위를 매우 중요한 기준으로 삼았다. 법대보다는 경제학 전공을 더 선호하기 시작했고, 멕시코 국립대학 출신 외에도 사립대학출신들을 받아들이기 시작했다. 그 결과 이 두 정부 하에서 사립대학 출신들의 정치적 진출은 6배나 증가했다. 소위 떼끄노끄라따(tecnócrata)라 불리는 이들은 주로 외국대학에서 박사학위를 받은 전문적 지식을 지닌 사람들로서 주로 정부의 주요 관직에 임명되었다. 이들은 비록 전문적 지식을 가졌다고는 하나 전통적 정치인들과는 달리 정치인으로 성장하기 위해 요구되는 대중적 기반이 부재하고, 정당이나 선출직의 경험이 거의 없고, 게다가 전문가로서의 독단으로 인해 뜻이 다른 길을 가는 동료들과의 정치적 협상 능력도 부족하다는 문제점을 가지고 있다.

한편 까예스와 까르데나스가 제도혁명당의 기본 구조들을 다져가는 동안 멕시코 정치에는 일종의 그들 간의 게임규칙이 생겨났고, 이러한 규칙은 세디요 대통령 전까지 멕시코 정치의 기본 틀이 되었다. 그것은 까마리야와 함께 멕시코 정치를 특징짓는 중요한 조건들이다. 그것은 첫째, 대통령과 국회의원의 재선 금지이다. 대통령의 재선 금지는 제도혁명당 내부에서 나아가 멕시코 정치 전반에서 한 개인에게 6년 이상 권력이 집중되는 것을 막기 위한 장치이다. 그리고 국회의원의 재선금지는 보다 많은 당원들에게 의원 자리를 줄 수 있게 됨으로써 일부에게는 정치적 경력을 쌓아주고, 일부에게는 수고한 대가를 치르는 효과를 가져왔다. 제도혁명당은 이와 같은 권력 나눠먹기를 통해 당의 내분을 막고 장기 집권의 기반을 다질 수 있었던 것이다.

둘째, 국가 관료가 정당과 군부에 대해 확고한 통제를 가진다. 혁명에서 주도적 역할을 한 멕시코의 군부는 1945년 아빌라 까마초(Avila Camacho)까지 군 출신이 대통령직을 맡았음에도 불구하고 점차적으로 정당구조에 흡수됨으로써 정치적 영향력을 잃었다. 그 이후 군부는 민간통제에 충실히 복종하는 조직으로 남게 되었고, 그로 인해 1960년대와 1970년대에 라틴아메리카에 군부독재의 파도가 몰아쳤을 때에도 멕시코는 민간지배구조를 유지할 수 있었다.

셋째, 제도혁명당의 정당성을 강화하고 좌우 반대파들의 도전을 잠재우기 위한 이데올로기적 도구로서 멕시코 혁명으로 인해 탄생한 혁명적 민족주의를 지속적으로 강조한다. 그의 가장 두드러진 예가 바로 앞서 언급한 미국의 대 쿠바 소외 정책에 민족주의 이데올로기로 맞선 로뻬스 마떼오스의 사례이다. 혁명적 민족주의의 강화와 유지는 집권당의 이데올로기적 정당성을 확보하기 위해서도 필요했지만, 현실적으로 초강대국 미국과 국경을 접한 현실에서 미국의 내정 간섭을 피하고 제도혁명당의 지배구조를 외부의 간섭 없이 공고히 하려는 외교적 명분을 확보하기 위해서도 매우 중요한 것이었다.

넷째, 비록 제도혁명당이 수사적으로는 반민간기업적인 태도를 취했지만, 실제로는 집권당의 이점을 활용해 민간자본과 은밀한 동맹관계를 유지했다. 집권당은 기업인들에게 허가권 등을 통한 다양한 경제적 이익의 기회를 제공하고, 그에 대해 기업인들은 대통령을 비롯한 당의 주요 리더들에게 충분한 물질적 대가를 제공한다. 특히 이러한 기업인들과의 관계는 시장경제개혁을 실시한 살리나스 대통령 시기에 절정에 이르렀다. 한 예로 1994년 대선을 준비하는 살리나스는 그에 앞서 1992년 저녁 만찬에 멕시코의 30대 주요 기업인들을 불러놓고 그의 개혁으로 인한 수혜의 대가로 일인당 2천5백만 달러를 정치자금으로 낼 것을 종용하기도 했다. 그리고 이러한 자금을 바탕으로 제도혁명당은 집권을 6년 더 연장할 수 있었다.

다섯째, 현직 대통령은 당의 차기 대통령 후보를 지명할 수 있는 권한을 가진다. 그러한 권한은 '데다소(dedazo)'라 불리기도 하는데 그것은 지명을 손가락으로 한다고 해서 손가락을 의미하는 스페인어 '데도(dedo)'에서 나온 말이다. 물론 이러한 결정은 대통령이 독단적으로 하는 것은 아니다. 현직 대통령은 후보 결정을 위해 그의 전임자를 비롯하여, 각 산하조직의 리더들, 주요 주의 주지사들 그리고 혁명가문의 주요 인물들의 의견을 신중히 고려한다. 특히 살리나스 이전까지 멕시코 노동자 동맹의 리더인 벨라스께스의 영향력은 매우 컸다. 그러나 어쨌든 최종 결정은 대통령의 몫이었기 때문에 대통령은 임기 동안 막강한 권력을 유지할 수 있었다.

여섯째, 대선 후보 지명에서 실패한 다른 경쟁자들은 즉각적으로 지명된 후보를 공식적으로 지지하는 선언을 해야 한다. 그렇지 않을 경우 그의 정치적 생명뿐만 아니라 그가 누리는 모든 경제적 혜택마저도 위협에 빠질 수 있다. 그러나 지지를 선언하는 경우 그 대가로 다음 정부에서 그는 정부나 그 외 민간단체에서의 지위를 보장받게 된다.

일곱째, 모든 레벨의 선출직에서 당의 다양한 조직들은 협조 체제를 형성하고 서로 간에 경쟁하지 않기 위해 사전 조정을 통해 공동의 후보를 내고 그를 공동으로 지지한다.

마지막으로 당의 새로운 대선 후보로 지명된 사람은 비록 대통령에 당선되기 전 선거 캠페인 기간 동안에도 이미 모든 정치적 관심과 권력이 그에게로 이전된다. 단 그가 선거전에 활용하기 위해 전직 대통령의 문제점을 건드리는 것은 허용되지 않는다. 그리고 집권 후에도 전직 대통령은 차기 정부의 일에 간섭하지 않고, 현직 대통령도 전직 대통령의 집권 시 비리 등에 대해 전혀 문제 삼지 않는다. 이러한 내부적 게임 규칙에 따라 제도혁명당은 상호 간의 이해를 바탕으로 분열을 막고 장기집권을 실현할 수 있었다.

14 제왕적 대통령과 무기력한 의회

멕시코에서 정책 결정은 누구에 의해 이루어지는가?

멕시코 혁명의 정신을 반영한 1917년 헌법은 선진민주주의 국가들의 권력분립의 원칙을 형식상 잘 반영하고 있다. 그것은 행정부, 입법부, 사법부의 삼권 분립과 서로 간의 견제와 균형에 대해 명시하고 있다. 또한 멕시코연방국(Estados Unidos de México)이라는 국가 공식 명칭에서도 볼 수 있듯이 연방주의적 정부 체제를 추구하고 있다. 멕시코의 헌법은 형식상은 미국과 같은 자치권을 각 주에 부여하고 있다.

그러나 멕시코에서 대통령의 지배적 권한은 실제로 헌법에 명시된 것과는 완전히 다르다. 세디요 대통령 이전에 멕시코의 대통령들은 다음 대선후보를 지명하는 암묵적인 권한을 가지고 있었다. 제도혁명당의 대선 후보는 곧 대통령을 의미했기 때문에 그러한 권한은 임기 동안 거의 절대적 권한을 보장해주는 가장 확실한 수단이었다. 형식적으로 제도혁명당의 대선 후보 선출을 위해서 현직 대통령은 당의 다양한 조직 리더들의 의사를 청취한다. 그리고 매번 다르지만 후보자들은 의회나 언론에서 자신의 정견을 발표하는 등 인물검증을 받는다. 이러한 과정을 두고 아스떼까에 세습제가 정착되기 이전 초기에 다양한 부족장이 모여 종족을 이끌 리더인 우에이뜰라또아니를 뽑는 과정과 유사한 것으로 보고 제도혁명당이 나름대로 당내의 민주적 절차를 실행한 것이라고 주장하는 사람도 있다. 하지만 실제 결정 권한은 대통령에 있고 따라서 결국에는 대통령의 의중에 따라 최종적인 결정이 이루어지기 때문에 이러한 현직 대통령의 차기 대통령 후보 지명권은 임기 중 대통령에게 권력이 집중되는 가장 확실한 도구였다.

뿐만 아니라 연방주의에도 불구하고, 대통령은 주정부의 일에 전횡적으로 개입하고, 주지사나 다른 주정부 관리들을 자신의 의지에 따라

갈아치우기도 했으며, 정부와의 계약에서 특혜를 주는 것을 통해 지지자들에 대한 대가를 지불하고, 사법부를 하수인처럼 다루며, 농민과 노동자 조직의 리더들을 조정하고, 당과 관료 조직에 자신과 친한 인물들을 심는 등 거의 절대적 권한을 행사하였다.

반면에 대통령을 견제해야 할 의회의 힘은 상대적으로 매우 미약했다. 멕시코의 입법부는 상원과 하원 양원제를 채택하고 있다. 현재 하원은 총 500석으로 그중 300석이 지역구이고 200석은 정당비례대표로 선출된다. 임기는 3년이다. 비례대표 의석은 야당의 불만을 완화하기 위한 선물로서 야당도 일정 의석을 가지게 하기 위한 방편으로 1970년 선거개혁에서 100석, 1980년대의 개혁에서 또 다른 100석을 추가했다. 상원은 총 128석으로 되어 있는데 31개주와 멕시코시티 연방특별구에서 각각 1위 정당에 2석, 2위 정당에 1석해서 모두 96석에다, 비례대표로 32석이 추가되었다. 상원의원도 원래는 64석이었는데 역시 야당과의 정치적 거래에 따른 1990년대 선거개혁을 통해 현재의 의석수로 늘어났다. 상원의원의 임기는 6년이지만 선거는 하원선거와 마찬가지로 매 3년마다 실시된다. 따라서 매번 선거에서 상원의원의 반이 새로 교체된다.

멕시코 정치에서 최초로 의회의 여소야대가 이루어진 1997년 선거까지 멕시코 의회는 제도혁명당에 의해 완전히 장악(1991년 선거까지도 제도혁명당은 하원의 300명 지역구 의원 중 290명, 당시 62명의 상원의원 중 61명을 배출했다)되어 있었다. 게다가 상원의원이나 하원의원이나 모두 연임이 금지되어 있기 때문에 국회의원은 단순히 정치적 경력을 쌓거나 아니면 당을 위해 노력한 수고의 대가로 주어지는 경우가 대부분이었다. 멕시코에서 의원후보로 지명되는 것은 당 지도부, 궁극적으로 대통령의 권한에 속했고, 의원이 된 이후에도 공적인 경력을 계속 유지하기 위해서 의원들은 대통령의 지시를 충실히 따라야 한다. 게다가 대통령이 국회의장을 지명하고, 당의 모든 결정이 지도부에 의해 내려오기 때문에 일반 의원이 정책을 제안할 여지도 거의 없다. 따라서 의회의 힘은 대통령과 행정부에 비해 상대적으로 매우 미약했다.

멕시코에서 하원의 역할은 스스로 법안을 제출하는 경우는 거의 없고, 대통령이 제안하는 법안을 심의하고 수정을 요구하는 것이 임무의 대부분이다. 물론 거부할 수도 있지만 그것은 사실상 불가능했고 대부분은 단순히 통과를 위한 거수기 역할만 할 뿐이었다. 그러나 비록 하원이 행정부와 대통령의 결정을 수정하거나 거부하는 것이 현실적으로 불가능했지만, 하원에서 그에 대한 찬반의 의견교환이 활발히 이루어지는 것은 가능했다. 또 그러한 토론의 내용이 언론을 통해 알려짐으로써 하원은 정치적 토론의 장, 나아가 여론 형성의 장으로서 역할을 수행할 수는 있었다. 이것이 과거 멕시코 의회의 유일한 긍정적 기능이라고 할 수 있겠다.

한편 상원은 법안을 통과시키는 기능을 가지지 않는다. 대신 대통령이 임명하는 행정부의 주요직에 대해 동의 혹은 거부하는 기능을 수행한다. 그러나 상원의원들도 하원의원과 마찬가지로 대통령에 의해 종속된 지위였기 때문에 대통령의 지명을 거부하는 경우는 거의 없었다.

결론적으로 과거 멕시코의 의회는 대통령과 행정부의 하수인에 불과했다. 그러나 1988년 선거에서 제도혁명당이 역사상 처음으로 하원 의석 3분의 2 이상을 확보하는 데 실패함에 따라(지역구 300석 중에 290석을 차지했지만, 비례대표에서는 200석 중 31석을 차지하는 데 그침에 따라 전체 500석 중 321석에 머무르게 되었다) 혼자서 개헌을 할 수 있는 능력을 상실했다. 지금까지 제도혁명당이 중요하고 논쟁이 되는 법안들에 정당성을 부여하기 위해 헌법 개정이라는 특별수단을 사용해왔던 것에 비해, 1988년 선거 이후에 야당은 최소한 정부여당의 개헌이라는 특별 수단을 막을 수 있는 권한을 가질 수는 있었다. 따라서 당시 살리나스 대통령은 혁명 이후 다양한 정책안들에 대해 야당의 협조를 구해야하는 최초의 대통령이 되었다.

그 결과 정부 여당은 정책 결정 과정에 있어 협상을 위해 선거개혁에서 많은 양보를 하지 않을 수 없었고, 결국 1997년 선거에서 제도혁명당은 하원에서 39%의 득표에 그침으로써 멕시코 최초의 여소야대 정국이 탄생했다. 이때부터 대통령은 하원의 동의 없이 어떤 결정도 통과시킬 수 없게 되었다. 그리고 여소야대의 정국은 2000년 제도혁명당 장기 집권이 무너지고 국민행동당의 집권이 시작되어서도 계속되었는데, 그로 인해 국민행동당의 비센떼 폭스(Vicente Fox) 정부는 초기의 개혁 의지에도 불구하고 사실상 별로 이룬 것이 없었다. 그것은 현재 의회가 국민행동당, 제도혁명당, 민주혁명당 3분 체제로 나누어져 있기 때문에 국민행동당이 과반수 의석을 차지할 수 없고, 따라서 정책을 실현하기 위해서는 제도혁명당이나 민주혁명당 어느 한쪽과 연합이 불가피하지만, 주요 정책에 있어 그러한 연합은 쉽지 않았기 때문이다.

한편 사법부의 행정부 견제 기능도 제대로 이루어지지 않았다. 일반적으로 사법부는 행정부가 제안한 법안들의 위헌 여부를 판결함으로써 행정부의 독주를 막을 수 있다. 그러나 멕시코에서 대법원은 비록 독립성을 유지한다고 하나 그것은 대부분 개인의 상고에 관한 것이고 정치적인 사안에 대해서는 거의 개입하지 않는다. 게다가 사법 시스템의 하부에서는 부패와 정치에 의한 조정이 다반사로 발생하기 때문에 국민들은 전반적으로 사법부를 불신하게 되었고, 그로 인해 국가 전체적으로 법에 대한 존중심이 매우 약화되었다. 이러한 사실은 최근 멕시코에서 납치와 같은 범죄가 증가함에도 해결을 위한 뚜렷한 처방이 없는 한 원인이기도 하다.

결론적으로 멕시코에서 정책 결정과정에 있어 가장 강력한 영향을 미치는 것은 행정부, 특히 대통령이다. 1980년대 외환위기 이후에는 경제적 문제가 심각해짐에 따라 경제부처들의 영향력이 강화되었다. 그것은 과거에 내무부나 사회복지부의 영향이 컸던 것에 비하면 새로운 변화이다. 한편 행정부와 대통령에 모든 정책 결정권한이 집중됨에 따라 입법부나 사법부의 권한은 매우 약화되어 있다. 따라서 야망을 가진 정치가들은 입법부에서의 지위보다는 행정부에서의 지위를 차지하기 위해 많은 노력을 기울인다. 이러한 권력의 불균형은 심지어 야당의 약화를 가져오기도 했다. 능력 있는 야당의 인물을 행정부의 주요관직이라는 미끼로 쉽게 매수할 수 있었기 때문이다.

그러나 이러한 행정부의 지배적 권한도 1998년 선거에서 여소야대가 이루어지고, 2000년 정권교체가 이루어짐에 따라 많은 변화가 생겼다. 새로 정권을 잡은 국민행동당 정부는 의회에서 다수의석을 차지하지 못함에 따라 자신들의 정책을 실현하고자 할 때 번번이 의회에 의해 발목이 잡히곤 했다. 지금은 야당이 된 제도혁명당과 중도좌파의 민주혁명당은 여당인 국민행동당의 정책에 반대함으로써, 행정부의 권한을 견제하는 의회의 고유 기능을 충분히 발휘하고 있다.

15 ‘완벽한 독재’

PRI 지배 체제 하의 멕시코 민주주의의 한계는?

혁명 이후 설립된 제도혁명당은 선거를 통한 엘리트 지배 구조를 성공적으로 달성했다. 그러나 멕시코의 선거를 통한 즉 민주주의의 형태를 띤 엘리트 지배구조는 완전한 선거민주주의로 평가되기에는 많은 결점을 지니고 있었다. 거기에는 자유민주주의 규범에 위반되는 많은 요소들이 존재한다. 그중에서도 선거부정, 선거자금과 부패, 억압, 반대파의 언론 접근 제한 등의 요인들은 선거민주주의의 기능을 제한하였다. 그 결과 제도혁명당 정권 하의 멕시코 민주주의는 선거 없는 권위주의와 선거 민주주의의 중간 형태라 할 수 있는 ‘선거 권위주의’로 불리기도 한다.

제도혁명당의 지배는 1980년대 말까지 흔들림 없이 이어졌다. 1988년 선거까지 제도혁명당은 시장과 주지사 선거에서 한 번도 패배하지 않았으며, 단 하나의 상원의석도 야당에 내주지 않았다. 하원에서도 제도혁명당은 항상 안정적인 3분의 2 이상의 의석을 확보했다. 이러한 사실은 선거를 통한 제도혁명당의 헤게모니적 지배구조를 명백히 보여주는 것이다.

제도혁명당의 헤게모니 지배 하에서 야당은 단지 멕시코 정치구조의 다원주의를 증명하기 위한 도구에 불과했다. 제도혁명당이 모든 선거과정을 통제하고 있었기 때문에 야당은 대선과 국회의원, 주지사 선거와 같은 주요 선거에서는 물론이고, 시장 선거와 같은 지역단위의 선거에서도 거의 승리할 수 없었다. 정부와 제도혁명당은 반대파를 흡수하고, 회유하기 위해 매우 효과적으로 대응했다. 반대파들의 요구에 제한적인 정치적 양보를 통해 반대파를 흡수하거나 분열시키고, 끝까지 회유할 수 없는 반대파들은 은밀하게 폭력적 수단을 통해 억압했다. 특히 시골 지역에서 이러한 정치적 억압은 빈번한 정치적 암살과 같은 형태로 나타났다. 멕시코의 지방에 있어 이러한 정치적 암살은 언론에 크게 알려지지는 않았지만 일상적으로 자행되고 있었다. 1950년대와 1970년대 멕시코 남서부 지방의 게릴라 운동은 잔인하게 진압되었다. 그럼에도 불구하고 멕시코에서 이러한 정치적 억압은 잘 알려지지 않았기 때문에 제도혁명당의 지배체제는 다른 라틴아메리카의 군사 독재국가들에 비해 상대적으로 덜 권위적이고, 덜 잔혹한 것으로 평가되었다.

제도혁명당 헤게모니에 대한 최초의 위협은 1968년 멕시코 올림픽 직전에 발생했던 학생운동이었다. 그때까지 조합주의와 석유의 부를 활용한 제도혁명당의 헤게모니는 비교적 순탄하게 유지되어 오는 듯했다. 그러나 1968년의 학생운동과 그를 진압하기 위한 과정에서의 강경한 억압 수단들은 제도혁명당 헤게모니의 위협을 알리는 신호탄이 되었다. 정부는 제3세계에서 최초로 개최되는 올림픽을 며칠 앞두고 학생운동을 진압하기 위해 대학에 군대를 진입시켰으며, 뜰랄뗄로꼬 광장에 집결한 시위대를 진압하기 위해 발포함으로써 수백 명의 희생자를 내게 되었다. 그 후 제도혁명당은 1970년대 석유 붐과 그에 따른 에체베리아와 로뻬스 뽀르띠요 정부의 선심정책 그리고 공산당을 합법화하는 등 약간의 정치개혁을 단행함으로써 여전히 헤게모니를 유지할 수 있었다.

그러나 1980년대의 외채위기는 제도혁명당의 조합주의를 위한 물질적 기반을 완전히 소멸시키는 결과를 가져왔다. 이런 상황에서 대선에 나선 까를로스 살리나스 고르따리 후보는 개표 중에 집계하던 컴퓨터가 작동을 멈추는 초유의 사건을 겪으면서 힘들게 권력을 잡게 된다. 그러나 집권 후 살리나스 대통령은 선거과정에서의 부정을 밝히고 정치개혁을 단행해야 할 절박한 필요성에도 불구하고, 자유 시장 경제개혁을 통한 경제위기의 타파에 치중한다. 경제 상황의 심각함과 효율화의 절박함이 정치개혁의 필요성을 일단 잠재시킬 수 있었던 것이다.

야당 후보로서 의심스러운 과정을 통해 권력을 빼았기다시피한 까르데나스는 정치적 투쟁과 합의의 양자택일에서 후자를 선택하였다. 물론 제도혁명당은 그 대가로 야당에 멕시코 시장 직선제 허용, 상원 의원 의석 확대(그때까지는 각 주에서 1등한 정당에게만 2석이 돌아갔었는데, 현재는 1등한 정당에 2석, 2등한 정당에 1석이 주어짐에 따라 야당에게도 상원의석을 차지할 기회가 제공됨) 등과 같은 당근을 제공했다. 이것은 사실 정치적 야합으로서 국민을 무시한 정치인들 간의 나눠먹기에 불과한 것이었다. 따라서 살리나스가 실현한 정치개혁이라는 것은 단순히 상원의석과 주지사 자리 몇 개를 야당에 건네주는 '계산된 양보'에 불과했다.

한편 살리나스는 시장경제개혁으로 인해 노조로부터의 지지가 급격히 감소함에 따라, 기업가들과 힘을 합쳐 제도혁명당 내에 그를 대신할 중도우파 동맹을 강화했다. 그리고 국민행동당과 연합하여 까르데나스가 중심이 된 좌파를 고립시키는 정책을 펼쳐나갔다. 한편 시장경제개혁에 따른 통치성의 위기를 막기 위해서 제한적인 사회지출 비용을 최대한 정치적으로 활용하는 사회적 프로그램인 '연대를 위한 협약(Pacto de Solidaridad)'을 가동시켰다. 살리나스의 경제개혁은 멕시코 경제를 안정화시키는 데는 성공을 거두었다. 그러나 그 이면에는 이러한 개혁으로부터 소외된 세력과 정치개혁의 지연이라는 문제를 내포하고 있었다. 미국과의 자유무역협정이 발효되는 1994년 1월 1일 남부 치아빠스주에서 발생한 사빠띠스따들의 봉기는 바로 멕시코 민주주의의 이러한 문제점에 대한 저항의 표현이었다.

멕시코의 정치체제는 1960~1970년대 라틴아메리카에서 군사독재정권이 유행일 때 최소한 선거라는 민주주의의 기본 틀을 유지함으로써 상대적으로 민주적인 것으로 비추어졌었다. 그러나 1980년대에 접어들면서 역내 다른 국가들에도 모두 민주정부가 들어서자 1929년 이래 제도혁명당 일당 헤게모니 지배체제를 유지하고 있던 멕시코는 상대적으로 비민주적 국가로 간주되기 시작했다.

민주주의와 시장의 저자인 아담 쉐브로스키는 민주주의는 신호등과 같은 것이어서 한 쪽의 신호등만 계속해서 커져있다면 제대로 기능할 수 없음을 지적한다. 신호등이 바뀐다는 확신이 있기 때문에 차들은 기다림이라는 준최적의 상태를 인내하는 것이다. 따라서 선거도 지속적인 승자의 변화가 있어야 한다. 그래야만 반대파가 다음의 승리를 기약할 수 있고, 그로 인해 패배를 받아들일 수 있는 것이다. 따라서 민주주의의 진정한 속성은 바로 이러한 권력의 변화에 있다. 아무리 민주적 선거 제도를 갖추고 있다고 할지라도, 주기적인 권력의 변화가 없다면 그것은 민주주의가 아닌 것이다. 그것은 민주주의의 탈을 쓴 독재 따라서 '완벽한 독재'일 수밖에 없다.

페루의 소설가이자 정치인인 마리오 바르가스 요사의 말에 따르면, "나는 멕시코의 경우는 완벽한 독재라 부를 수 있는 성질의 것이라고 여러 번 생각해 왔다. 완벽한 독재는 공산주의도 아니요, 구소련도 아니며, 그렇다고 쿠바나 피델 까스뜨로도 아닌 바로 멕시코이다. 왜냐하면 그것은 비록 외관상으로는 독재가 아닌 것처럼 보이지만 조금만 휘저어 보면 독재의 모든 성격을 다 가지고 있는 위장된 형태의 독재이기 때문이다. 그를 독재로 규정하는 첫 번째 이유는 그의 영구성에 있다. 그것은 한 인간이 아닌 한 정당의 영구성을 말한다. 종신 정당으로서 이 정당은 비판을 위한 충분한 공간을 허용하긴 하지만 그것은 단지 자신에게 이로울 때 즉 자신이 민주적 정당임을 인정할 때만 가능한 공간이다. 즉 자신의 지속성을 위협하는 비판은 그것이 어떤 형태이든 억압된다."

16 사빠띠스따와 원주민 운동

그들은 무엇을 원하는가?

비록 멕시코 인구의 대부분이 메스띠소일지라도, 10%에서 많게는 20%에 이르는 원주민 인구의 비중은 결코 무시될 수 없다. 실제 원주민 인구의 정확한 비중은 알 수 없다. 왜냐하면 워낙 다양한 혼혈이 이루어졌기 때문에 원주민 피가 정확히 몇 % 섞여야 원주민으로 규정할 수 있는지에 대한 정확한 기준이 없고, 또 각자에 원주민 피가 몇 % 섞였는지 정확히 알 길도 없다. 따라서 인종적 구분은 흔히 문화적 차원에서 이루어지는데 원주민 지역에서 살며, 원주민 언어를 사용하고, 원주민의 복장을 하고 있으면 대체적으로 원주민으로 규정하고 있다. 그러나 인종적으로는 원주민임에도 불구하고 도시로 나가, 서구적인 복장에다, 스페인어까지 사용한다면 그는 흔히 메스띠소로 분류되기도

〈표 1〉 주요 주의 멕시코 원주민 인구 분포, 1990

주 명	전 체 인구수	원주민인구수 (전체에서의 비중)	주요 종족 그룹
오아하까	3,019,560	1,208,821 (40%)	사뽀떼까, 마사떼까, 믹스떼까
치아빠스	3,210,496	885,605 (27%)	체찰, 초칠, 촐레스
베라끄루스	6,228,239	704,891 (11%)	나우아, 우아스떼까, 오또미
유까딴	1,362,940	628,945 (46%)	마야
뿌에블라	4,126,101	611,388 (15%)	나우아, 또또나까, 믹스떼까,
멕시코	9,815,795	397,336 (4%)	마사우아, 오또미, 나우아
게레로	2,620,637	360,374 (14%)	나우아, 믹스떼까, 뜰라빠넥
이달고	1,888,366	303,665 (16%)	나우아, 오또미
산루이스뽀또시	2,003,187	248,993 (12%)	나우아, 빠메스, 우아스떼까
낀따나루	493,277	164,919 (33%)	마야
전체	81,249,645	6,411,972 (8%)	

할 것이다. 따라서 원주민 인구 비중에 대한 정확한 평가는 여전히 어려움으로 남아있다.

멕시코의 원주민은 56개의 종족으로 분류되는데 그중에서 북서쪽의 야끼족, 중부지역의 나우아족과 오또미족, 남서부 오아하까 지역의 믹스떼까족과 사뽀떼까족, 그리고 남부 과테말라 국경 치아빠스 지역과 남동부 유까딴 지역의 맘, 초칠, 체찰, 마야족 등이 가장 잘 알려져 있다. 특히 남부 치아빠스주의 초칠, 체찰족은 바로 사빠띠스따 민족해방군(EZLN)의 주역이기도 하다.

마야 문명과 아스떼까 문명을 건설했던 멕시코 원주민들의 운명은 스페인의 정복과 함께 완전히 바뀌었다. 식민지 당국은 인종적 차이를 유지하기 위해 인종적 분리정책을 실시했다. 그들은 백인과 원주민들에게 각각 다른 법제도와 지리적 공간을 제공했다. 그에 따라 백인의 거주지와 원주민의 거주지가 분리되었다. 식민지 당국이 이렇게 원주민들을 한 마을에 집중시켜 놓은 것은 그들의 노동력을 활용하고 포교를 보다 쉽게 하기 위해서였다. 어쨌든 식민지 시기 동안 원주민들은 백인들에 의한 노동력 착취에도 불구하고 공동체 단위로 고립됨으로써 최소한 자신의 문화와 사회적 조직들을 유지할 수는 있었다.

독립 이후 원주민들의 삶은 오히려 악화되었다. 법체계의 단일화로 인해 원주민들이 소유했던 공동체 토지의 양도불가와 같은 원칙이 폐기됨으로써 집합적 토지 소유권이 소멸되었고, 나아가 헌법에서 '인디오'라는 표현이 사라짐으로써 실제 존재했던 문화적 다원성이 부정되기도 했다. 그로 인해 원주민들의 언어와 문화가 완전히 사라진 것은 아니라 할지라도 원주민들은 식민지 시대의 '열등적 자치체'에서 독립 이후에는 법적으로 '동등한 예속체'로 전락하고 말았다.

20세기 들어 멕시코 혁명 이후 전개된 토지개혁과 같은 정책들이 원주민들에게 약간의 혜택을 가져다주기는 했으나 원주민 문제가 토지문제로 집중됨으로써 원주민과 토지를 갈망하는 계급적 성격의 농민의 차이가 애매해지는 결과를 낳기도 했다. 1940년대 이전까지 원주민 문제는 인종문제의 범주에서 다루어졌지만, 이때부터 그것은 더 이상 인종문제가 아니라 경제사회적인 문제로 다루어지기 시작했다. 원주민 개념의 계급화에 따라 원주민의 인종적 정의는 사라지고 외모와 피부색에 따른 구분이 부정되었다. 20세기의 민족주의 혹은 발전주의 근대화 전략은 원주민 정체성의 동화(同化)를 전제로 인종적으로 동질적 사회로의 발전을 추구했다. 그러나 실제 그러한 전략은 원주민들을 근대화의 걸림돌로 파악하고 통합정책을 통해 그들의 존재를 점차적으로 사라지게 하는 데 목적이 있었다. 그것은 원주민의 문화와 사회적 정체성을 완전히 무시하는 정책이었다.

통합정책에도 불구하고 원주민의 계층변화는 거의 일어나지 않았다. 만약 진정으로 통합정책이 사회적 계층 이동이 자유로운 열린사회를 보장했다면 원주민들의 상당수가 다양한 사회 계층, 즉 다양한 직업과 다양한 소득 수준을 가진 사회그룹에 분포되었어야 할 것이며, 또한 다양한 교육수준을 지녀야 하고, 관료나 군부에도 상당수가 참여했어야만 할 것이다. 그러나 그러한 상황은 발생하지 않았고 따라서 인종적 불평등은 여전히 존재한다고 할 수 있다. 국가기관의 상층부에 대한 접근의 어려움이나, 국가에 의해 보장된 시민권의 조직적 거부와 같은 구조적 차원에서의 차별뿐만 아니라, 일상적인 인간관계에 있어서 또는 복지 측면에서 원주민의 평균 수명이 국가의 평균 수준보다 매우 낮거나 원주민의 문맹률이 국가의 평균 수준보다 높은 점 등 사회의 다양한 측면에서도 인종차별이 여전히 존재하는 것은 현실이다.

이런 상황에서 1994년 1월 1일 멕시코 남부 치아빠스주에서 스키마스크를 쓴 일단의 원주민들이 봉기를 일으켰다. 소위 사빠띠스따 혁명군(EZLN)라 불리는 이들 원주민 단체는 치아빠스의 주도를 점령하고, 주지사를 인질로 잡음으로써 멕시코와 세계의 주목을 끌었다. 500년간 소외와 지배를 당했던 원주민들이 자신의 권리를 찾기 위해 스스로 봉기한 것이다. 마침 당시 세계는 신자유주의의 기치가 맹위를 떨치던 시기이고, 1994년 1월 1일은 또 멕시코로서도 미국과의 자유무역 협정이 발효되는 날이라 그들의 봉기는 더욱 의미 있는 것이었다. 특히 이들은 '세계 최초의 온라인 혁명'이라 불릴 정도로 자신들의 주장과 활동을 인터넷을 통해 세계에 알리는 데도 놀라운 재주를 발휘했다.

멕시코에서 원주민 봉기를 촉발시킨 가장 직접적 요인은 무엇보다 1992년 살리나스 대통령의 헌법 27조 개정이다. 이 개헌의 본질은 멕시코 혁명 정신에 따라 까르데나스 대통령이 실시한 원주민 공동체 토지인 에히도의 매각을 허용했다는 점이다. 그것은 혁명 이후 전개된 토지개혁의 완전한 종식을 의미하는 것이었다. 그로 인해 토지소유자들은 자신들의 상업적 농업의 확대를 마음껏 추진할 수 있게 되었고, 원주민들은 다시 과거와 같이 날품팔이 농민으로 전락할 위험에 직면하게 되었다. 이러한 원주민 공동소유지의 민영화로 인해 치아빠스는 1993년 초부터 이미 군부와 원주민 농민들 사이에 갈등이 시작되었다.

대부분이 원주민들로 구성된 사빠띠스따 민족해방군은 기존의 중남의 게릴라와는 완전히 다른 모습을 보여주었다. 일단 그들은 무장봉기를 통해 국가권력을 장악하는 것을 시도하지 않았다. 그들은 무엇보다 멕시코 선거 민주주의 한계를 지적하면서, 보다 공정한 선거와 원주민을 포함한 대중들이 직접 참여하는 실질적 민주주의의 발전을 요구했다. 게다가 그들은 자신들의 문제를 스스로 결정하는 정치적 자치권의 인정을 요구한다. 경제적 측면에서 사빠띠스따는 신자유주의 시장과 경쟁의 논리에 따른 개인소유권의 인정이 아닌 원주민의 전통적인 집합적 소유권의 인정을 요구했으며, 문화적 차원에서는 보편적 인권의 개념을 넘어 그들 고유의 신념과 지식과 규범 체계를 인정받고자 했다.

놀란 살리나스 정부는 치아빠스의 주교 사무엘 루이스가 이끄는 국가중재위원회(CONAI)를 통해 협상을 시도하는 듯이 보였다. 그러나 1995년 2월 새로이 출범한 세디요 정부는 사빠띠스따에 대한 대대적인 군사적 공격을 감행했다. 그 공격을 통해 사빠띠스따가 점령하고 있던 많은 원주민 마을들이 다시 정부의 통제 하에 들어가게 되었지만 정글 깊숙이 숨어버린 사빠띠스따들을 완전히 소탕하는 데는 실패했다. 국제 인권단체들과 멕시코시티의 국내 사빠띠스따 우호세력들의 존재는 더 이상의 강경한 군사 작전의 전개를 어렵게 만들었다. 군사적으로 사빠띠스따를 완전히 소탕할 수 없었던 세디요 정부는 다시 협상의 테이블로 돌아왔고, 1996년 2월 정부와 사빠띠스따는 원주민 공동체의 권리에 대한 협정에 사인하게 된다. 소위 산안드레스 협정은 사빠띠스따가 지속적으로 요구했던 원주민 공동체의 기본적 권리를 인정하였는데, 그에 따르면 사빠띠스따들은 자신의 지도자를 선출할 수 있는 권리와 그들 지역의 천연자원을 통제할 수 있는 권리를 가지게 된다. 게다가 공식적으로 인정받지는 못했지만, 사빠띠스따는 자신이 통제하는 지역에서 자율적인 사법체계를 설립했고, 또한 사빠띠스따에 우호적인 국제 NGO들의 금융적 지원을 받아 옥수수와 커피의 공동경작, 채소 농원과 같은 대안적인 공동체 발전 프로젝트들을 전개시켰다.

그러나 치아빠스 지역의 원유와 같은 천연자원에 대한 이해관계로 인해 지역의 천연자원에 대한 통제권을 인정한 산안드레스 협약이 실제적으로 이행되지는 않았다. 그에 대해 사빠띠스따는 정부의 지원 없이 국제 인권단체들의 도움을 받아 32개 자치시를 설립했다. 반면 정부는 1990년대 말부터 반사빠띠스따 민병집단들에 대한 은밀한 지원을 통해 사빠띠스따를 소탕하는 작전을 전개했다. 그에 대응해 원주민 공동체도 정부와의 어떤 대화도 거부하면서 치아빠스의 갈등은 다시 심화되었다.

2000년 대선 결과 멕시코에서는 72년간 장기 집권했던 제도혁명당이 물러나고, 야당인 국민행동당의 비센떼 폭스 정부가 탄생했다. 사빠띠스따의 요구 중 하나였던 멕시코 선거의 민주화가 부분적이나마 달성된 것이었다. 이를 계기로 사빠띠스따는 라깐돈 정글에서 멕시코시티로 향하는 평화적 대장정을 실행했고, 멕시코시티에 도착한 다음에는 자신들의 문제를 국회에 상정했다. 그러나 그에 대한 폭스 정부의 답은 미온적이었고, 사빠띠스따는 정부안을 거부한 채 라깐돈으로 철수한다.

2006년 새로운 대선을 앞두고 사빠띠스따는 6차 라깐돈 정글 선언을 발표하면서 다시 한 번 자신들의 원칙과 비전이 무엇인지를 밝혔다. 이것은 새로운 정치 환경에서 투쟁을 지속하기 위한 자신들의 대의가 무엇인지를 밝히는 장이었다. 사빠띠스따는 노동자, 농민, 학생, 교사 등과의 연대의 필요성을 언급하면서 그들은 원주민 공동체 나아가 멕시코 전체의 소외계층의 이익을 대변하며, 국제적으로는 대안 세계화 운동을 지지하면서, 쿠바, 볼리비아, 에콰도르의 원주민 운동과 공동의 대의를 유지하는 것이 자신의 운동의 목표임을 명확히 했다. 그리고 2006년 선거전에서는 이러한 6차 선언에 대한 국민적 지지를 끌어내고 그를 통해 6차 선언의 대의를 반영하는 새로운 헌법제정을 목표로 선거목적이 아닌 비 선거전선, 즉 '다른 캠페인'을 전개하기 위해 멕시코 31개 주에 걸친 6개월 일정의 사빠띠스따 투어의 계획을 알렸다.

대선이 다시 한 번 우파인 국민행동당의 승리로 귀결되고 난 2007년 초 사빠띠스따의 부사령관 마르꼬스는 앞으로 운동의 방향을 결정짓는 새로운 이벤트를 조직했다. 그것은 다른 라틴아메리카 국가들의 원주민들과 함께하는 국제 원주민 만남의 장이었다. '원주민 정복과 자본주의 착취의 515년'이라는 기치 하에 콜럼부스 신대륙 발견 기념일인 10월 12일을 전후해서 열린 이 대회의 목적은 서로 다른 경험을 가지고 있는 라틴아메리카의 다양한 원주민 종족들이 만남의 장을 통해 서로의 고통을 나누는 것이었다. 이를 통해 현재 약 20,000명 정도로 추정되는 사빠띠스따는 여전히 자신들의 존재가 살아있음을 세계에 알리게 되었다.

어쨌든 사빠띠스따의 봉기는 그동안 혼혈과 통합정책에 따라 묻혀왔던 멕시코의 인종 문제를 다시 부각했다는 점에서 가장 큰 의의가 있다. 사회적 변혁에서 계급적 주체의 동인이 소멸된 시점에서 인종, 성, 종교와 같은 성격을 지닌 사회운동은 앞으로 점점 더 사회변혁의 새로운 주체로 부상할 것이다. 따라서 점차 원주민 운동의 성격을 더해가는 사빠띠스따 운동은 21세기 멕시코 정치의 가장 중요한 변수로 존재할 것이다.

17 '아홉 손가락의 대통령 세디요'

멕시코는 민주주의를 향해 나아가는가?

제도혁명당의 마지막 대통령인 에르네스또 세디요는 지금까지 제도혁명당 출신 멕시코 대통령들과는 몇 가지 측면에서 차이가 있다. 우선 그는 최초의 중산층 가정 출신이자 알레만 대통령 이래 최초의 비 멕시코국립대학교 출신이다. 그리고 그는 기존의 제도혁명당 대통령 후보의 암살로 인해 갑자기 대선 후보로 지명되었다. 이런 모든 것은 세디요 자신의 정치세력(까마리야)이 매우 약하다는 것을 말해준다. 기존의 대통령들이 학맥이나 인맥, 친족관계 등으로 확고한 정치세력을 형성하고 그를 기반으로 대선 후보에 올라 대통령에까지 당선된 데 비해, 세디요는 그러한 정치적 기반이 거의 없이 그야말로 급작스럽게 대통령직에 오르게 되었다. 앞서 살펴본 1970년에서 1988년 사이 중앙 무대에서 활약하는 멕시코의 정치인들의 인척관계와 학연 등을 상기해 볼 때 세디요가 가지는 권력 기반의 취약성은 매우 확연히 드러난다. 게다가 역대 대통령 중에 가장 낮은 득표율(49.0%)로 당선되었기 때문에 세디요는 과거 대통령들이 가졌던 그런 막강한 파워를 가질 수 없었다.

그러나 그보다 더 큰 문제는 임기를 시작하자마자 멕시코 혁명 이후 최대의 경제 위기라 불리는 1994년 12월 뻬소화 위기에 직면하게 되었다는 점이다. 따라서 세디요 대통령에게는 다음과 같은 양자택일만이 주어졌다. 그것은 제도혁명당의 집권을 계속 이어나가기 위해서 과거와 같이 대중의 요구에 부응하는 포퓰리즘으로 돌아갈 것인지, 아니면 인기 없는 시장경제 개혁을 지속하면서 제도혁명당의 집권을 포기할 수도 있는 정치적 개혁을 단행할 것인지에 대한 선택이었다.

세디요의 선택은 자유시장 경제를 지속하는 대신 권력을 놓칠 수도 있는 정치적 개혁을 단행하는 것이었다. 우선 당 내부적으로는 대통령의 절대적 권력을 약화시켰다. 대통령의 절대적 권력을 가능하게 했던 차기대통령후보 지명권을 포기하고 제도혁명당으로서는 처음으로 미국과 같은 당내 후보 선출을 위한 예비선거제를 도입했다. 멕시코 대통령의 절대 권력을 상징하던 '데다소'를 포기한 세디요를 멕시코인들은 검지가 없다고 해서 농담 삼아 '아홉 손가락의 대통령'이라 부르기도 했다.

또한 국가적 차원에서의 정치개혁도 단행되었다. 물론 멕시코에서 이러한 정치개혁이 처음은 아니었다. 제도혁명당의 헤게모니 체제가 도전을 받기 시작한 1968년 이래 세디요 이전까지 멕시코에서는 다섯 번에 걸친 정치개혁이 이루어졌다. 1차 정치개혁은 1977년 공산당을 합법화한 것이고, 1987년에 단행된 2차 정치개혁에서는 하원의석을 400석에서 500석으로 늘리고, 그중 비례대표 의석을 100석에서 200석으로 증가하였다. 그리고 다수당의 의석을 70%로 제한함으로써 30% 범위 내에서 야당의 하원 진출을 허용하였다. 3차, 4차, 5차 정치개혁은 살리나스 대통령 재임 시에 이루어졌다. 살리나스의 정치개혁은 선거 과정에서의 부정시비에 대한 불가피한 대응이었으나 실제로는 제한적 차원에서 양보하는 수준이었다. 살리나스는 지금까지 야당의 접근이 불가능했던 상원의석 수를 128석으로 늘리고, 32개주에서 1등을 한 당에는 2석, 2등을 한 당에 1석 그리고 나머지 32석은 비례대표제로 함으로써, 야당이 상원에서 최소 4분의 1 이상의 의석을 차지할 수 있게 했다. 그리고 혁명 후 처음으로 몇몇 주에서 야당이 주지사 선거에서 승리하는 것을 묵인했다.

살리나스의 이러한 제한적이고 선심성 정치개혁과는 달리 세디요의 정치개혁은 보다 근원적인 문제들을 다루었다. 그것은 양보의 차원이 아니라 제도혁명당이 선거에서 승리할 수밖에 없는 구조적 문제들을 개선하는 것이었다. 세디요의 정치개혁의 핵심은 선거관리 기구의 공정성, 선거자금의 형평성, 대중 매체의 공정성을 확보하는 것이다. 세디요는 1996년 가을에 결국 모든 정당들이 합의하는 정치개혁법을 의회에서 만장일치로 통과시켰다. 1996년의 정치개혁법은 비록 그 후에 부차적인 규정들에 있어 야당과 불일치를 보이기도 했지만 대체적으로 지금까지 선거과정 상에 나타났던 야당의 모든 문제제기를 잘 반영한 것으로 평가받았다.

세디요의 정치 개혁 중 가장 중요한 내용으로는 첫째 지금까지 정부 여당이 관리해 오던 연방선거관리 위원회를 의회에서 합의에 의해 지명된 비당파적 인물들의 통제 하에 둠으로써 공정선거를 위해 가장 핵심적 기관인 연방선관위의 독립성을 확보하는 것이었다. 사실 중앙선관위의 비당파적 인물에 의한 통제는 살리나스에 의해 시도되었으나 그들이 실제로 독립적이고 자유롭게 활동할 수 있는 여건을 보장해준 것은 세디요의 몫이었다.

둘째, 선거자금과 관련한 불공정성을 해소하기 위해 민간인 기부에 의한 사적 선거자금을 총 선거비용의 10%로 제한하고 대신 공적 자금을 대폭 증대시켰다. 합의된 공적자금은 1994년 선거에서 모든 정당이 공식적으로 지출했다고 주장하는 총액의 5배에 달하는 것으로, 그 자금의 30%는 주요 정당에 똑같이 배분되고 나머지는 사전 선거에서 획득한 득표율에 따라 모든 정당에 비율적으로 나누어졌다. 선거자금의 명백한 한계 설정과 대폭적인 공적 선거자금의 배분은 지금까지 멕시코 선거에서 볼 수 없었던 공정 선거의 기반을 마련해 주었다.

셋째, 이번 정치 개혁은 항상 문제로 지적되어 왔던 대중매체에의 불공평 접근이라는 문제도 해소하였다. 그를 위해 중앙선관위는 TV 100시간과 라디오 125시간을 언론 매체로부터 공적으로 구매해서 그것을 정당들에게 공적선거자금을 배분한 것과 같은 비율로 나누어주었다.

중앙선관위의 명실상부한 독립, 선거 자금법 개혁, 언론매체에 대한 공평한 접근으로 대표되는 세디요의 정치 개혁을 통해 멕시코에서 선거가 역사상 처음으로 제도혁명당에 대한 진정한 위협으로 간주되기 시작했다. 그 밖에도 1996년 세디요의 정치 개혁은 멕시코 시장 직선제 도입, 득표율 2% 이하의 군소 정당의 등록 폐지, 다수당의 하원의석 비율 60% 제한과 같은 내용도 포함하고 있다.

이러한 정치개혁에 따른 결과는 1997년 총선에서 여소야대로 나타났다. 1997년 선거에서 나타난 가장 두드러지는 현상은 첫째, 멕시코 역사상 최초로 하원에 있어 여소야대가 이루어졌다는 사실이다. 제도혁명당은 하원에서 절대다수를 획득하기 위해 필요한 42% 득표에도 실패함으로써(39% 득표) 창당 이래 처음으로 과반수인 250석에서 11석이 모자라는 239석을 차지했다. 뿐만 아니라 주지사 선거에서도 6개 지역 중 2곳에서 더 패배함으로써 기존에 야당이 주지사를 맡고 있는 지역과 이번에 야당이 승리한 멕시코 시를 합쳐 인구의 40%가 야당의 지배하에 놓이게 되었다. 이것은 제도혁명당 헤게모니의 붕괴를 확인하는 사건이었다.

사실 제도혁명당 헤게모니의 붕괴는 야당의 대안으로서의 불확실성 때문에 경제적 상황의 심각성에 비해 매우 점진적으로 이루어져 왔다. 1976년까지 이름 그대로 헤게모니 정당으로서 80% 이상의 지지율을 확보해 온 제도혁명당은 그때를 기점으로 조금씩 지지를 잃어가기 시작한다. 특히 1988년 선거에서는 1982년에 비해 대통령 선거와 하원의원 선거에서 각각 득표율이 20% 정도 감소했다(대선의 경우 82년 71.0%에서 88년 50.5%로 하락). 그러나 이때까지도 제도혁명당은 의회에서의 과반수의 의석(1988년 하원 260석)을 차지할 수 있었고, 또한 1991년의 중간선거에서는 살리나스의 '국민사회연대프로그램(PRONASOL)'이라는 사회복지전략을 앞세운 선거전을 통해 의회에서 다시 의석수를 64%수준인 320석까지 늘릴 수 있었다. 그러나 1997년의 선거에서 제도혁명당은 세디요 대통령의 정치개혁의 결과 결국 과반수 의석 확보에 실패하게 된다.

어쨌든 세디요의 선거개혁 후 처음 실시된 중간선거는 멕시코 혁명 이후 최초로 여소야대라는 민주주의의 가시적 성과를 거두었다. 의회의 역할이 증대함에 따라 과거에는 경제정책이 소수의 테크노크라트들에 의해 암암리에 일방적으로 결정되었다면 이제는 이들이 정책을 결정하기 위해서는 그것이 왜 최선인지를 의회에서 설명하고 이들을 납

〈표 2〉 제도혁명당의 지지도 변화와 최근 선거 결과, %, ( )는 의석수

		제도혁명당(PRI)	국민행동당(PAN)	민주혁명당(PRD)
1964	대선 득표율 (A)	88.8	11.1	
	하원 득표율 (B)	86.3	11.5	
1967	(B)	83.3	12.4	
1970	(A)	83.3	13.9	
	(B)	80.1	13.9	
1973	(B)	69.7	14.7	
1976	(A)	93.6	______	
	(B)	80.2	8.5	
1979	(B)	69.7	10.8	
1982	(A)	71.0	15.7	
	(B)	69.3	17.5	
1985	(B)	64.8	15.6	
1988	(A)	50.5	17.1	31.0a
	(B)	(260)	(101)	(139)a
1991	(B)	61.5(320)	17.8(89)	8.2(41)
1994	(A)	49.0	26.0	17.0
	(B)	(300)	(119)	(71)
1997	(B)	48.0(239)	25.0(121)	25.7(125)
2000	(A)	36.1	42.5b	16.6
	(B)	(211)	(221)	(68)c
2003	(B)	30.6(224)	23.1(149)	17.6(97)
2006	(A)	22.3d	35.9	35.3c
	(B)	(123)d	(206)	(157)c

a: 민주혁명당의 전신인 국민민주전선(FDN)의 득표율
b: 국민행동당 중심의 선거연합 득표율
c: 민주혁명당 중심의 선거연합 득표율
d: 제도혁명당 중심의 선거연합 득표율

득시켜 합의를 도출하는 민주적 과정을 거쳐야만 된다. 이것은 권위주의 하에서 대통령과 제도혁명당에 집중되었던 권력이 의회로 이동하는 민주적 발전을 의미한다.

그러나 1997년 선거는 정치적 민주주의의 진전이라는 의미에서는 다소 긍정적 평가를 받을 수 있었으나 정치적 안정이라는 측면에서는 보다 부정적 의미가 강했다. 북부 지역에서는 국민행동당이 압도적인 승리를 거두고 남부지역에서는 민주혁명당이 주로 승리하면서 이미 존재하던 멕시코의 지역적 분리가 이번 선거를 통해 보다 명확하게 드러났고 그로서 지역적 통합이나 정치적 안정이라는 측면에서 볼 때 1997년 선거는 매우 부정적으로 받아들여질 수밖에 없었다.

그러나 1997년 선거 결과에 대한 보다 근본적 비판은 그것이 '계산된 양보'라는 비난을 여전히 면하기 어렵다는 점이다. 여전히 많은 사람들에 의해 그것은 두 거대 야당에 하나씩 당근을 던져 줌으로써(민주혁명당에는 멕시코 시장직, 국민행동당에는 누에보 레온 주지사직, 그리고 다수의 하원의석) 정치적 안정을 꾀하려는 제도혁명당의 전통적 전략으로 이해되어졌다. 물론 제도혁명당은 여소야대에도 불구하고 우파인 국민행동당과의 전략적 동맹을 통해 정책을 입안하는 데도 큰 어려움을 느끼지 않았다. 국민들은 의회, 주정부, 시정부에서 나타난 야당의 승리가 대통령 선거로 이어질('trickle-up democracy') 것을 바라고 있었다. 평화적 정권 교체 없이 진정한 민주주의는 존재할 수 없는 것으로 생각되어졌다.

2000년 대통령 선거는 마침내 멕시코 민주주의 역사에 새로운 장을 여는 사건이었다. 녹색당과 연합한 국민행동당의 비센떼 폭스 후보는 42.5%의 지지로 36.1%를 획득한 집권당 후보를 물리치고 72년간의 제도혁명당 일당 장기집권체제를 종식시켰다. 그럼으로써 멕시코는 최소한 정치의 형식면에서는 '진정한 민주주의(real democracy)'를 달성했다고 평가받을 수 있을 것이다.

이러한 성과는 물론 비센떼 폭스 개인의 카리스마와 변화를 바라는 대다수 멕시코인들의 열망으로 인해 가능한 것이었지만 한편으로 상당 부분 민주적 근대화 전략을 채택한 세디요의 정치개혁 실현의지에 기인하는 바 크다. 세디요는 이번 선거를 멕시코 역사상 가장 공정하고 깨끗한 선거로 만듦으로써 역사상 최초의 평화적 정권교체를 가능하게 했고, 그의 정치개혁이 '계산된 양보'에 지나지 않는다는 비판에서 완전히 벗어났다. 그것은 멕시코 민주주의의 승리이자 세디요 정치개혁의 완성이었다.

18 깔데론 vs. 로뻬스 오브라도르

멕시코 정치의 당면 과제는 무엇인가?

제도혁명당 72년 장기집권을 무너뜨리고 정권을 잡은 정당은 국민행동당이다. 국민행동당은 1939년에 마누엘 고메스 모린(Manuel Gómez Morín)에 의해 창당되었다. 정당이 출범하게 된 계기는 일찍이 멕시코 혁명의 반교회적 성향이 1917년 헌법에서 교회의 교육권, 정치 참여권, 투표권 박탈이라는 구체적 형태로 나타나자 그에 대한 반대 투쟁을 전개한 데서 시작된다. 그러나 결정적인 창당의 계기는 까르데나스 대통령의 진보정책에 대한 조직적 반대의 필요성 때문이었다. 국민행동당은 일부 기업인들을 주요 지지기반으로 하여 가톨릭의 전문적 지식인들에 의해 설립되었는데, 그들의 정치적 대의는 까르데나스의 좌파적 정책에 반대하여 기독교 휴머니즘을 기반으로 하는 사회적 윤리를 고수하는 것이었다. 국민행동당은 그 후 에체베리아와 로뻬스 뽀르띠요 정권 하에서 경제적 측면에서 국가의 개입이 확대되는 것에 반대하여 자유 시장경제를 자신의 이데올로기로 삼게 되었다.

국민행동당은 제도혁명당의 일당 헤게모니 지배체제 하에서 1970년대까지 불법이었던 공산당을 제외하고 유일하게 정부 여당으로부터 자립적인 야당이었다. 그럼에도 불구하고 국민행동당의 지지율은 1991년 선거까지 10%대에 머물러 있었다. 국민행동당의 지지율이 20%를 넘어선 것은 1994년 대선부터이다. 그러나 1997년 중간 선거에서는 큰 진전 없이 1994년 대통령 선거의 지지율인 26%에서 오히려 1% 하락한 25% 지지를 획득하는 데 그쳤다.

게다가 처음 실시된 멕시코 시장 선거에서 국민행동당은 까를로스 까스띠요 뻬라사(Carlos Castillo Peraza)라는 친 제도혁명당 성향을 지닌 인기 없는 보수적 전통주의자를 후보로 내세움으로써 초기에 40%까지 이르렀던 지지를 유지하지 못하고 결국 민주혁명당의 꾸아우떼목 까르데나스에게 멕시코 시장직을 내주고 말았다. 그로 인해 국민행동당은 지속적 상승세에도 불구하고 북부지역 정당이라는 기존의 한계를 1997년 선거에서도 역시 뛰어넘지 못했다.

그러나 이를 계기로 국민행동당 내부에서 비센떼 폭스를 비롯한 선거나 통치 경험이 있는 강경파들이 주도권을 잡게 됨으로써 그들에게 새로운 도약의 길이 열렸다. 소위 '북쪽 야만인(Bárbaros del Norte)'이라고도 불리는 이들 강경파 세력들은 권력 획득을 최우선으로 하여 원칙보다는 실용주의 입장을 취하면서, 제도혁명당에 대해서도 강경하게 대처하는 모습을 보임에 따라 제도혁명당에 실망한 국민의 지지를 끌어들여 결국 2000년 대통령 선거에서 승리를 거두게 된다.

한편 멕시코에서 좌파는 제도혁명당이 조합주의를 통해 노동자나 농민 세력들을 흡수함에 따라 그 세력이 매우 약했다. 공산당은 1977년 선거까지 금지되어 있었고(1979년 해금된 이후 처음 선거에서 5% 득표), 그 외 다른 좌파 정당들은 분열되어 대부분 정부여당에 의해 조정되는 꼭두각시 정당의 역할을 해왔다. 그러나 1997년 선거에서 중도좌파인 민주혁명당(PRD)이 25%를 득표함으로써 당당히 제도혁명당, 국민행동당과 어깨를 나란히 하는 정당으로 성장했다. 실제 1997년 선거에서 가장 큰 놀라움은 제도혁명당의 과반수 미달이 아니라 좌파의 부상이었다.

꾸아우떼목 까르데나스가 이끄는 민주혁명당에 의해 대표되는 중도좌파는 1988년 대통령 선거에서 가능성을 보여주었지만 그때는 정당이라기보다는 까르데나스의 대선을 위한 선거연합의 형태였다. 그리고 처음으로 민주혁명당의 간판을 걸고 뛰어든 1991년 선거에서는 겨우 8.2%의 지지를 얻는 데 그쳤고, 1994년 대선에서도 까르데나스가 당의 후보로 나섰음에도 불구하고, 오히려 그 때문에 민주혁명당에 대한 지지는 1988년 31%에서 거의 반으로 하락한 17% 득표에 그쳤다. 그럼으로 좌파 정당으로서 민주혁명당은 서서히 쇠퇴해 가는 것으로 평가되었다. 특히 그들의 지도자인 까르데나스는 당 총재직 재선을 금하는 당규에 따라 당의 공식적 통제권을 맡을 수 없는 상황이었다. 게다가 대통령 선거에서 두 번 패한 잘못을 물어 정치와 당 지도부에서 사퇴하라는 압력을 강하게 받았다.

그런 와중에 1997년 총선에서 민주혁명당의 부상은 상당히 의외의 결과로 받아들여졌다. 까르데나스는 최초의 멕시코시 민선시장으로 당선되었으며, 멕시코 시의회 선거에서는 민주혁명당이 40개 구역 중 38개 구역에서 승리했다. 뿐만 아니라 하원의원 선거에서도 1994년의 16.2% 득표에서 25.7% 득표라는 괄목할만한 성장을 보였으며, 그로서 의석수에서도 국민행동당의 121석을 넘어 125석으로서 제1 야당의 위치를 차지하게 되었다.

그러나 민주혁명당의 승리가 멕시코 정치 시스템의 이데올로기적 양극화를 의미하지는 않는다. 민주혁명당의 성공은 상당부분 온건화와 선거캠페인 전략의 유효성에 인한 것이지 그것이 유권자들의 좌파를 향한 전환으로 해석되어 질 수는 없다. 즉 다시 말해 제도혁명당에 대한 반대와 국민행동당에 대한 실망의 표가 온건화 된 민주혁명당으로 모인 것이지 결코 좌파 이데올로기가 승리한 것은 아니다. 그러나 민주혁명당은 현재의 경제정책 기조를 계속 유지할 것이라는 끊임없는 유화 제스처에도 불구하고 기업가 집단들의 불안과 거부를 해소하지 못하는 한계를 여전히 지니고 있다.

제도혁명당, 국민행동당, 민주혁명당 3당을 중심으로 하는 멕시코의 정당정치 민주주의는 이제 막 시작되었다. 72년간 제도혁명당의 '완벽한 독재'가 2000년 야당인 국민행동당의 승리로 마감되면서 멕시코는 이제 민주화의 길에 들어섰다고 할 수 있다. 그러나 멕시코의 민주주의가 앞으로 가야할 길은 멀다. 우선 민주주의의 정착을 위해 무엇보다 중요한 것은 선거 과정에 대한 신뢰를 회복하는 일이다. 최근 민주혁명당의 로뻬스 오브라도르(López Obrador) 후보가 약 25만 표(0.3%) 차로 선거에서 패배한 후, 그 결과를 받아들이지 않고 자신만의 '합법적'

정부를 구성하고 저항을 하는 것도 바로 이런 선거과정에 대한 멕시코인들의 불신이 아직 적지 않다는 것을 의미한다.

로뻬스 오브라도르의 선거부정 시비와 저항 외에도 페르난도 깔데론(Fernando Carderón) 정부는 안팎으로 다른 심각한 문제들에 직면하게 될 것이다. 지역적 분열 양상은 그러한 문제 중 하나이다. 최근 멕시코는 NAFTA와 공업화의 혜택을 받은 북부지역과 그렇지 못한 남부지역 사이에 뚜렷한 분열 양상을 보여주고 있다. 2005년 한 통계에 의하면 극빈층의 비중이 남부의 치아빠스, 오아하까, 게레로 주에서는 37.9%에서 50%에 이르는 데 비해 미국과 국경을 접하고 있는 북부 주에서는 19.5% 이하로 나타났다. 그리고 멕시코 원주민 인구의 대부분도 바로 이런 남부 주에 거주하고 있으며, 북부 지역의 원주민 인구 비중은 매우 낮다.

이런 국가의 지역적 분열은 2006년 대선 지지도에서도 북부지역은 국민행동당의 페르난도 깔데론 후보, 남부지역은 민주혁명당의 로뻬스 오브라도르 후보를 지지하는 것으로 나타났다. 2006년 대선에서 깔데론 후보는 북부지역에서 43%의 지지율을 획득했지만, 남부지역에서는 27%를 득표하는 데 그쳤다. 반면 로뻬스 오브라도르는 북부지역에서 24%, 남부지역에서는 40%의 지지율을 획득했다. 우파가 강세를 보이는 북부지역은 따라서 시장경제 개혁에 우호적이며 석유산업 민영화에도 기본적으로 찬성하는 입장을 보이는 반면, 좌파의 기반이 되고 있는 남부지역은 석유산업 민영화를 비롯한 대부분의 시장경제개혁정책에 반대하고 정부의 역할을 강화하는 데 찬성하는 입장이다. 이런 지역에 따른 정치적 입장의 차이는 국가적 화합과 정부의 정책 실현에 큰 걸림돌이 되고 있다. 깔데론 대통령이 이러한 지역적 계층적 분열을 완화하고 어느 정도 수준에서 국가적 통합을 이룰 수 있는가 하는 문제는 그가 해결해야 할 가장 중요한 과제이다. 만약 깔데론 정부가 이런 문제들에 제대로 대처하지 못할 경우 최악에는 멕시코가 극단적 불안정 상태에 빠질 가능성도 없지 않다.

다음으로 심각한 문제는 약 1억의 멕시코 인구 중 4천만에서 5천만에 이르는 빈곤층의 문제이다. 비록 깔데론 정부가 우파이기는 하지만 멕시코의 빈곤 문제는 좌파 우파를 떠나 어떤 성향의 정부도 결코 경시할 수 없는 것이다. 따지고 보면 오브라도르의 좌파 정부가 들어서더라도 미국 시장에 절대적으로 의존하고 있는 멕시코 경제의 현실상 베네수엘라의 차베스 정부와 같이 급진적 반미주의로 나아가기는 힘들었을 것이다. 따라서 좌파 정부가 재정 건전성을 유지하는 가운데 빈곤 정책을 펴는 것이나, 우파 정부가 사회적 안정을 위해 불가피하게 빈곤 정책을 실시하는 것이나 결과적으로 그 내용은 거의 같을 수밖에 없다.

일자리 창출 또한 깔데론 정부가 시급히 해결해야 할 과제이다. 멕시코에서는 다음과 같은 농담이 있다. "앞선 폭스 정부는 일자리 6백만 개를 창출했다. 그러나 문제는 그 일자리가 모두 캘리포니아에 있다는 사실이다." 실제 멕시코인들은 과거 폭스 정부 6년 동안에만 수백만 명이 일자리를 찾아 미국으로 이주했다. 이들을 멕시코 국경 내에서 잡아두고 그들에게 일자리를 제공하는 것은 깔데론 정부가 당면한 또 하나의 과제이다.

사회적으로는 15명의 사람들을 죽음으로 몰고 간 오아하까 사태를 마무리 지어야 하는 과제도 남아있다. 지금까지도 이 주에는 시위대와 시위방지 경찰이 나란히 캠프를 치고 대치하고 있는 상황이다. 뿐만 아니라 마약과 관련된 범죄와 폭력의 문제도 더 이상 해결을 미룰 수 없다.

대외적으로 멕시코 실업의 문제를 어느 정도 해소해 주었던 미국으로의 불법이민이 이를 막기 위해 미 정부가 추진하고 있는 국경선 담장 설치 시도로 인해 어려운 국면에 빠지게 된 것 또한 깔데론 정부에 있어서는 골치 아픈 문제이다. 미국이 담장을 실제 설치할 것인지는 확실하지 않지만 이 문제는 앞으로 양국 간의 주요 현안으로 부각될 것이다.

마지막으로 세계 최고 수준의 납치 사건 발생률이 보여주는 치안 부재의 상태이다. 풍부한 자금에 의존하는 마약 카르텔은 이미 정부가 통제하기 어려운 수준에 이르렀으며, 남부 지역의 사빠띠스따 해방군을 위시한 다양한 게릴라 조직의 존재, 그리고 대도시나 국경도시에서 빈번하게 발생하는 납치와 살해 사건 등은 멕시코의 치안 부재의 정도가 거의 콜롬비아 수준에 도달하지 않았나 생각될 정도이다. 이런 모든 문제에 직면한 깔데론 정부의 앞날은 결코 순탄치 않은 것으로 보인다. 심지어 최악의 경우 극단적 불안정에 빠질 가능성도 없지 않다.

19 "신은 멀고 미국은 너무 가깝다"에서 "나프타(NAFTA)"로

미국이 멕시코 정치에 미치는 영향력은?

멕시코는 미국과 우리나라 휴전선의 약 13배에 달하는 자그마치 3,200km의 국경을 마주하고 있다. 이러한 지리적 근접성으로 인해 미국은 멕시코 정치에 있어 지대한 영향력을 행사해 왔다. 독립 직후 멕시코의 정치 지도자들은 그들의 정치체제를 형성하는 데 미국의 시스템에서 많은 영향을 받았다. 그들은 미국의 연방주의와 권력의 분립에 기반을 둔 자유주의 체제를 신생 멕시코 독립국의 정치시스템으로 채택했다.

그러나 미국의 텍사스 합병은 미국과 멕시코 관계에 있어 처음으로 멕시코에 시련을 안겨주었다. 스페인으로부터 독립 이후 멕시코의 영토였던 텍사스에는 미국인들이 몰려들어 왔고 그에 따라 미국인의 수가 멕시코인의 수를 넘어서고 있었다. 멕시코가 텍사스에 대한 간섭을 강화하자 그에 반발한 텍사스의 미국인들이 반기를 들었고, 그로 인해 무력갈등이 시작되었다. 1836년 산따아나 장군 휘하의 멕시코군이 텍사스의 알라모를 점령했으나 다음해 그들의 반격으로 인해 멕시코군은 텍사스에서 철수할 수밖에 없었다. 그 후 텍사스는 1945년까지 독립국으로 남아 있다가 그해에 미국에 합병되었다.

텍사스의 미국합병은 멕시코에게 보다 큰 불행을 가져왔다. 당시 미국의 제임스 포크 대통령은 더 많은 토지를 멕시코로부터 차지하기 위해 일련의 사건들을 구실로 삼아 멕시코를 침공했다. 1846년 미국군은 베라끄루스항구와 멕시코시를 점령하면서 멕시코를 압박했다. 이에 멕시코 정부는 1848년 미국의 강압에 따라 구아달루뻬 이달고 조약을 통해 멕시코 영토의 반에 해당하는 지역(현재 미국의 서부 캘리포니아와 남부 뉴멕시코를 포함하는 지역)을 미국에 넘겨줄 수밖에 없었다. 구아달루뻬 이달고 조약은 세계 역사상 유례를 찾아볼 수 없을 정도로 전쟁의 승자가 패자에게 많은 것을 얻어낸 조약으로 평가된다. 그럼에도 불구하고 미국인들의 멕시코 영토에 대한 야욕은 지금까지도 계속되고 있다. 최근 캘리포니아 의원들이 공공연히 멕시코의 바하깔리포르니아주를 합병해야 한다고 주장하는 것은 그의 좋은 사례이다. 전쟁과 그로 인한 영토 손실로 인해 멕시코인들은 미국으로부터 쓴 맛을 보았다. 게다가 미국은 아직까지도 멕시코의 영토를 탐내고 있다. 따라서 구아달루뻬 이달고 조약 이후 멕시코는 미국을 항상 불신의 눈으로 바라보고 있다.

멕시코 혁명 동안에도 미국은 직간접적으로 멕시코 정치에 개입을 시도했다. 마데로 정부 시기에 당시 멕시코 주재 미국 대사인 헨리 레인 윌슨은 본국 정부와의 협의 없이 자의로 마데로를 몰아내고, 디아스 정부의 인물인 우에르따를 세우는 데 중요한 역할을 했다. 그에 따라 당시 미국의 대통령 우드로 윌슨은 레인 윌슨을 제거하고, 우에르따 대신 그에 반대하여 봉기한 마데로 추종자이자 입헌정부의 옹호자들인 입헌주의자파들을 지원했다. 그러나 윌슨이 베라끄루스항을 점령하고 그로 인해 많은 멕시코인들이 목숨을 잃게 되자 멕시코에는 반미 민족주의가 확산되었다. 그로 인해 우에르따를 몰아내려는 윌슨의 시도는 무위로 돌아가고 대신 멕시코인들의 미국에 대한 감정은 극도로 악화되었다. 어쨌든 우에르따 정권은 무너졌고, 미국은 염려했던 것과는 달리 멕시코를 더 이상 침공하지 않고 베라끄루스를 떠났다. 그 후 1916년에는 국내에서 수세에 몰린 빤초 비야의 군이 미국 땅인 뉴멕시코를 공격하자 윌슨은 그를 징벌하기 위해 멕시코로 군대를 파견했다. 그러나 도망간 빤초 비야는 잡지 못한 채 1917년까지 멕시코에 주둔했다.

이런 역사적 인연으로 인해 멕시코는 지리적으로 인접한 미국으로부터 자신의 정치모델의 형성과 발전에 지대한 영향을 받기도 했지만, 한편으로 미국을 매우 불신하고 경계하며 따라서 미국에 대해서는 항상 강력한 민족주의로 대항하고 있다. 멕시코 외교정책의 뿌리는 바로 강력한 이웃의 그림자 하에서 자기 정체성을 공고하게 만들기 위한 투쟁이다. 따라서 혁명 이후 제도혁명당의 혁명적 민족주의 이데올로기와 자립적인 외교정책도 바로 미국과의 이런 관계로부터 기인한 것이다.

그에 따라 멕시코는 유엔이나 미주기구(OAS)와 같은 국제적 포럼에서도 항상 미국으로부터 독립적인 외교 행위자로서 행동하려고 노력해 왔다. 이미 언급했듯이 1960년대 쿠바의 미주기구 추방에 대해 라틴아메리카에서는 유일하게 멕시코가 그에 반대하였고, 1980년대 니카라과 혁명 이후 중미의 문제를 해결하는 과정에서도 멕시코는 미국과 다른 목소리를 내어왔다.

이러한 멕시코의 미국에 대한 기본적 태도는 정권이 바뀌어도 크게 변화하는 것 같지는 않다. 2000년 제도혁명당 장기집권을 종식시키고 새로이 집권한 우파 국민행동당의 비센떼 폭스 대통령은 미국에서 공부하고, 미국을 상징하는 코카콜라 회사의 멕시코 지역 운영을 책임졌던 사람임에도 불구하고, 미국에 대한 멕시코 외교정책의 근간을 흔들지는 않았다. 대신 그는 미국에 대해 비판적인 좌파 지식인인 호르헤 까스따네다를 외교부 장관으로 임명함으로써 멕시코 대미 관계의 전통적 패턴을 상징적으로 반영하고자 했다. 우파 정부임에도 불구하고 미국과 관련한 민족주의는 멕시코 주권의 방어자로서 대통령에게 정당성을 부여하는 최선의 길로서 작용하기 때문이다. 이러한 경향은 9.11테러 이후 멕시코의 입장에서도 반복된다. 2001년 유엔 안보리 비상임이사국이었던 멕시코는 당시 미국의 이라크 침공에 대해 반대하는 입장을 표시했으며, 결국 안보리 회원들 간에 보다 온건한 합의를 도출하는 데 기여했다.

그러나 멕시코와 미국과의 관계는 1990년대 이후 큰 변화를 겪고 있다. 북미자유무역협정으로 인해 양국 간에 경제적 관계가 획기적으로 진전되었다. 멕시코 수출의 80% 이상이 미국으로 향하고 있고, 투자의 대부분이 미국으로부터 들어온다. 한편 그 이면에 매년 수십만 명의 멕시코인들이 불법으로 국경을 넘어 미국으로 들어가고 있으며, 미국으로 들어가는 콜롬비아 코카인의 80%가 멕시코를 통한다. 그에 따라 양국

간 범죄 조직의 활동도 보다 활발해지고 있다. 보통 시민들이 합법적으로 혹은 불법으로 국경을 넘나들고 있고, 비정부기구들의 상호관계는 양국의 정책을 형성하는 데 영향을 미칠 수 있는 국제적 네트워크를 보다 강화하고 있다. 이러한 다각적인 관계의 강화는 결국 멕시코 국민들의 정체성의 다국적화를 수반할 것이다. 따라서 미국에 대한 멕시코의 민족주의는 양자 간의 관계에 있어 여전히 중요한 이슈이긴 하지만 이러한 시대적 상황의 변화에 따라 보다 복잡한 형태로 변화하고 있다.

그러는 동안 민족주의 외에 마약밀매와 불법이민과 같은 문제가 양국 간의 핵심 의제로 부각되고 있다. 특히 마약 밀매와 같은 문제는 멕시코의 주권과도 연계된 문제이기도 하지만 동시에 멕시코 정치 제도의 정당성의 문제인 동시에 정치시스템의 안정과도 밀접히 연결되어 있다. 특히 미국은 멕시코의 부패나 불법이민, 인권문제 등에 있어서 도덕적 판단을 함으로써 멕시코 정치에 영향을 미치고자 한다. 특히 최근에 미국은 언론이나 인권그룹과 같은 시민사회 조직들을 통해 멕시코 국내 정치에 영향을 미치고자 시도한다.

북미자유무역협정으로 미국과 멕시코의 관계가 보다 밀접해지고, 제도혁명당 장기집권이 종식됨으로써 멕시코의 전통적인 정치 형태에도 큰 변화가 있었다. 그럼에도 불구하고 멕시코의 미국에 대한 불신은 여전하고, 따라서 민족주의도 여전히 정권의 정당성을 강화하는 수단으로 활용된다. 그럼에도 불구하고 멕시코의 민족주의는 양국 간 관계의 다양한 조건들의 변화를 반영하여 보다 복잡하게 변화하고 있는 것 또한 사실이다.

20 스페인 정복의 유산들

식민지배체제가 만들어낸 현대 멕시코 경제의 토대는 어떠한가?

현대문명의 기술발전 속도는 놀랍도록 빠르다. 마찬가지로 오늘날 세계경제는 20세기 이후 혁명적이고 지속적 발전을 거듭하여 19세기 이전과는 전혀 다른 새로운 모습을 갖추고 있다. 이런 이유로 인해 현대의 유럽이나 미국 또는 일본의 경제를 공부하는 데 굳이 3~4세기 전의 이들 국가의 경제사를 연구할 필요성은 크지 않다. 과거가 현재와 미래를 읽는 교과서라는 말은 이들 국가들에서 과학기술문명의 발전에 따른 경제발전과 관련해서는 크게 유의미하지 않는 것처럼 보일수도 있다.

그럼에도 불구하고 멕시코를 비롯한 중남미국가들의 현대경제를 이해하기 위해서는 필수적으로 스페인 식민시대의 경제제도와 유산을 살펴보는 것이 필요하다. 이는 서구 선진국들과 달리 멕시코에서는 과거의 경제적 유산이 제도화되어 현대의 멕시코 경제에도 많은 영향을 미치고 있기 때문이다.

중남미 경제의 대표 국가로서 멕시코는 스페인어권 중남미국가들의 경제를 이해하는 데 필요한 많은 전형을 보여준다. 식민시대부터 현대까지 이어지는 경제체제의 변화가 그것이다. 스페인 정복자들의 도착 및 아스떼까 문명의 정복과 함께 시작된 식민시대는 이전 원주민 문명의 경제시스템과는 전혀 다른 경제 하부구조를 생산해냈다.

멕시코의 식민기간은 1521년 아스떼까 제국의 멸망부터 1821년 이뚜르비데의 독립선언까지 약 300년으로 산정된다. 이 기간에서 우리는 식민시대의 멕시코 경제를 약 150년씩 크게 두 시기로 나누어볼 수 있다. 앞의 150년은 광산경제 시기, 뒤의 150년은 농업경제 시기이다. 이런 구분은 양 시기가 정확히 150년씩 양분된다는 의미가 아니라 식민

경제를 주도한 경제활동이 광업과 농업으로 대별된다는 것이다.

스페인 정복자들이 멕시코에 도착한 이후 처음 시작한 경제활동은 금과 은의 귀금속 채굴과 본국이송이었다. 우리는 여기서 정복에 참여한 모험가들의 성격을 정확히 이해하는 것이 필요하다. 이는 무엇보다 지리적 요인으로 인해 스페인 모국이 식민지 정복에 있어 주도적 역할을 하지 못했고, 정복자 개개인의 자질과 성향에 따라 정복의 큰 방향이 결정되었기 때문이다. 스페인 정부는 모로족과의 전쟁에서 승리한 후 스페인을 통합하고 재정비하는 데 치중했고, 원거리의 중남미 정복은 여러 요인으로 인해 정복자들에 맡기는 위임통치 형태를 취했기 때문이다.

이때 멕시코를 정복한 정복자들은 개개인의 경제적 보상과 궁극적으로 스페인 본국에서의 사회적 지위향상을 위해 모험에 나선 사람들이었다. 이들에게 신대륙이란 물질적 부와 사회적 지위향상의 목적달성을 위한 매개체 역할을 하는 곳이었다. 따라서 대부분의 정복자에게 처음부터 끝까지 식민지배는 정복자의 경제적 부 달성이라는 목표, 즉 현실적으로는 귀금속 약탈을 통해 신대륙이라는 이상향의 목적을 완성하는 의미였다.

식민지배 초기 카리브 연안에서 정복자들은 귀금속 산지를 찾으려는 노력을 계속했다. 하지만 생산은 사금에 제한되었다. 원주민들이 기존에 알려진 지역 내 사금 채취 강으로 인도해 사금을 채굴하고 이를 주변에 설치된 용해로에서 금을 생산했지만 사금이라는 한계로 인해 이런 방식의 생산은 곧 고갈되고 만다. 이후 멕시코로 넘어온 정복자들은 아스떼까의 찬란한 문명 앞에서 처음에는 위축되었지만 정복 이후 보물의 약탈과 금을 찾기 위한 골드러쉬(gold rush)를 시작하였다.

식민지배 초기 금 생산이 주된 경제활동이었지만, 이내 귀금속의 주종이 은으로 바뀌게 된다. 이후 멕시코에 생산된 대량의 은은 유럽뿐만 아니라 멀리 아시아에서까지 유통되며 멕시코는 세계적 은 수출국으로 자리매김하게 된다. 베라끄루스가 대 유럽 교역을 담당했으며, 오늘날 멕시코의 대표적 휴양지인 멕시코의 아까뿔꼬가 식민시대 대 아시아 교역항구 역할을 담당했다. 여기서 수출된 은화는 은본위시대에 중국에서도 광범위하게 유통되었다.

1500년대 중반, 즉 16세기 중반부터 멕시코의 은광경제는 본격화되었다. 은광경제는 금광경제와 다른 주요한 특징을 갖고 있다. 바로 광산의 채굴기간이 장기간이며, 갱도가 내려갈수록 순도 높은 양질의 은이 생산될 수 있다는 점이다. 이는 은광이 자본집약적인 광업이라는 점을 의미하며, 장기간에 걸친 개발로 인해 은광을 중심으로 하는 주변경제가 발전된다는 것을 뜻한다.

초기에 멕시코에서 생산되는 은은 전통적인 정제법에 따라 생산했기 때문에 은의 순도가 상대적으로 낮고 품질이 뛰어나지 못했다. 그러나 1554년을 계기로 멕시코에서의 은 생산은 획기적 변화를 맞이하게 된다. 1554년 바르똘로메 데 메디나(Bartolome de Medina)는 멕시코의 빠추까에서 은 정제 기술인 수은합금법을 개발했다. 이후 1570년대부터 은 금속학에 혁명적 변화가 이룩되었다. 순도높은 은 생산이 급속히 증가했고 멕시코 경제는 중부지역의 은 생산지역을 중심으로 발전하였다. 이때 멕시코의 은 정제에 필요한 수은은 스페인의 알마덴 광산에서 주로 공급받았다. 멕시코와 함께 중남미 전체 식민지의 두 핵심 정치경제 지역이었던 페루의 뽀또시 광산지대는 새로 개발된 우안까벨리까(Huancavelica) 지역에서 수은을 공급받았는데, 멕시코의 광산지대도 때때로 이 지역의 수은을 공급받기도 했다.

은 생산에서의 노동력 공급은 원주민 노동력과 임금노동자로 충당되었다. 원주민들은 여러 경제활동에 노동력으로 세금을 냈다. 당시 원주민들은 미따(mita) 제도를 통하여 강제노역을 제공하였다. 많은 원주민들이 갱도 내에서 죽기도 하고, 때때로 탈주하기도 하였다. 그렇지만 식민경제에서 은의 중요성에도 불구하고 강제 노동력 사용이 상대적으로 낮은 편이었다. 이는 은 이윤의 증가와 함께 노동력이 생산의 제한요소로 작용하지는 않았기 때문이다. 식민시대 초기 1세기 동안 멕시코

인구가 급격히 감소하고 잦은 반발이 일어, 임금노동자가 사용되었기 때문이다. 16세기 말에는 임금노동자가 강제노동보다도 많았다. 17세기에 멕시코에서 강제노동을 제공한 원주민의 수는 15000명을 넘지 않은 것으로 보고된 바 있다. 멕시코에서 은 생산은 1650년 이후 생산이 급격히 감소하게 된다. 이는 한편으로 수은 공급이 부족했기 때문이며, 스페인이 생산이윤이 더 높은 페루의 은광개발에 더욱 매진했기 때문으로 해석된다.

이후 멕시코 경제의 중심은 농업경제로 옮겨오게 된다. 멕시코의 토지는 크게 원주민들이 공동으로 소유하였던 현재 '에히도'라 불리는 공유지와 개인토지로 나뉜다. 멕시코 경제의 고질적인 문제점 중의 하나가 바로 토지분배 불균형에 따른 빈부격차, 낮은 토지 이용률, 낮은 농업 생산성이다. 이런 문제점들의 출발점은 식민시대부터 유래한 것이다.

스페인의 국왕과 정복자는 계약관계(capitulación)를 맺었다. 정부는 정복자들에게 특권을 이양하고 의무를 요구하게 되는데, 보상의 형태로 토지와 원주민을 배분한 엔꼬미엔다가 그 토대가 되었다. 정복자들은 하사받은 대토지를 소유하고 배분된 토지와 원주민 노동력 사용을 통해 경제적 이윤을 창출했다. 식민지배 초기에 원주민 노동력은 광업활동 등에 사용되었지만 이후 농업부문에서 지배계층에 많은 이윤을 안겨주게 된다. 엔꼬미엔다 제도는 배분된 원주민 노동력의 노예적 사용으로 인해 국왕에 의해 중단되었지만, 소수 특권계층의 토지소유는 계속 확대되었다.

멕시코에서 토지소유의 불균형은 많은 문제점을 내포하고 있다. 식민시대에 멕시코 토지의 대부분을 소유한 지주계층은 광산경제가 쇠퇴하자 아시엔다 형태로 토지를 사용하였다. 아시엔다란 대토지 소유자의 농장과 목장을 가리키는 용어이다. 하사받은 토지와 이후 식민시대 동안 강제로 약탈한 많은 토지가 소수의 특권층에게 집중되자, 이들은 부채농노제와 같은 원주민의 채무노동에 기반하여 반봉건적으로 대토지를 운영하였다.

소수의 정복자들이 좋은 위치의 땅을 차지하자, 다수의 원주민들은 쓸모없는 땅으로 밀려나게 되었다. 대토지 바깥의 토질이 나쁜 땅 혹은 지리적으로 효율이 형편없는 후미진 변두리 땅을 겨우 차지하게 된 원주민들에게는 많은 선택권이 없었다. 그들은 자그마한 자기 땅을 경작하면서 생계를 위해 대농장의 소작농이나 임금 노동자로 일하게 된다. 그러나 대부분의 경우에 자연재해나 낮은 생산성 등으로 인해 원주민들은 대지주에 빚을 지고 결국 무상으로 노동력을 제공해야 하는 상황에 놓이게 된다.

대토지 소유자들이 차지한 토지의 양은 상상을 초월한 정도였다. 독립 이후에도 이러한 현상은 계속되었다. 19세기 후반에 자유주의 사상의 영향으로 1856년 레르도(Lerdo)법과 1857년 연방헌법의 영향으로 교회토지와 원주민 공동체 소유 토지가 양도 가능해졌다. 1894년 제정된 법은 사실상 점유자가 있다고 할지라도 법적 권리가 없는 땅은 미경지(terreno baldío)로 간주해서 현금을 지불하면 법적인 소유자가 될 수 있도록 허용했다. 결국, 1881년부터 1889년 사이, 멕시코의 경작 가능한 국토의 14%는 29인의 회사 및 개인들에게 불하되었다. 1894년에는 국토의 20%가 50인의 회사 및 개인의 소유였다. 그리고 1910년에는 농경지 전체의 85% 가량이 인구 1% 미만의 소유였다.

물론 이러한 극단적 토지 소유의 비대칭 현상은 혁명 이후 농지개혁 등으로 인해 일부 개선되었다. 하지만 멕시코에서 식민시대 엔꼬미엔다로부터 시작된 토지소유 불균형은 분명한 사실이다. 문제는 이러한 토지분배 불균형은 농업이 국가경제성장의 장애요인으로 작용하는 역할을 했다는 점이다.

식민시대 중반부터 아시엔다 형태로 계속된 농업활동은 이후 플랜테이션의 형태를 띠게 된다. 이는 넓은 대토지를 지주들이 수출용 대규모 환금작물(cash crop) 재배에 사용하였다는 점이다. 모노컬쳐(monoculture)로 불리는 단일작물 재배 시스템은 결코 멕시코 농업 및 경제발전에 긍정적 영향을 미치지 못했다. 넓은 토지가 있음에도 불구하고 식민시대 이래 지주들은 커피, 바나나, 사탕수수와 같은 해외 시장에서 현물로 판매가 수월한 작물들만 재배하고 있다. 또한 대토지도 윤작제와 같은 경작방식의 사용으로 효율적으로 이용되지 못하고 있다. 부채농노 상태로부터 소작농 상태로 전환되어 있는 많은 다수의 가난한 농촌인구는 낮은 소득수준으로 인해 도시로 이주를 꾀한다. 또한 농촌인구의 낮은 구매력은 국가 제조업 발전에도 부정적으로 작용하고 있다. 궁극적으로 멕시코는 그 드넓은 토지 보유에도 불구하고 여러 종류의 먹거리를 수입해야 하는 상황에 치해 있으며, 이는 경상수지 적자와 외환 유출로도 귀결된다.

스페인의 식민지 정복이 남긴 경제적 유산은 여러 측면에서 정리될 수 있다. 그중 대표적인 것이 앞에서 살펴본, 광산경제가 발전하면서 타 산업 발전을 저해한 화란병(Dutch Disease), 수출용 작물만 생산해 농업과 경제전반의 발전을 저해하는 모노컬쳐 현상과 빈부격차의 구조적 정착을 가져온 토지소유의 불균형 등이 그것이다.

21 자원과 경제발전의 문제

자원부국 멕시코는 왜 충분히 부강한 나라가 되지 못했나?

멕시코 경제를 바라보는 시선중의 하나는 왜 자원부국인 국가의 경제가 충분히 그 잠재력을 활용하지 못했는지 여부이다. 석유, 금, 은 등의 많은 천연자원을 보유하고서도 국가경제는 아직 개도국의 수준에 머물고 있기 때문에 이와 같은 문제제기는 타당할 수 있다. 자원빈국인 한국은 한국전쟁의 폐허로부터 빠른 성장세를 보이며 경제기적을 이루었는데, 멕시코는 자원부국이면서도 현재는 오히려 한국보다 경제발전이 뒤떨어진 상태이다. 이에 대한 대답은 단순하지 않을 것이다. 많은 요인이 개입되고 다양한 설명이 가능하기 때문이다.

그러나 눈을 조금만 크게 뜨면 이는 자원부국과 빈국 간에 나타나는 보편적 현상임을 알 수 있다. 자원부국인 아프리카와 라틴아메리카 그리고 일부 아시아 국가들은 20세기 들어 큰 경제적 발전을 이룩하지 못하였다. 반면에 자원이 빈약한 아시아 국가들과 유럽의 경제 성장률 및 1인당 소득수준은 현재 자원부국을 크게 앞서고 있다. 멕시코도 그 예외는 아니다.

멕시코 경제는 경제발전을 견인할 수 있는 많은 천연자원과 넓은 토지를 보유하고서도 1980년대 외채위기와 1994년 IMF 금융위기를 겪었다. 1968년 올림픽을 치를 정도로 중견규모의 경제를 보유하였지만, 현재 경제규모와 1인당 GDP는 한국의 절반에 미치지 못하고 있다. 이를 어떻게 설명할 수 있을까?

먼저 자원부문이 멕시코 경제에서 차지하는 위상과 자원보유 현황을 살펴보면 다음과 같다.

멕시코가 보유한 자원은 매우 다양하면서도 풍부하다. 먼저 세계 7위의 산유국이자 10위의 원유수출국이며, 세계 2위의 은 생산국이다.

그 외에도 창연, 천청석, 규회석, 비소, 카드뮴, 연, 중정석, 몰리브덴, 소금, 아연, 흑연 등의 풍부한 부존자원을 보유하고 있다.

〈표 3〉 멕시코의 원유 및 가스매장량 추이

	2003	2004	2005	2006	2007
원유(백만 배럴)	12,622	15,674	14,600	12,882	12,352
천연가스(조ft^3)	8.8	8.8	15.0	16.0	14.6

자료: US Energy Information Administration, Global Insight Estimates

위의 표에서 보여주는 바와 같이 원유는 120억 배럴 이상의 확인매장량이 있으며, 천연가스는 14조 입방피트 이상을 보유하고 있다. 이외에 주요 보존자원을 열거하면 은(37천 톤, 세계 2위), 아연(8백만 톤, 세계 6위), 흑연(3.1백만 톤, 세계 2위), 형석(32백만 톤, 세계 2위), 카드뮴(35천 톤, 세계 5위 등) 등이 있다.

이들 광물 자원 중 은, 창연, 형석은 세계 2위의 생산량을 기록 중이며, 천청석은 3위, 비소와 규회석은 4위, 흑연과 카드뮴은 5위를 기록한다.

멕시코의 광물 생산 중 가장 높은 비중을 차지하는 광물은 전체 생산

〈표 4〉 멕시코의 주요 광물자원 매장량

광 종	단위	멕시코 (A)	세계 (B)	A/B(%)	세계 순위
동	천톤	27,000	470,000	6	7
은	톤	37,000	270,000	13	2
형석	천톤	32,000	230,000	14	2
흑연	천톤	3,100	86,000	4	2
비스무트	톤	10,000	330,000	3	4
카드뮴	톤	35,000	600,000	6	5
아연	천톤	8,000	220,000	4	6
중정석	천톤	7,000	200,000	4	7
연	천톤	1,500	67,000	2	8

자료: USGS Mineral Commodity Summaries 2007. 1

량의 28%를 차지하는 구리이다. 뒤를 이어 은이 15%로 2위를 차지하였고, 아연 12%, 금 9%, 코크스 8%, 석탄과 몰리브덴 5%의 순위이다.

이와 같은 풍부한 에너지 자원은 20세기 전반에 멕시코 경제의 든든한 버팀목이자 발전의 동력이었다. 그럼에도 불구하고 이들 에너지 자원의 멕시코 경제에서의 비중은 점점 하락하고 있다. 이는 멕시코의 의도적 에너지 산업 의존도 줄이기 정책과 이를 통한 산업의 다원화의 결과라고 해석할 수 있겠다.

멕시코의 2007년 기준 국내총생산(GDP) 규모는 US$ 8,792억으로, 세계 14위의 경제규모이며 중남미 최대의 교역시장이다. GDP의 산업구조 구성을 살펴보면 2007년 12월 기준으로 농수산업 4.8%, 광업 1.1%, 제조업 18.1%, 건설업 3.9%, 전기 및 상수도 1.6%, 상업 및 숙박요식업 19.7%, 교통통신업 12.7%, 금융 및 서비스업 16.4%, 공공서비스업 16.8%로 구성된다. 이는 멕시코 경제에서 광업 및 1차 산업의 비중이 매우 작다는 것을 의미한다.

멕시코의 석유산업은 수출 및 국가재정에서 여전히 중요한 위치를 차지하고 있지만, GDP에서 광업이 차지하는 비중은 1995 ~ 2006년 비중이 1.3%, 공업에서 차지하는 비중은 5.2%에 불과했다. 이는 크게 볼 때 두 가지의 결과로 해석된다. 하나는 과거 멕시코 정부의 석유수출에 기반한 재정확대가 경제위기를 가져온 사례에 비추어, 1980년대 이후 정권들은 석유의존도를 낮추려고 의도적 정책을 폈다. 두 번째는 석유 및 광업부문에서 국가독점과 민간투자의 부족으로 경제의 다른 부문에 비해 성장세가 둔화되고 위축되었기 때문이다.

위의 결과를 볼 때 멕시코는 자원부국들이 겪는 '자원의 저주'로부터 탈출한 것인가?

이에 대한 대답은 물론 그렇지 않다는 것이다. 자원이 풍부한 국가들이 오히려 경제적 낙후와 빈부격차 확대의 악순환에 빠지는 것을 흔히 '자원의 저주(resource curse)'라고 한다. 자원 저주의 악순환은 자원빈국들이 경험한 '경제성장의 선순환(virtuous circle)'과 대비되는 것으로,

후자가 빈부격차 해소와 균등한 성장(growth with equity)을 이룩한 것에 비해 전자는 시간이 지날수록 경제적 낙후와 함께 부의 불균등 심화를 기록한다. 멕시코도 식민지배 이래 자원 저주의 동일한 경로를 밟아왔다. 자원의 저주는 자산과 소득의 불균등한 분배로부터 시작된다. 멕시코는 공교롭게도 자원부국의 두 가지 형태인 토지부국(아르헨티나)과 천연자원부국(베네수엘라)의 요소를 모두 갖추고 있다. 드넓은 토지와 석유자원 및 광물자원 모두 풍부한 경우이다. 멕시코의 문제는 이런 자원의 불균등 소유로부터 문제가 시작되었다. 식민지배와 함께 토지 및 금, 은의 귀금속은 극히 소수의 지배계층에 집중되었다.

자원 소유의 불평등은 정치권력을 점유한 지배계층과 결합되고, 분파적(factional) 성격의 지배층은 경제적 독점계층에 유리한 산업 및 무역 제도를 운영하게 된다. 이때 지배적 자원산업을 둘러싸고 자원부국 경제가 겪게 되는 현상을 화란병이라고 부른다. 멕시코의 경우는 식민 시기의 은광경제와 20세기의 석유산입이 이에 해당된다. 화란병이란 특정 자원 개발로 해당 산업이 호황을 이루게 되면 국민경제 내 생산요소가 해당 산업에 집중되고 요소가격이 상승하여, 타 산업이 침체에 빠지게 되는 현상이다. 이러한 특정산업 주도에 의한 경기상승은 임금상승, 소비증가에 따른 인플레이션, 환율이상, 산업간 불균형 성장 등으로 장기적으로 경제전반의 경제 활력 감소와 불황을 가져오게 된다.

자원부국이 겪는 또 다른 문제점은 자원산업이 호황일 때 자본집약적 산업이 발달하고, 내부지향적 성장모델을 추구한다는 것이다. 멕시코와 같은 노동집약적 국가는 노동력을 충분히 흡수할 수 있는 산업화 모델이 필요함에도 실제로는 자원산업의 특성 및 높은 이윤창출로 인해 자본집약적 산업이 발달했다. 이 과정에서 소수의 고학력자만이 높은 임금수준을 향유하게 된다. 자원 위주의 자본집약적 산업구조에서는 중하위 학력수준의 다수의 국민들은 일자리 얻기가 어렵고 따라서 굳이 학교에 다니며 공부할 필요성을 느끼지 못하게 된다. 국민들이 공부를 싫어해서가 아니라, 중고등학교를 마치더라도 제조업 분야에서

적정 임금수준의 일자리를 얻기가 어렵기 때문에, 공부하는 시간에 다른 경제활동에 종사하는 것이 개인적으로 더 이익이기 때문이다. 이때 정부는 산타클로스 정부의 성격을 띠게 된다. 자원의 소수집중에 따른 다수 국민의 불만을 무마하기 위해 자원의 이익 중 일부를 국민복지를 위해 사용하는 복지국가(welfare state)의 면모를 보인다. 이 과정에서 공교육의 무상교육을 실현하지만 교육의 품질에는 신경쓰지 않고 초중등 교육보다 오히려 대학교육이 더 강조되는 현상이 나타난다.

자원 부국에서 나타나는 자원의 존재 - 자원집약적 산업 발달- 화란병 - 교육투자 부족과 양질의 노동력 부재 - 빈부격차의 확대와 불균등성장 지속의 이 악순환(staple trap)이 멕시코 경제의 15 ~ 20세기의 특징이었다.

화란병의 덫에 걸린 자원부국에서 정부의 역할은 매우 중요하다. 멕시코 정부는 다른 자원부국의 경우와 마찬가지로 20세기 중후반의 내부지향적 성장모델을 통해 산업다변화를 추구했고, 자원산업에서는 국유화를 통해 지속적으로 국가이익 확대를 추구했다. 결과적으로 볼 때 내부지향적 모델은 국제경쟁력이 없는 산업 다변화를 만들어내 멕시코는 외환위기를 맞았고, 자원산업은 위축되고 있어 부분적 민영화와 자유화를 통한 생산증대를 모색하고 있다.

자원부국이 통상적으로 겪어온 자원저주의 길을 벗어나지 못하고 멕시코는 지난 5세기를 보냈다. 이제 자원산업의 새로운 활로를 통해 경제성장을 뒷받침하는 것이 멕시코 자원산업의 새로운 과제가 되고 있다. 멕시코의 풍부한 자원 부존량이 어떤 방식으로 새롭게 개발하고 경제성장을 견인할 것인지, 멕시코가 경제성장의 선순환에 진입할 수 있을 지 쉽지 않은 과제이다.

22 석유산업과 에너지 개혁

산유국 멕시코 석유를 수입한다?

멕시코 경제 최대 아이러니 가운데 하나는 세계 주요 산유국 중 하나이면서 동시에 많은 석유제품을 수입한다는 점이다. 요즘 국가 간 무역체제에서는 이해 안 되는 많은 현상들이 보인다. 한국처럼 원유 한 방울 안 나는 나라에서 반도체, 자동차와 같은 주요 수출상품의 위치를 석유제품이 차지하고 있다. 반면에 멕시코나 베네수엘라와 같은 세계적인 자원부국에서는 오히려 석유제품을 수입하고 있다. 이것은 무슨 연유에서 일까?

멕시코의 석유산업이 국가경제와 재정에서 차지하는 비중은 매우 중요하다. 전통적으로 멕시코의 석유산업은 멕시코 경제의 근간이었고, 국가재정을 책임져왔다. 비록 자원산업이 경제 전체에서 차지하는 비중은 1980년대 이래 지속적으로 하락하여 10%를 하회하지만, 국가재정에서는 여전히 40% 정도의 비중을 보이고 있다. 국영석유공사(PEMEX)에서 거둬들이는 세입은 공공교육, 복지, 각종 사회정책에 충당되며 정부재정을 뒷받침하고 있다.

현재 멕시코 사회에서는 이렇듯 중요한 역할을 하는 석유산업을 개혁해야한다는 목소리가 많은 힘을 얻고 있다. 정부와 여당은 에너지 개혁 법안을 의회에 여러 차례 제출했고, 이는 의회뿐 아니라 언론과 시민단체 등의 뜨거운 논쟁거리가 되고 있다. 논쟁의 핵심을 단순화시켜 표현하면 석유산업의 민영화를 허용할 것인가의 여부로 축약될 수 있다. 개혁에 찬성하는 사람들은 현재 PEMEX사 및 에너지 산업이 직면한 한계로 인해 개혁을 지연시킬 경우 멕시코는 향후 석유를 비롯한 에너지 수입국으로 전락할 것이라고 주장한다. 반면 개혁에 반대하는 사람들은 1917년 멕시코 혁명 헌법 27조와 28조가 규정한 바와 같이 에너지 자원은 멕시코 국민 모두의 것이고, 이로부터 산출되는 부는 국민을 위해 사용되어져야 하기 때문에 에너지 자원 소유와 유통을 민영화하는 것은 멕시코 혁명정신을 훼손하는 것이며 국부를 유출하는 것이라고 주장하고 있다.

결국 멕시코에서 에너지 개혁은 석유나 천연가스의 자원문제가 아니라 멕시코 국민들의 국가관 및 역사 인식과 직결된 문제이다. 멕시코의 딜레마는 여기에서 시작된다. 지속적 경제발전을 위해서는 석유에 대한 새로운 접근이 필요하고 이것이 의미하는 바는 멕시코 국민의 '이데올로기'를 재구성하는 것이기 때문이다. 현실적으로 이것은 굉장히 지난(至難)한 과정이었다. 에너지개혁에 관한 사회적 공감대 형성과 새로운 제도의 틀 구축하기 위해 멕시코는 지난 10년 이상을 허비하였고, 결국 관련 법안이 2008년 10월 28일에 통과되었다. 그러나 10월 28일 통과된 법안의 내용과 효과를 둘러싸고 멕시코는 여전히 논쟁 중이다. 이는 에너지 부문 개혁이 현실과 이상의 괴리에서 계속 충돌하고 있기 때문이다. 본 섹션에서는 멕시코 석유산업 전반의 현황과 문제점 그리고 에너지 개혁에 대해 살펴본다.

멕시코에서 석유가 국영화되고 PEMEX사가 탄생되어 에너지 산업 전반을 관장하게 된 것은 라사로 까르데나스 대통령 시절이다. 이전은 민간 주도시기인데 멕시코의 석유산업의 시작은 1869년 미국인 아돌프 오터가 파베로에서 최초로 유전을 발견하여 소규모 생산을 시작한 때로 거슬러 올라간다. 이후 1921년에는 하루 53만 배럴, 연간 약 1억9천3백3십만 배럴의 원유를 생산하여, 전 세계 생산량의 1/4을 차지하였으며, 멕시코는 미국 다음의 세계 2위 산유국이 되기도 하였다.

이처럼 빠른 속도로 성장한 멕시코의 석유산업은 1917년 헌법제정을 계기로 새로운 전기를 맞이하게 된다. 멕시코 혁명의 결과 제정된 1917년 헌법은 현재까지도 멕시코 에너지 산업의 기본 틀을 규정하고 있다. 멕시코의 석유와 가스정책에 가장 큰 영향을 미치는 규정은 헌법 제27조이다. 제27조는 "(태생에 의해서건 혹은 귀화에 의해서건) 오직 멕시코인과 멕시코 회사만이 토지, 수자원, 그리고 그 부속물에 대한 소유권을 획득할 권리를 갖고 광산과 수자원이나 광산을 개발할 양해각서를 획득할 수 있다"고 규정하고 있다. 이것은 지하자원이 멕시코 정부와 국민에 속한다는 것을 확인한 것이며 필요(공익)에 따라서는 정부가 자원산업을 국영화(수용)할 수 있는 권리를 갖는다는 의미이다.

멕시코 석유산업의 이러한 일련의 변화는 국영화 이후 설립된 멕시코 국영석유회사(PEMEX)에 의해 주도되었다. 멕시코의 석유산업은 PEMEX사와 멕시코 에너지부에 의해 주관되고 있으며, PEMEX사는 거의 70여 년 동안 멕시코 경제를 이끌어오며, 멕시코 정부의 재정에 기여해왔다.

PEMEX사는 까르데나스 정부가 석유산업 국영화를 선언한 지 3개월 후인 1938년 7월 20일 설립되었다. PEMEX는 현재 세계 최대 석유회사 중 하나이며, 멕시코 경제에서 빼놓을 수 없는 중요기업으로서 멕시코 주권과 독립의 상징이기도 하다. PEMEX사는 멕시코 내에서 기본적으로 석유탐사 및 생산을 독점하고 있다. 1992년 PEMEX는 회사를 탐사 및 생산, 정제, 가스 및 기초석유화학, 석유화학의 4개 자회사로 분리하였다. 이는 분사를 통해 부문별 효율성 제고를 위한 것이었다.

현재 멕시코 석유산업의 문제는 크게 두 가지로 요약된다. 첫째는 상

〈표 5〉 PEMEX 사 구조

자회사	업 무
PEMEX-Exploración y Producción	원유 및 천연가스 시추 발굴, 운반, 보관 및 판매
PEMEX-Refinación	원유제품의 정제, 보관, 운반, 공급 및 판매
PEMEX-Gas y Petroquímica Básica	천연가스, 천연가스 액체 및 일차 석유제품 보관, 운반, 공급 및 판매
PEMEX-Petroquímica	일차 석유제품을 제외한 석유제품의 보관, 공급 및 판매, 정제과정 취급

자료: 멕시코 석유공사(PEMEX)

류부문에서 투자와 탐사 부족으로 매장량이 감소하여 멕시코가 향후 석유수입국으로 전락할 수 있다는 점이다. 두 번째는 하류부문에서 정제시설 부족으로 원유의 주요 수출국임에도 기초석유제품조차도 수입하고 있다는 것이다.

멕시코 석유산업은 2005년 이전까지 일일 석유생산량이 370만 배럴에 달하는 세계 6대 산유국이자, 1일 140만 배럴을 미국에 수출한 세계 10대 원유 수출국이었다. 그러나 매장량 감소와 더불어, 채굴광구의 발굴 미진으로 생산량도 감소했다. 2007년 들어 300만 배럴 이하로 감소한 일일 원유 생산량은 2008년에는 280만 배럴 이하로 떨어졌다. 이로써 세계 6위에서 7위 산유국으로 멕시코 석유 산업의 위상은 하락하였다. 멕시코는 3가지 품질의 원유를 생산하고 있다. 먼저 중질유인 API 22°의 Maya 원유가 있으며 현재 멕시코의 총 생산량 중 절반 이상을 차지하고 있다. 다음으로, 저유황 경질원유인 이스트무스(Isthmus) 원유는 API가 34°로 멕시코 총 생산물량의 1/3 수준에 조금 못 미치는 물량이 생산되고 있다. 세 번째는 초경질 원유인 올메까(Olmeca) 원유는 API가 39°로 멕시코 총 생산물량의 약 1/5 수준이 생산되고 있다.

멕시코의 석유매장량은 2006년 기준으로 약 156억 배럴 수준이다. 이는 2000년 235억 배럴에 비해 6년 간 33%가 감소한 것으로 현재 멕시코 석유산업의 현재를 보여준다. 현재까지 확인된 원유매장량은 2006년 연간 에너지 생산량을 기준으로 할 때 약 9.2년이면 고갈될 것으로 보인다. 미래의 잠재 매장량을 고려하더라도 멕시코의 석유자원은 약 28년 후면 모두 고갈될 것으로 전망된다. 석유매장지역(잠재 매장지역 포함)은 이전에는 주로 지상 또는 수심이 낮은 연안이었으나, 이 지역에 대한 유전 개발은 이미 한계에 도달하고 있다. 그러나 현재까지 확인된 바로는 심해(Aguas Profundas: 수심 500m 이상)에 잠재 매장량의 36%가 집중돼 있는 것으로 나타났다. 그러나 아직까지 멕시코의 기술로는 심해 석유 매장량 탐사 및 생산이 불가능한 상황이다.

정부는 그동안 PEMEX사가 평균 이상의 수익을 낸 해에는 세금을 통해 예상보다 더 많은 세금을 걷어왔으며, PEMEX 수익이 작은 해에는 PEMEX의 탐사와 생산 예산을 정부 적자에 보전해 왔다. 이러한 방식의 PEMEX 재원의 정부조달은 결국 PEMEX의 부채화로 귀결되었다. 2005년 PEMEX는 406억 달러의 장기 부채가 있으며, 근로자 연금으로 지불할 340억 달러의 부채가 있다. 이러한 부채는 PEMEX사의 해외 자본 조달에 걸림돌이 되며 또한 탐사, 생산 분야에 대한 투자 증대를 어렵게 하고 있다.

멕시코는 이를 개선하기 위해 PEMEX 감세정책을 추진하고 있다. PEMEX 감세안은 2007년 9월 상하원 만장일치로 멕시코 의회를 통과하였다. 현재 국가재정의 1/3 이상을 부담하고 있는 PEMEX는 동 세제개혁의 효과로 2008년 27억 달러, 향후 3년간 54억에 달하는 감세혜택을 받아 원유 탐사 및 개발, 생산 부문에 투자할 수 있게 되었다.

상류부문에서 투자여력 회복 및 탐사활동 강화와 더불어 하류부문에서는 정제시설 확충이 필수현안으로 대두되어있다. 정제시설 부족으로 원유를 수출하고 정제유를 수입하는 기형적 구조가 국부의 유출을 지속시키고 있기 때문이다. 현재 멕시코의 가솔린 수입은 점차 증가하고 있다. 멕시코 석유공사에 의하면 2007년에 1일 약 30만 배럴을 수입함으로써 전년도 대비 수입량이 30% 정도 증가했다.

원유수출은 감소하고 가솔린 수입은 증가하고 있는 기형적 구조 하에서 원유정제 시설을 확충하고 정제시설을 현대화하는 것이 매우 긴요한 상황이다. 현재는 멕시코의 연간 원유생산량의 약 6.3%만이 멕시코 국내에서 정제되고 있다.

이런 상황을 타개하기 위해 PEMEX사는 2006년부터 2016년까지 총 1,042억 3,600만 달러의 투자계획을 갖고 있다. 탐사 및 생산 분야에

〈표 6〉 멕시코의 가솔린 수입량 (단위: 천배럴/1일)

	2004	2005	2006	2007
수입량	72.2	161.0	226.1	293.8

자료: 멕시코석유공사(PEMEX)

876억 5,600만 달러, 정제 137억 3,000만 달러, 석유화학 11억 1,500만 달러, 가스 및 기초석유화학 분야에 17억 3,500만 달러이다.

현 정부는 위의 두 가지 문제점을 해결하기 위해 에너지 개혁안에서 PEMEX의 재정부담 감소와 투자 확대를 추진하고 있다. 이를 통해 석유 매장량 확충과 하류부문 발전을 통한 부가가치 창출을 유도하는 것이다.

결국 멕시코 정부가 해결하고자 하는 문제는 1) 국가의 석유자원 에너지 지나친 의존도 2) 석유소득의 정부재정 충당으로 인한 PEMEX 부채화 증가 3) PEMEX의 탐사 및 채굴 예산 감소 및 프로젝트 감소로 인한 원유 매장량과 생산량의 감소 4) 멕시코의 석유 순수입국으로 전락 위험 증가 5) 하류부문 투자 부족으로 정제유 수입 증가 6) PEMEX 기술 현대화를 위한 전략 부재 7) 인력 과잉과 노동부채 증가 등이다.

그럼에도 불구하고 멕시코 사회가 안고 있는 태생적 한계인 '멕시코 혁명의 성과'라는 석유산업 국가독점을 둘러싼 논쟁은 결국 에너지 개혁을 본래의 구상과는 다른 미완의 개혁으로 종결지었다. 석유의 상징성과 국민정서로 인해 어떤 형태로든 민자의 유치는 반대되었고, 결국 가장 시급한 부문인 상류부문에서 탐사와 채굴에 인센티브 계약 형태로 외국기업의 용역을 도입하는 방식으로 결론지어졌다. 그리고 운송, 저장, 상업화 등의 기타 부문에는 민자참여가 불허되었다. 또 다른 절박한 개혁 대상인 정유시설 건설을 위해서는 민자참여 허용 대신 PEMEX의 재정자율화와 투명성 제고를 통해 확보한 재원으로 정유시설 건설을 발주하는 것으로 해결 방안을 모색했다.

이와 같은 방식의 문제해결은 보는 입장에 따라 '불완전한 미봉책'이자 '매우 부족한 개혁조치'로 평가될 수도 있고, 다른 입장에서는 멕시코의 국내 정치사회적 현실에서는 최선의 대안으로 평가될 수도 있다. 향후 멕시코 석유산업의 미래는 PEMEX사가 어느 정도의 재정 건전화를 달성하고, 얼마나 많은 신규 프로젝트를 발주하며, 실제로 기술력을 갖춘 해외 메이저 기업들이 프로젝트에 참여해 줄 지 여부에 달려 있다고 평가된다.

23

농업과 빈부격차

땅부자 멕시코 왜 옥수수를 수입하는가?

멕시코는 총 국토면적이 약 197만 2,550km^{2}로 한반도의 9배, 한국의 20배에 달하는 대국이다. 총 인구가 1억800만 명에 달해 인구밀도는 km^{2}당 55명으로 495명인 한국의 9분의 1 정도에 그쳐, 넓은 국토와 경작지를 보유한 국가라고 할 수 있다. 넓은 국토면적과 많은 인구를 보유한 멕시코는 중남미에서 가장 산업화가 진척된 국가이지만, 농업은 여전히 멕시코에서 중요한 산업이다. 첫째는 전체 인구의 25%가 농업에 종사하는 높은 농업종사 인구 비중 때문에 그러하며, 둘째는 전체 국토면적의 57% 가량이 농경지로 사용되는 중요성 때문에도 그렇다.

이렇듯 여전히 농업이 중요한 비중을 차지하고 있음에도 불구하고 멕시코는 주식인 옥수수를 비롯해 수수, 밀, 보리, 대두 등의 곡물 그리고 소고기, 돼지고기, 닭고기 등의 축산물을 수입하는 국가이다. 얼핏 보면 이해하기 힘든 면이 있다. 한반도의 9배 정도를 농경지로 사용하고 인구는 두 배밖에 안되는데 주식인 옥수수를 비롯해 많은 곡물을 수입한다는 것은 이해하기 어려운 사실이다.

이와 같은 멕시코 농업의 아이러니는 어디에서 비롯되는 것일까? 멕시코 농업의 현황분석 및 대표적인 농작물이며 주식인 옥수수의 사례를 통해 조금은 이해를 도울 수 있을 것이다. 먼저 멕시코에서 농업부문의 일반 개황을 살펴보면 농촌인구는 2003년 2천540만 명으로 전체 인구의 25%를 차지했으며 농경지는 1억7백만 ha를 넘어 전체 국토의 54.8%에 이르고 있다. 농업분야가 멕시코 전체 GDP에서 차지하는 비중은 약 7% 정도를 기록하고 있다.

멕시코 농업의 현황은 크게 곡물, 축산업, 과일과 채소류의 세 분야로 나누어 살펴볼 수 있다. 곡물 중 현재 가장 많이 생산되는 작물이

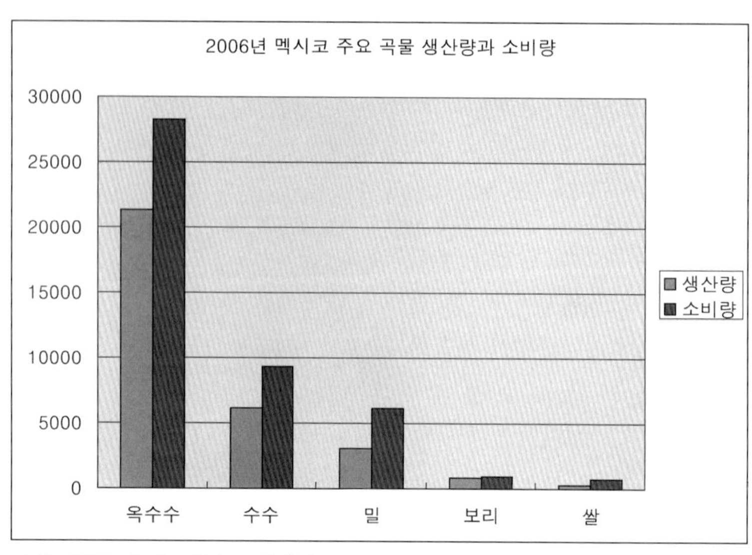

단위: 천톤, 출처: 멕시코 통계청(INEGI)

옥수수로서 2006년에는 2,130만 톤이 생산되었다. 그 뒤를 이어 수수 615만 톤, 밀 310만 톤, 보리 90만 톤, 쌀 27만 톤 등이 생산되었다. 그러나 현재 멕시코의 주요 곡물 소비량은 생산량을 상회하고 있다.

최근에 주요 곡물의 자급자족이 안 되고 수입에 의존하는 직접적 원인은 1990년대 중반 이후 소비량 증가가 생산량 증가를 앞지르고 있기 때문이다.

축산물의 경우 소고기 생산량이 1980년 이후 꾸준히 증가하여 1980년 121만 톤이던 생산량이 2006년에는 약 217만 톤으로 증가하였다. 이는 연평균 증가율 1%를 의미하는 것이며, 돼지고기와 닭고기 또한 꾸준한 생산량 증가를 보이고 있다. 그러나 소비량은 1990년대와 2000년대에 소고기 1.2%, 돼지고기 1.0%, 닭고기 3.4%로 높은 추세라서 공급 불균형에 따른 수입증가가 불가피하게 계속되고 있다.

그러나 농업의 또 다른 분야인 과일과 채소류를 보면 상황은 달라진다. 멕시코는 곡물과 축산물은 수입에 의존하지만 과일과 채소류는 수출이 증가세를 보이고 있다. 현재 멕시코에서는 채소류 중 토마토의 생산량이 가장 많다. 약 연간 230만 톤을 생산 중이며 뒤를 이어 고추 190만 톤, 양파 130만 톤 정도를 생산하고 있다. 과일류 중에서는 바나나가 220만 톤으로 가장 많이 생산되고 수박 100만 톤, 감귤류 70만 톤 정도가 생산된다.

전체적으로 봤을 때 멕시코의 농산물은 대부분 미국시장으로 수출된다. 그리고 교역구조는 신선채소, 과일류는 미국에 수출하고 곡물과 축산물을 수입하는 것이다. 주요 수출 농산물은 바나나, 감귤류의 과일 외에 아보카도, 딸기, 오이, 양파, 고추류, 호박, 토마토 등이며, 수입되는 농산물은 옥수수, 수수, 쌀, 대두, 밀 등과 소고기, 돼지고기 등의 축산물이다.

멕시코의 농업 경쟁력은 전통적으로 미국에 뒤져왔다. 북미자유무역협정 출범을 계기로 멕시코 농산물 시장이 개방되었고, 멕시코의 곡물과 축산물 수입 증가를 NAFTA와 연계시키는 분석도 존재한다. 2005년에 멕시코는 83억 달러의 농산물을 미국에 수출하고 94억 달러의 농산물을 수입하여 약 10억 달러의 무역수지 적자를 기록하였다. 이는 아보카도와 토마토 등의 신선채소류 수출 증가보다 곡물과 축산물 수입이 증가하였기 때문으로 분석된다.

실제 멕시코 정부는 NAFTA 체결 시 농산물 시장 민감분야 보호를 위해 최선의 방책을 마련하였다. NAFTA를 계기로 수입허가제의 비관세 장벽은 관세화되거나 관세할당제도(TRQ)로 전환되었지만, 멕시코는 민감 품목에 대해 관세 철폐 기한을 최대로 늦췄다. 특히 곡물인 옥수수, 콩, 우유, 설탕의 4개 품목에서는 NAFTA 출범 후 15년이 지난 2008년에야 관세가 철폐된다.

NAFTA가 멕시코의 농산물 시장 개방을 진전시킨 것은 맞지만 멕시코의 농업 정책이 개방, 자율화, 민간 중심의 경쟁력 강화로 이전된 것은 1980년대 말 부터이다. 멕시코 정부는 경제 자유화와 함께 농업부문에서도 구조조정을 시작한 것이다. 멕시코의 농업지원 프로그램은 1999년까지 멕시코 생계지원청(CONASUPO)을 통해 실시되었다. CONASUPO의 주요 기능은 옥수수와 콩 등의 주요작물에서 생산자들에게 최저가격을 보장하여 구매해 주고, 소비자들에게는 또르띠야(tortilla) 소매 판매가격에 보조금을 주어 낮은 가격을 유지시켜 주는 것이었다. 주요 작물에서 생산자와 소비자의 보호를 통해 멕시코 농업활동을 보전하는 것이 CONASUPO의 역할이었다.

그러나 이러한 CONASUPO의 역할은 1990년대 들어 축소되고 1999년 폐지된다. CONASUPO를 대체했던 프로그램이 상업화지원 프로그램(ASERCA)이었다. 이 프로그램은 CONASUPO와 달리 일부 농산물에 대해서만 지원을 실시했다. 몇 개 품목에서 국가가 책정한 정책가격과 해당 상품의 국제시세와의 가격 차이를 보전해주는 지원이었다. 2003년에는 지원 대상이 일부 지역에서 전국적으로 확대되었지만 전반적으로 볼 때 CONASUPO와 비교할 때 국가부담을 줄고 생산자 지원은 줄어들었다. 이것의 궁극적 목적은 결국 대외개방체제 하에서 농업 생산자들의 자구노력 배가와 효율성 및 경쟁력 향상을 도모하기 위한 것이었다.

멕시코 정부는 이외에도 PROCAMPO 프로그램을 통해 농가 직접지원을 실시하였다. 1993년 10월에 도입된 이 프로그램은 NAFTA 출범에 대비하여 농가에 직접 지원금을 주는 제도였다. 1993년 이전 3년 동안 9개 대상 작물을 재배한 농가에 대해 5년의 기간 동안 농지 면적에 따라 지원금을 지불했다. 15년 기간이란 NAFTA 관세철폐 기간과 동일하게 설정된 것으로 2008년 이 프로그램은 종료된다. 이 기간 동안 멕시코 정부는 1ha 당 935 ~ 1,120 뻬소 정도의 금액을 농가에 지급하고 있다.

결국 멕시코 정부는 농산물 시장 개방 및 자유화를 진척시키며, 정부 지원을 단계적으로 축소하는 방향으로 농업정책을 이끌어왔다. 그 과정에서 채소와 야채류 등의 분야에서 대규모 기업적 상업농이 발전하며 경쟁력이 향상되는 효과가 있었다. 하지만 멕시코의 농업 경쟁력은 전반적으로 크게 향상되지 않았고, 옥수수와 같은 일부 핵심 품목에서 수입 증가와 가격하락은 많은 논란을 불러일으키고 있다.

마야 문명의 신화에서 옥수수로 사람을 만들었다는 내용이 나오듯이 멕시코에서 옥수수는 인간과 매우 특별한 관계를 맺어온 작물이다. 현대 생활에서도 옥수수와 흰옥수수로 만든 또르띠야는 한국의 쌀 그리고 밥과 같은 역할을 한다. 현재 멕시코 농촌의 총 경작지 중 60%에서 옥수수가 재배되고 있으며, 멕시코 전 인구의 8%, 농업인구의 40% 정도가 옥수수 경작에 참여하고 있다. 그리고 옥수수는 멕시코 농업 총생산액의 3분의 2 정도를 차지할 정도로 비중이 높다. 그리고 멕시코 국민들은 옥수수를 통해 하루 칼로리의 3분의 1 정도를 공급받는다.

그런데 이 옥수수 가격은 2000년대 들어 하락하고 있고, 옥수수 분말로 만드는 또르띠야 가격은 오히려 큰 폭 상승해서 서민들의 생활고(生活苦)를 가중시키고 있다. 먼저 가격이 하락하고 있는 이유로는 멕시코에서 옥수수 생산량이 계속 증가하고 있고, 수입량도 늘어가고 있는 것에 기인한다. 현재 옥수수는 미국에서 대부분 수입되는데, 사료용으로 쓰이는 노란 옥수수 수입이 대부분이다. 멕시코의 식용 옥수수는 흰옥수수이고 멕시코는 세계 최대 흰옥수수 생산 국가이다. 그런데 이 옥수수 재배는 기존에 생계형 소농들에 의해 관개시설이 부족하고 토질이 좋지 않은 토지에서 많이 생산되었다. 이들 생계형 가난한 농민들은 토지의 질, 영농 기술, 신용도, 저장시설 등의 면에서 열악한 환경에서 옥수수를 재배하여 왔다. 멕시코 옥수수 생산농민들 중 45%가 5ha 미만의 토지를 가진 생계형 소농들이고, 이들은 생산의 40% 정도를 자체 소비하고 있다.

이런 독특한 옥수수 재배 환경과 문화가 멕시코 농촌의 일차적 특징인 것이다. 이런 소농들은 기존에 멕시코 정부가 제공한 CONASUPO와 PROCAMPO의 혜택 하에 생계를 유지해 왔다. 이제 정부의 지원이 종료되지만, 이들은 여전히 옥수수 재배가 안정적 소득을 제공할 것이라는 인식을 유지하고 있다. 그리고 기술과 신용이 부족한 이들에게 고수익의 다른 대체상업작물로 전환은 기대하기 어려운 것도 사실이다.

이런 옥수수 재배농의 대부분은 오아하까나 치아빠스의 남부지역에 집중되어 있었다. 이들 남부지역은 토지의 질이 나쁘고 관개시설이 안 되어 기후에 의존해 옥수수를 재배하는 곳이다. 그러나 멕시코에서 수출영농을 하는 지역은 관개수로를 갖춘 북부 지역 농가들이다. 현재 멕시코에서 관개면적은 2003년 630만 ha로서 전체 농경지 중 6% 정도의 비율밖에 안되며 그나마 북서부 태평양연안지역에 집중되어 있어 지역별 편차가 매우 심한 상태이다. 산업화가 진척된 북부 주들은 영농도 관개면적에서 기업적 상업농이 발달하고 있으며, 남부는 여전히 생계형 옥수수 경작이 유지되고 있다. 결국 멕시코에서 옥수수의 문제는 경제와 문화가 결합된 복잡한 사안이며, 멕시코의 지역적 불평등도 멕시코 영농 문제와 긴밀한 관계를 맺고 있다.

다른 한편으로 모든 국민들의 주식인 또르띠야는 kg당 1뻬소로 유지되던 것이 정부 지원 폐지로 현재 5뻬소를 상회하고 있다. 이는 또르띠야 시장을 지배하고 있는 두 개 기업의 독과점 구조로 인해 옥수수 가격을 내렸지만 또르띠야 가격은 다섯 배나 인상되는 기현상이 벌어지고 있다.

개방화된 경제체제에서 농업만 언제까지 정부 지원 하에 보호될 수 없다는 것은 세계화 시대의 분명한 사실이다. 하지만 멕시코 농업은 전통적으로 토지 분배의 불균형, 지역간 불균형, 계층간 불균형이 결합되어 엄청난 규모의 토지 부국임에도 먹거리를 수입해야 하는 현상이 계속되고 있다. 농업 부문의 무역 자유화와 함께 농업 경쟁력이 자연스럽게 효율성 증진과 함께 향상되었으면 하는 바람을 갖지만, 현재 멕시코 농업은 여러 가지 구조적 문제점들로 인해 전체적 경쟁력 향상이 쉽지 않은 양상이다. 시장 주체 모두의 균형 잡힌 시각과 접근이 필요하다.

24 경제발전 및 산업화 모델

멕시코의 산업화는 어떻게 전개되었나?

식민시대의 멕시코는 은광경제 및 환금작물(cash crop)을 재배하는 대농장시스템의 농업이 주된 경제활동이었다. 이후 독립을 맞이한 멕시코는 19세기 중반까지는 독립전쟁 및 미국-멕시코전쟁의 여파로 정치경제 전반이 혼란스러운 상태였다. 19세기 후반에는 중남미 국가들 전체가 새로이 형성된 국제노동분업 체제 하에서 1차상품 수출을 증가시키며 상대적인 경제적 호황을 누렸던 시기로 평가된다. 19세기 후반의 경제성장과 관련해서는, 중남미에 새로운 대규모 국제분쟁이 없었고, 산업혁명을 이룩한 서구 국가들의 1차 상품 수요가 크게 증가함에 따라 광물, 열대농산물, 온대 농산물 모두 수요가 크게 증가함에 기인했다.

이 시기 멕시코의 정치경제적 상황은 상당히 미묘했다. 최초의 원주민 대통령 베니또 후아레스가 근대국가의 틀을 다졌지만, 경제적 안정은 불안정했다. 이후 들어선 뽀르피리오 디아스 대통령의 자유주의적이며 서구중심적 경제정책은 외국자본 유치에는 성공했지만, 산업화를 이룩하지는 못했고, 사회적 갈등의 골도 깊어졌다. 정치적 권위주의와 탄압으로 독재자로 평가받는 디아스 대통령은 주요 산업부문의 대외개방과 외국인투자 유치로 자유주의 경제정책을 펼쳤다. 석유, 전력, 통신 등 주요 기간산업이 대외 개방되어 외국인 투자자가 운영하게 되자, 많은 비판이 뒤따랐다. 또한 원주민 공유지 에히도의 해체를 촉진하고 사적소유를 부추기는 일련의 정책들은 인종, 계층, 계급 간 갈등을 가져온 결과를 낳았다.

19세기의 전반적인 자유주의 경제정책들은 일시적으로 증가하는 국제수요 덕분에 멕시코 광산물과 농산물의 수출증가와 이에 따른 성장세를 가져오기도 했다. 그러나 이는 20세기 들어 국제교역조건의 악화와 더불어 경기침체로 이어졌다. 멕시코를 비롯한 중남미국가들 전체에 큰 영향을 미친 유엔 라틴아메리카 카리브 경제위원회(ECLAC)가 지적한대로 1차상품 수출 증가에 기반한 경제성장은 지속불가능한 것이었다. 라울 프레비쉬(Raul Prebisch)의 교역조건 악화론이 설명하는 것처럼 멕시코가 수출하는 금 은, 석유, 커피, 바나나 등의 상품은 산업혁명에 성공한 선진국들이 산업화에 전념한 19세기 동안은 국제교역량이 꾸준히 증가하였다. 이들 상품의 국제시장에서의 교역가격은 공산품과 등가를 유지하였지만, 두 상품군 간의 가격은 20세기 들어 역전되기 시작했다. 기술과 고급노동력에 기반한 공산품 가격은 수요 증가와 함께 지속적으로 상승하였고, 반면 대체제가 개발된 1차상품 가격은 하락하기 시작했다. 이러한 교역조건 악화 과정에서 멕시코는 새로운 방안을 모색해야 했다.

유엔 라틴아메리카 카리브 경제위원회(ECLAC)는 수입대체산업화(Import Substitution Industrialization)라는 내부지향적 성장모델을 제시했다. 양차 세계대전과 세계 대공황을 보낸 이후 멕시코 경제는 기존의 1차 상품 수출에 기반한 경제로는 선진국들과의 관계에서 종속적 지위를 벗어날 수 없다는 판단을 내리게 된다. 이로써 1940년대부터 본격적으로 멕시코 경제의 산업화가 시작되었다.

이후 멕시코 경제는 드라마틱한 변화의 과정을 겪게 된다. 1940~1970년까지 비교적 높은 성장률을 기록하며 성공적 산업화를 이룩한 것처럼 보였다. 그러나 1982년에 중남미 국가들 중 가장 먼저 디폴트를 선언하면서 외채위기와 '잃어버린 10년'을 보내게 된다. 1986년에 관세 및 무역에 관한 일반협정(GATT)에 가입하며 경제 개방과 자유화의 길을 선택한 멕시코는 또한 중남미 신자유주의의 선두주자 역할을 자임하였다. 곧이어 미국 및 캐나다와 북미자유무역협정(NAFTA)을 체결하며 이제는 세계적 경제통합 선구자 역할을 하게 된다. 이후 현재까지 멕시코는 중남미에서 신자유주의를 가장 충실하게 실천해오고 있는 국가라

부를 수 있을 것이다. 물론 석유 및 에너지 산업의 국영화 지속, 토지개혁 부족 등 멕시코 만의 특수한 경제적 제도들이 남아있는 것도 멕시코의 현실이다. 이상에서 살펴본 바와 같이 멕시코는 19세기의 자유주의, 20세기 중반의 보호무역주의, 20세기 후반의 신자유주의의 경제발전 모델을 밟아왔다. 어찌 보면 자유주의와 보호주의의 교체를 통한 발전모델의 순환의 과정처럼 보이는 길을 멕시코가 걸어온 것이다.

20세기 이후 경제모델이 자유주의와 보호주의의 양 극단을 횡단했지만 이 과정에서 멕시코 경제가 추구한 기본 목표는 산업화와 국민소득 증가 및 경제성장이었다. 서로 다른 경제모델이었지만, 각각의 모델들은 당시의 국제경제환경과 국내경제여건에 기반하여 산업화를 추구한 것으로 이해할 수 있을 것이다. 그러나 20세기 전반의 수입대체산업화는 결국 실패로 끝나며 멕시코를 외환위기로 몰고 갔다.

사실 20세기 전반동안 멕시코 경제의 규모와 경쟁력은 한국을 비롯한 아시아 경제와 비교가 안 될 정도로 우월했다. 한국이 한국전쟁의 폐허 위에서 경제 재건의 기초를 다지고 있을 때 멕시코는 세계 중견국가로서 발돋움하며 경제력의 기반 위에서 1968년 올림픽과 1970년과 1986년 월드컵을 개최한 바 있다. 당시의 멕시코 경제의 성장세를 혹자는 '멕시코 경제의 기적'으로 부르기도 하였다. 하지만 당시 경제 내부에 잠재해 있던 많은 모순적 요인들을 감안하면 경제 기적이라기보다 우호적 대외여건에 기반한 성장세였다고 보는 편이 타당할 것이다.

1940 ~ 1970년 기간 동안 멕시코 경제의 성장은 매우 높은 수준이었다. 1940 ~ 50년에는 6.7%, 1950 ~ 60년에는 5.8%, 그리고 1960 ~ 70년 기간 동안은 7.2%의 높은 성장률을 보였다. 멕시코는 이 기간 동안 높은 관세장벽과 수입허가제 등의 비관세 장벽을 통한 보호무역체제로 국내기업을 보호하고 핵심 산업에서 정부 직접투자를 통해 산업발전을 도모했다. 식량, 자본재, 중간재의 필수 상품은 수입에서 특혜 관세 및 우대환율이 적용된 반면 최종 소비재 수입은 어렵게 만드는 다중환율제를 사용하였다. 높은 투자액으로 민간산업이 시작하기 어려운 철강,

시멘트, 공공재, 비행기 등의 중공업에서 정부가 사업을 주도하였다. 또한 자동차, 의약, 곡물가공 등의 분야에서는 외국기업들과 합작을 통해 새 공장들이 건설되었다. 이 시기의 멕시코에서 수입대체산업화는 경제전반의 전략으로서 정부의 적극적 역할에 기대어 새로운 산업을 설립하는 것이었다.

그러나 1970년대부터 멕시코의 경제성장률을 크게 하락하기 시작했다. 이 시기의 수입대체산업화는 시작단계에서는 논리적 타당성이 존재했지만, 장기간 시행되는 과정에서 시장의 힘을 무시했고 다음의 한계점을 갖고 있었다. 시장 보호 과정에서 고정환율제를 사용함으로써 화폐 고평가와 수출증가세 둔화를 가져왔다. 두 번째로 산업성장을 위해 농업이 차별받는 결과를 가져옴으로써 도시 이민이 늘었지만, 정부의 저이자율 정책이 가져온 자본집약적 산업 발달은 충분한 일자리를 창출하지 못했다. 또한 차별받은 1차상품의 수출 증가세 둔화는, 달러 부족과 정부재정 부담으로 귀결되었다. 그리고 이 과정에서 멕시코 정부가 적자를 보전하기 위해 발행한 통화들은 인플레이션을 가져왔다.

이 시기의 멕시코 산업정책이 꼭 부정적인 결과만 가져온 것은 아니었다. 앞에서 예시한 바와 같이 중기까지는 내수산업 진작과 함께 선진국들보다 높은 산업 성장률을 기록했기 때문이다. 그러나 일부 독점기업을 양산하고 시장을 담보해주는 이런 보호무역주의 체제는 빈곤 계층이 성장에서 소외되어, 부의 분배가 동등하게 이루어지지 않은 것도 사실이다. 멕시코사회의 불평등은 이 기간에도 지속되었다.

수입대체산업화의 결과 외채위기와 인플레이션의 이중고로 잃어버린 10년을 보낸 멕시코는 1986년을 기점으로 개방화의 길을 걷게 된다. 이후 살리나스 정부(1988 ~ 1994), 세디요 정부(1994 ~ 2000), 폭스 정부(2000 ~ 2006) 그리고 현재의 깔데론 정부까지 지속적으로 신자유주의 정책을 실현해 오고 있다.

멕시코가 걷고 있는 신자유주의 경제정책의 핵심은 정부의 역할축소를 통한 규제완화, 민영화, 관세와 비관세 장벽 철회를 통한 시장개방 및 경쟁강화, 효율성 증진으로 축약될 수 있다. 멕시코 정부는 GATT 가입을 통해 관세장벽을 34%에서 4%로 무려 30%나 낮추는 대폭적인 개방을 실현하였다. 또한 관세분산(tariff dispersion)을 축소하여 보호무역 구조를 없앴다. 환율은 점진적으로 자유화를 추구하였으며 외국인투자 유치를 최우선 산업 정책으로 삼았다.

멕시코 산업화의 새로운 방향은 경제개방을 처음 실시한 데 라 마드리드 행정부 시절부터 시작되었다. 1982년에 취임하여 외채위기의 정점에서 정권을 유지한 데 라 마드리드 대통령은 1988년까지 재임하며 경제개방과 산업화를 위한 다양한 정책들을 수립하여 시행하려 하였다. 이 시기 가장 중요한 경제정책은 GATT 가입이었지만 산업정책도 수립되었다. 1985년에 산업무역진흥프로그램(National Program for Industrial Promotion and Foreign Trade, PRONAFICE)을 제정하여 자동차, 제약, 자본재 등의 세 가지 산업 육성프로그램을 시행하려 하였다. 이 프로그램이 추구한 것은 자본재에 대한 선별적인 수입대체를 통해 경제성장을 추구하려 한 것이지만 공공부문의 역할 강화라는 개방화에 역행하는 정책으로 인해 실제로는 시행되지 못한 프로그램이었다.

뒤를 이은 살리나스 행정부는 1989년에 산업현대화 대외무역 프로그램(National Program for Industrial Modernization and Foreign Trade 1990 ~ 1994)을 통해 GATT 규정에 맞는 산업정책 프로그램을 시행하려 하였다. 즉, 보조금이나 무역보호제도 없이, 행정절차 단순화와 감가상각비 조세환급 신속화를 통해 기업 투자를 활성화하는 것이었다. 살리나스 행정부 시기의 가장 큰 산업화 정책은 무엇보다 1994년 미국과의 자유무역협정을 통한 시장확보라고 할 수 있겠다.

이후의 세디요 정부는 1996년 5월 산업정책 대외무역프로그램(Program for Industrial Policy and Foreign Trade, PROPICE)을 통해 산업경쟁력 증대를 위한 8대 정책과 목표를 발표했다. 이 프로그램의 취지는 수입관세환급과 관세철폐를 통해 특정업종에서 진흥정책과 인센티브 제도를 제공한다는 것이었다. 섬유, 신발, 자동차, 전자, 응용기계, 철강, 석유화학, 캔가공식품이 진흥업종으로 선정되었다. 그리고 마낄라도라, ALTEX, PITEX 등의 관세 환급 프로그램들이 제정 또는 개정되었다

19세기부터 21세기까지 멕시코의 경제모델의 변화는 산업발전 및 경제성장의 추구를 위한 것이었다. 서로 다른 성격의 모델은 성공과 실패를 반복하며 시행되어 왔으며, 멕시코의 산업화는 여전히 진행 중이다. 멕시코의 신자유주의 모델이 지난 5세기 동안 추구해온 산업화와 지속가능한 성장모델이 될 수 있을지 주목되는 부분이다.

25 대미 수출용 생산기지 마낄라도라 산업

멕시코 전역을 거대한 조립공장으로 만들어라?

멕시코라는 나라를 처음 접하거나 방문하는 사람이 듣게 되는 생소한 단어 중 하나가 '마낄라도라(Maquiladora)'라는 어휘이다. 그런데 이상한 것은 이 단어가 사전에도 나오지 않는다는 점이다. 스페인어 사전을 펼쳐 봐도 뜻을 알 수 없는 낯선 단어가 이토록 많이 사용된다는 점에 대해 의아해 할 법하다.

마낄라도라는 현재 멕시코 전역에 위치한 보세가공업체들을 의미한다. 보세가공이라 함은 완성품 생산에 필요한 원·부자재를 수입하거나 현지 조달을 통해 구입 후 멕시코에서 조립생산하는 것을 의미한다. 1960년대에 시작된 마낄라도라 산업은 현재 멕시코 전체를 하나의 거대한 조립공장으로 변모시켰고 현재 멕시코는 마낄라도라 없이는 상상할 수 없는 존재가 되고 말았다.

이 마낄라도라란 단어의 어원은 다양하게 유추해 볼 수 있다. 마낄라도라 어휘는 원래 'maquilar'라는 스페인어 단어에서 유래했다는 설이 유력하다. 이 동사는 '바느질·뜨개질' 하다라는 뜻을 갖는다. 그렇다면 마낄라도라는 바느질하는 사람이나 물건 혹은 기계를 의미하게 된다. 이로부터 부품을 가져와 조립하는 제조업체를 지칭하게 되었다는 것이다.

한편으로 '마낄라'는 멕시코 농촌에서 통용되는 옥수수 가루의 양을 재는 단위이다. 멕시코 농촌의 방앗간에서 옥수수를 갈 때 옥수수 주인이 방앗간에 내는 삯으로서 옥수수 가루를 재는 단위를 의미하는 것이다. 이렇게 보면 마낄라도라는 방아를 찧어주고 삯을 받는 방앗간으로 이해될 수도 있다.

어디에서 유래했든 마낄라도라는 오늘날 보세가공업을 지칭하는 대명사처럼 쓰이고 있다. 현재 멕시코 전역에서 볼 수 있는 마낄라도라가 중요한 이유는 멕시코 경제를 떠받치는 중심축이라는 점 때문이다. 멕시코 수출의 40% 이상을 차지하고 멕시코 국민의 30%가 마낄라도라 기업에서 일하고 있다.

이러한 마낄라도라의 현재 위상이 구축되기까지 새로운 형태의 산업 형태로서 마낄라도라는 여러 발전 단계를 거쳐왔다. 마낄라도라가 멕시코에 처음 도입된 것은 1960년대 초로서 당시는 현재의 마낄라도라와는 전혀 다른 형태의 산업 프로그램이었다. 1960년대 들어 멕시코 정부는 국경지대를 개발할 새로운 정책을 도입할 필요성에 직면하게 된다. 미국과 멕시코의 국경지대는 당시만 해도 멕시코의 변방지대로서 넓게 분포된 사막지대의 지형적이고 기후적 특성 및 중부지역을 중심으로 발전된 멕시코의 문화역사적 이유로 발전이 안 된 곳이었다. 거주하는 인구수도 작았던 이 지역 개발을 위해 1961년 국경개발프로그램(Pronaf)을 도입하고 1965년에는 국경산업화프로그램(PIF)을 실시했다. 당시는 제2차 세계대전 직후 미국과 멕시코 사이에 체결되어 시행중이던 미 남부지역에 대한 멕시코인 취업협정, 미국-멕시코 협정이 종료된 시기였다. 미국에서 일하던 자국민 다수가 귀국하면서 국경지대에 머무르게 되자 이 지역의 치안과 실업문제가 크게 대두된 상황이었다.

이러한 상황에서 아시아의 보세가공지역을 벤치마킹하여 탄생한 것이 바로 마낄라도라 산업이다. 이 프로그램의 내용은 상당히 단순하다. 멕시코는 노동력을 제공할 테니 외국기업들이 공장을 짓고 상품을 조립하여 인접한 미국시장으로 수출하라는 것이다. 물론 이를 위해서는 외국에서 수입되는 원자재에 대해서 멕시코 정부가 면세혜택을 주게 된다. 멕시코에서 생산된 완성품이 미국 등 해외로 재수출된다는 조건하에서다. 그리고 마낄라도라 공장에서 생산되는 상품은 국내에 판매가 금지되었다.

미국시장을 겨냥하고 국경지대에 새로이 밀집한 노동력 흡수를 대상으로 하는 프로그램이다 보니 초기에 마낄라도라는 산업단지를 북부 국경지대 20km 이내로 한정하였다.

그렇지만 단순하게 자국의 노동력을 제공하는 이 프로그램은 1971년이 되면 해안지대로 1972년에는 전국으로 확대되었다. 그럼에도 실제로 마낄라도라 업체가 전국으로 확대된 것은 1980년대 이후의 일이다. 1970년대까지 마낄라도라는 멕시코 경제에 큰 기여를 하지 못한다. 당시만 해도 멕시코 전체 제조업 고용에서 차지하는 비중이 5%를 넘지 않았기 때문이다. 이는 멕시코가 1950년대 초반부터 이 시기까지 계속하여 고정환율제를 실시하여 뻬소화가 과대평가되어 있었고 세계의 여타 지역에 비해 멕시코 임금수준이 높았기 때문에 마낄라도라 프로그램 하에서 투자하고 생산하는 외국기업들 수가 많지 않았음을 의미한다.

그러다 마낄라도라는 외환위기 이후 크게 성장하게 된다. 멕시코는 1982년 중남미 국가들 중 최초로 외채에 대해 디폴트를 선언하게 되고 이후 저성장과 고인플레의 '잃어버린 10년'을 보내게 된다. 이 시기에 당연히 뻬소화 가치가 폭락하게 되면서 저임금에 매력을 느낀 외국기업들의 진출이 활발해진다. 공교롭게도 이때는 한국을 비롯한 아시아 국가들에서는 점차 임금이 상승하던 시기였다.

이후 1990년대 들어 마낄라도라 업체수는 큰 폭으로 증가하고 이 산업분야가 멕시코 경제에서 차지하는 비중은 더욱 증가하게 된다. 1990년대의 마낄라도라 산업은 기회와 위기를 동시에 접하게 된다. 기회는 넓어진 미국시장으로부터 왔다. 멕시코가 미국 및 캐나다와 북미자유무역협정을 맺자 북미시장을 겨냥한 외국인 투자는 물밀듯이 도래했다. 생산과 고용 및 수출이 크게 증가하고 멕시코는 개방경제의 특수를 맛보게 된다.

그럼에도 불구하고 마낄라도라는 또한 NAFTA로 인해 제도적 변천을 겪게 된다. NAFTA에서 미국과 캐나다는 NAFTA 발효 7년째부터 '재수출용 원부자재 면세 프로그램'의 폐지를 규정한다. 이는 실질적으로 마낄라도라 프로그램의 폐지이다. NAFTA 303조의 이 규정으로 인해 2001년 1월 1일부터 멕시코의 '마낄라도라 프로그램'은 공식적으로 종료되었다. 그럼에도 여전히 멕시코의 북부 국경지대에 위치한 많은 외국인 투자업체들은 '마낄라도라'라는 용어로 지칭된다.

그 이유는 이제는 마낄라도라가 '보세가공업' 형태의 생산을 하는 제조업체를 지칭하는 대명사가 되었기 때문이다. 그리고 또 다른 이유는 멕시코 정부가 마낄라도라 프로그램 하의 외국인업체 국외이주를 막고 추가 투자를 유도하기 위해 비슷한 프로그램을 제정했기 때문이다. 이는 '산업별육성프로그램(Programa de Promoción Sectorial)'으로 멕시코 정부가 지정하는 산업부문에서 이 프로그램에 등록하는 업체들을 대상으로 수입관세를 0 ~ 5%대로 아주 낮게 유지해주는 것이다. 기존의 마낄라도라가 재수출용 상품에 사용되는 원부자재로 면세가 한정되었던데 반해 PROSEC은 수출용이라는 조건을 없앰으로써 NAFTA 규제를 피하는 방식을 채택하였다. NAFTA 환경 속에서 외국인 투자 유치 확대와 기존 마낄라도라 성장을 위한 멕시코 정부의 고육지책(苦肉之策)이 엿보이는 대목이다.

그렇다면 마낄라도라가 멕시코 경제에 미친 파급효과는 무엇일까? 마낄라도라의 공과(功過)를 따져볼 차례이다. 당연히 마낄라도라가 100% 긍정적 경제효과만을 멕시코에 주었다고 할 수는 없을 것이다. 우선 긍정적인 측면을 살펴보자면 멕시코의 산업화 초기부터 기술과 자본이 빈약한 멕시코에 외국인 투자확대와 고용창출의 효과를 안겨주었다. 또한 마낄라도라의 급격한 수출증가추세는 멕시코 경제의 신드롬으로까지 자리잡았다.

마낄라도라는 초기에 북부 국경지대에 한정되었다가 내륙으로 확대되어 중부의 뿌에블라와 케레타로 그리고 남부 치아빠스까지 진출했다. 그 사이 초기 2만여 명에 불과하던 고용인원이 2004년에는 110만 명 선까지 확대되었다. 1990년대 이후 누적 외국인 투자액도 200억 달러에 달한다. 당연히 멕시코 경제에 미친 효과는 긍정적이었다.

이러한 확대추세에 발맞춰 마낄라도라의 수출은 날로 증가하였다. 1970년 8천3백만 달러였던 수출이 2004년에는 870억 달러로 멕시코 총 수출대비 46%를 차지한 것이다. 즉, 멕시코 수출품 두 개 중 하나가 마낄라도라 회사가 만든 제품이라고 보면 된다. 이러한 수출 증가는 개방 이후 멕시코의 성장동력으로 자리잡았고 1994년 떼낄라 위기 때처럼 멕시코 경제가 어려움에 처했을 때 극복할 디딤돌이 되어주었다.

이러한 긍정적 효과에도 불구하고 마낄라도라가 멕시코 경제에 남긴 그림자는 여전하다. 가장 두드러진 부분은 멕시코의 기초산업 성장 부진이다. 멕시코 전역을 '조립공장화'한 탓에 세계 14위권의 수출대국인 멕시코지만 국내 산업이 필요로 하는 원·부자재 부품의 많은 부분이 해외에서 수입된다. 고부가가치 기술이나 부품일수록 이러한 현상은 두드러진다. 원래 멕시코의 저임 노동력을 사용하기 위해 만들어진 프로그램이므로 필요한 자재는 모두 외국에서 가져다 조립만 하는 사업의 특성상 멕시코 현지에서 관련 사업을 발달시키지 않은 것이다.

초기에는 손쉽게 외국인투자를 유치하는 수단이 되었지만 이제는 이것이 부메랑이 되어 멕시코 경제가 한 단계 도약하는 데 결정적 걸림돌로 작용하고 있다. 소재와 부품산업이 발달되지 않은 경제는 만성적 무역수지 적자에 시달릴 수밖에 없다. 멕시코가 그 산 증인이다. 수출이 계속 증가할수록 수입은 같은 비중으로 늘어난다. 수입을 해야만 수출이 가능한 구조이기 때문이다. 결국 중남미에서 가장 산업화된 국가이자 세계 경제에서도 수출규모가 큰 멕시코지만 매년 100억 달러 정도의 무역수지 적자를 기록 중이다. 그리고 이 적자는 단기외국인 투자나 외채 혹은 정부 재정적자로 충당되고 이는 국내외 환경 악화 시 멕시코를 또다시 위기로 몰아넣고 있다.

최근 다행스러운 점이 있다면 멕시코에 소재와 부품산업이 발달할 여건이 형성되었다는 점이다. 하나는 시장개방과 발전모델의 변화 이후 이전의 주요 산업들이 이전의 독과점 구조에서 경쟁체제로 바뀌면서 제품의 품질이 눈에 띄게 좋아졌다. 그리고 이 과정에서 점차 멕시코 국내시장 및 중남미 다른 국가들을 겨냥해 멕시코 현지에서 기초산업부터 발달시키는 경향이 나타나고 있다. 둘째로 이런 경향을 가속화시키는 것이 NAFTA의 엄격한 원산지 규정으로서 미국시장에서 특혜를 받으려면 멕시코 국내에서 필요부품을 생산해야 하는 여건 때문이다.

이제 멕시코의 '산업' 하면 툭 하고 떠오르는 마낄라도라가 지속적으로 성장하고 멕시코 경제에 더욱 기여하는 방향으로 나아가야 할 길을 모색해야 할 때이다. 멕시코 정부가 계속 외치는 중소기업 육성이나 기업들의 높은 인프라비용 해소 및 과도한 간접 생산비용 부담 줄이기 등이 마낄라도라 업체들의 성장과 멕시코 경제 기여를 가능케 할 것이다. 물론 클러스터(Cluster) 형태의 연관산업 및 소재산업 발달을 위한 멕시코 정부의 의도적 산업육성정책도 동반되어야 할 것이다.

26 멕시코의 IMF 위기

멕시코는 IMF 관리체제를 어떻게 극복했나?

1994년 12월 멕시코 경제는 심각한 금융위기 사태에 직면했다. 뻬소화 가치는 곤두박질쳤으며, 외국인투자자금 유출과 외채상환 요구로 인해 멕시코는 지급불능사태에 직면해 있었다. 당시 미국을 주도로 한 국제사회의 도움으로 위기를 극복한 이 사태를 놓고 우리는 멕시코 '떼낄라 위기(Tequila crisis)'라고 부른다. 멕시코에서 가장 유명하고 대표적인 술 '떼낄라'의 이름을 따서 붙인 이 위기는 1997년 한국 IMF 위기에 앞서 발생하고 멕시코가 먼저 위기를 극복함으로써 한국에 많은 반면교사 역할을 하기도 했다.

멕시코는 1982년에 발생한 외채위기의 여파를 수년에 걸쳐 극복하면서 1980년대 후반부터 경제 개방과 자유화의 길을 걸어왔다. 살리나스 행정부 하에서 실시된 각종 시장친화적 개혁정책들, 민영화, 규제완화, 금융자유화, 국제기구 가입 등은 멕시코를 성공적 신자유주의 개혁국가의 시범국가로 평가받게 했다. 그럼에도 불구하고 1994년 12월에 발생한 급격한 거시경제 붕괴와 금융시장의 실패는 멕시코를 또 다시 1982년 위기상태로 몰아넣었다. 다행히 이번에는 국제금융기관들의 신속한 지원과 멕시코의 효과적 정책대응으로 위기가 오래 지속되지 않았다. 그럼에도 불구하고 멕시코의 IMF 위기는 개도국에서 시장지향적 경제체제의 구축과 금융 안정의 조화가 어렵다는 것을 다시 한 번 증명하는 예가 되었다.

금융위기가 발생한 1994년은 여러모로 멕시코에게 의미 있는 한 해였다. 멕시코가 OECD에 가입해 자본시장을 개방했으며, 대통령 선거를 통해 집권여당 PRI 당이 재집권한 해였다. 무엇보다 1월1일에 북미자유무역협정(NAFTA) 발효로 미국과의 시장통합이 시작되었으며, 우루과이 라운드 타결로 WTO 출범을 앞둔 해였다. 이렇듯 멕시코 경제의 미래 진로를 결정할 중요한 사안들이 집중적으로 궤도에 오른 해에 멕시코는 심각한 경제위기와 함께 IMF 관리체제에 들어간 것이다.

1994년 멕시코의 경제위기는 1982년에 발생한 외채 지불불능 사태의 재현이라고도 볼 수 있을 것이다. 멕시코가 1990년대 초반 수많은 단호한 개혁조치들을 통해 경제체질을 변화시키고 있었음에도 왜 위기가 또 다시 발발한 것일까에 관한 많은 분석이 있었다. 1990년대 개도국 전체를 뒤흔든 위기였고, 많은 시사점을 내포한 사건이기 때문에 멕시코 떼낄라 경제위기의 원인과 처방 그리고 이후의 멕시코 경제에 대해 살펴본다.

멕시코 떼낄라 위기가 발생한 원인으로 인위적인 환율정책, 경상수지 적자의 확대, 단기 외국인 투자의 확대, 외환 관리 실패, 그리고 정치사회적 혼란 등이 지적된다. 1990년대 초반 멕시코는 무역자유화의 본격적 궤도에 진입해 있었다. 1986년 GATT 가입 이후 개방의 전면적 시행으로 국내기업들의 경쟁력이 상당히 취약한 상태에서 개방은 지속되고 있었다. 당연히 멕시코의 무역수지는 적자를 보였지만, 멕시코 정부는 인플레이션 관리를 위해 관리변동 환율제를 실시하고 있었다.

외국인 투자자의 뻬소화에 대한 신뢰 유지와 물가안정을 위해 환율 변동폭을 제한하는 제도는 소기의 목적을 달성하고 있었지만 경상수지 적자가 확대되는 문제를 낳고 있었다. 따라서 1990년대 초반 멕시코의 경상수지 적자는 계속 확대되고 있었고 이는 외국자본의 계속되는 유입으로 보전되고 있었다.

1994년 OECD 가입은 상품과 서비스 시장의 개방에서 자본시장 개방의 전면적 실시를 의미했다. 당시 멕시코는 단기성 외국인 투자자금이 급증하고 있었다. 멕시코에 유입되는 외국인 투자의 80%가 포트폴리오 간접투자였고, 20%만이 직접투자였다는 사실은 떼낄라 위기의 발발을 예견하고 있었다. 멕시코가 경상수지 적자를 외국인 단기 간접투자로 보전하는 현상의 심화는 자본시장 개방을 통해 확대되었다. 외자는 외채 원리금 상환과 재정적자 보전에 사용되었다. 멕시코 정부가 1989년 12월 제정한 증권시장법을 통해 도입된 외자는 1990년부터 1993년까지 930억 달러에 달했다. 문제는 이 외자가 직접투자를 통한 고용창출과 생산증대에 사용된 것이 아니라 비교역재 부문에 사용되었다는 점이다.

경상수지 적자와 단기외채 의존도가 증가하는 상황에 대한 일반적인 해결방안은 자국 화폐 평가절하를 통한 경쟁력 향상이다. 그러나 멕시코 정부는 무역수지 및 경상수지 악화의 원인이 된 뻬소화 과대평가를 시정하지 않았다. 오히려 외환보유고 사용을 통해 일시적 사태 진정을 도모했다. 그 결과 1993년 말 251억 달러에 달했던 외환보유고가 1994년에는 63억 달러로 급감하면서 국가부도 사태에 직면하게 된 것이다.

이러한 일련의 사태 진행에 결정적으로 영향을 미친 요인 중 하나는 멕시코의 정치사회적 혼란이었다. 1994년 1월 1일 북미자유무역협정 발효에 반발해 남부 치아빠스 주에서 대규모 농민반란이 발생했다. 사빠띠스따 민족해방군(EZLN)의 경제제도 개혁 요구와 시위는 멕시코 사회에 큰 반향을 불러일으키며 정치적 혼란을 부추겼다. 이런 와중에 같은 해 7월 선거유세 중이던 여당의 루이스 도날도 꼴로시오 대통령 후보가 띠후아나에서 암살당하며 멕시코는 극도의 사회적 혼란에 빠져들었다.

멕시코에 투자한 외국인 투자자들은 경상수지 적자, 높은 외화차입 비율보다 치아빠스 사태와 대선후보 암살에 따른 정치적 불안정을 투자의 더 큰 위험요인으로 간주하였으며 이는 금융위기 발발에 결정적 요인으로 작용하였다.

다른 한편으로는 자본시장 개방에 제도적 개편이 동반되지 못한 점이 위기를 촉발시킨 것으로 이해할 수 있다. 멕시코의 금융 및 자본시장 개방은 매우 빠른 속도로 진행된 반면에 국내 제도개혁이 동시에 이루어지지 않아 외부충격에 대해 매우 취약했던 것이다. 무조건적인 자본시장 개방은 통신혁명 시대에 정보와 자본의 이동 속도를 극대화시켜 경제구조가 취약한 국가에서 환투기를 발생시키는 경향이 있다. 멕시코가 이 사례가 된 것이다. 멕시코는 금융과 자본시장 개방경제로 급격히 전환되는 과정에서 최소한의 금융감독기능, 기업감독체계, 기업재무구조개선 등의 장치를 마련하지 않고 자금흐름 규제만 완화했다. 그리고 감독관 없는 개방은 외부충격과 함께 투기세력에 대한 방어장치 부재의 한계를 노출시켰다.

위기 진행 과정을 살펴보면 경상수지 적자규모가 1993년 234억 달러에서 1994년 294억 달러(경상 GDP의 7.9%)로 확대되었다. 그리고 외채규모도 1993년 1317억에서 1994년 1,422억 달러로 증가하였다. 그리고 외국인 투자는 1993년 207억 달러에서 1994년 82억 달러로 급격히 줄어들며 자본유출 현상을 나타냈다. 한편 은행들이 보유한 기업들의 부실채권 비율은 1993년 8.3%에서 1994년 9.0%로 상승했다. 그럼에도 불구하고 멕시코 정부는 계속 뻬소화 평가절하 단행을 미뤄 본격적 외환위기 이전까지 환율이 소폭 상승하는 데 그치는 양상이었다.

본격적인 위기는 1994년 12월에 시작되었다. 세디요 대통령은 12월 1일 취임한 이후 12월 20일 환율 변동폭을 달러당 3.47 뻬소에서 4.0뻬소로 15% 상향 조정하고 환율제도를 크롤링 페그(Crawling Peg)제에서 변동환율제로 변경하였다. 이는 외환보유고가 급격히 줄어들어 더 이상 환율을 방어하기가 어렵다고 판단되었기 때문이다. 그러나 외환보유액이 계속 하락하자 12월 22일에는 자유변동환율제를 채택하면서 주변국 정부와 국제기구에 긴급 자금지원을 요청하였다. 그럼에도 불구하고 뻬소화는 12월 20일부터 12월 말까지 34% 평가절하되고, 금리는 14%에서 25%까지 급등했다.

이에 멕시코 정부는 1995년 1월 4일 긴급경제대책을 발표하고 IMF에 구제금융을 신청하여 255억 달러의 자금 차입에 합의하였다. 그러나 환율상승, 금리상승, 주가하락 등이 계속되자 미국이 200억 달러를 지원하고 IMF가 177억 달러를 지원하는 등 국제사회의 지원금액이 총 516억 달러로 증액되었다. 이후 1995년 2월부터 은행들의 자본금 확충 및 부실채권정리 등의 금융정상화대책이 단계적으로 추진되고 점차 위기 소멸과 시장 안정이 가시화되었다.

그러나 상황 호전이 순조롭지만은 않았다. 1995년 대미 달러 환율은 달러당 9페소까지 올랐고, 단기금리는 50%까지 상승했다. 멕시코 국민들의 실질소득은 1970년대 수준으로 떨어졌고 국민들의 정치권 불신은 가속화되었고 경기침체는 심각한 수준이었다. 멕시코 정부로서는 금융시장 개혁과 더불어 전반적인 경제정책의 수정 필요성이 제기되었다.

멕시코 정부가 취한 금융개혁은 은행 자기자본 확충 지원, 부실은행 및 부실채권의 인수, 물가연동지수 표시방식 채무 재조정, 채무자 지원 프로그램 실시, 금융기관 회계기준 강화, 외국인의 은행소유 허용, 예금보험기구 상설화 및 예금보호범위 축소 등을 주요 내용으로 실시되었다. 특히 1995년 5월에 실시한 금융감독기관의 구조조정 및 독립성 강화와 1998년 12월의 외국자본 은행소유제한 폐지는 구제금융을 계기로 강화한 구조개혁 조치들이다.

이 밖에 멕시코 정부는 비상경제대책을 통해 구조조정을 지속적으로 실시했다. 금융분야에서 자기자본비율이 8% 이하인 은행에 대해서는 후순위채 발행을 허용해 이를 예금보험기구가 매입했으며, 금융기관의 대손충당금 적립을 강화했다. 한편 중앙은행은 예금보험기구를 통해 시중은행에 단기 달러 자금 및 페소화 자금을 공급하였다. 그리고 금융, 철도, 통신부문에 외국자본 참여 확대를 허용했다.

환율정책에서는 변동환율정책이 계속되고 있다. 재정 및 통화정책에서는 IMF의 요구에 따라 긴축 재정 및 통화정책 조치를 실시했다. 재정에서 세출 축소와 세입확대를 통해 재정 건전화를 촉진하고 통화정책에서는 국내여신 증가를 일정수준에서 제한하여 긴축정책을 유지했다. 은행정책에서는 IBRD와 미주개발은행이 멕시코 시중은행 지원에 30억 달러의 자금을 공여했으며, 멕시코 재정당국과 은행가협회는 중소기업의 채무부담을 경감시키기 위해 대출을 개선했다.

이후 멕시코 공기업의 민영화도 확대 추진되었다. 멕시코의 공기업 분야는 관료사회의 확대를 의미하여 멕시코 GDP에서 차지하는 비중이 매우 높았었다. 이의 개선을 위해 1982년 이래 추진되어 온 것을 외환위기 이후 더욱 확대한 것이다. 멕시코는 1982 ~ 1988년 사이에 중소 공기업의 민영화, 1988 ~ 1994년 사이에 대규모 공기업의 민영화를 단행했다. 그리고 1995년 이후 석유화학, 철도, 항만, 통신, 천연가스 등의 국가전략사업의 운영권을 민영화하고 있다 1994년 이전에는 공기업의 매각, 청산, 합병 방식을 채택했고, 이후에는 사업운영권을 양여하는 방식으로 진행되고 있다

이상에서 살펴본 바와 같이 멕시코 떼낄라 위기는 멕시코의 신자유주의 개혁의 속도를 조절하고 방향을 재점검하는 중요한 계기가 되었다. 외채위기 이후 개방과 자유화에 매진하던 멕시코는 환율정책 등 일부정책과 급격한 금융 및 자본시장 개방과의 부조화로 인한 심각한 위기를 맞이하게 되었다. 그리고 이제는 시장의 본 기능을 인정하며 시장친화적이면서 지속가능한 개혁을 추진하고 있다. 멕시코의 떼낄라 위기는 이후에도 세계화, 개방화, 신자유주의가 개도국에 미칠 수 있는 다차원적 함의를 이해하는 좋은 사례가 되고 있다.

27 NAFTA와 멕시코의 FTA 정책

FTA는 멕시코 경제의 만병통치약인가?

현재 전 세계에서 가장 많은 국가와 경제통합체를 구성한 국가는 어디일까? 정확한 1등은 단언하기는 어렵지만, 멕시코가 1등군에 속하는 것만은 분명하다. 멕시코는 현재 43개국과 자유무역협정을 체결하고 있는 명실공히 세계 FTA 무대의 선두주자이기 때문이다. 멕시코가 워낙 많은 국가와 FTA를 체결하고 있기 때문에 자칫 멕시코는 FTA에 의존해 경제의 모든 문제를 해결하려 하는 것처럼 보일 수 있다. 실제로 FTA는 멕시코의 대외무역정책일뿐 아니라 가장 중요한 산업정책이기도 하다. 이처럼 멕시코가 FTA에 의존하게 된 이유는 무엇이며, 그 결과는 무엇일까?

멕시코 경제하면 떠오르는 대명사 중 하나가 북미자유무역협정(North American Free Trade Agreement)이다. 세계 최대 경제대국인 미국 및 캐나다와 멕시코 경제가 하나가 된 NAFTA는 세계경제의 지형을 바꿔 놓은 중요한 경제통합체이다. 그리고 멕시코는 미국과의 시장통합을 통해 현재의 멕시코 경제를 일구어냈다. 그렇다면 발효 14년째를 맞고 있는 북미자유무역협정이 멕시코 경제에 남긴 공과(功過)는 무엇일까? NAFTA는 어떻게 멕시코 경제를 변화시켰을까?

북미 삼국간의 시장통합이 목적했던 바는 분명했다. 1992년 12월 삼국이 NAFTA에 사인했을 때 각국이 의도했던 바는 제각각 달랐다. 미국으로서는 유럽통합 급진전, 우루과이라운드 협상의 부진, 자국 국제경쟁력 하락, 1980년대 이후 만성적 쌍둥이 적자 지속 등의 상황에서 국제경쟁력 제고를 위한 모멘텀이 필요했다. 캐나다의 자원, 멕시코의 저임노동력을 자국의 기술 및 자본과 결합해 시너지 효과를 창출하고, 대외경쟁력 악화에 직면한 기업들의 탈출구를 마련하고자 했다. 캐나다로서는 NAFTA 참여가 급작스러운 것이었다. 캐나다는 이미 1989년 1월 1일 발효된 미국-캐나다 자유무역협정을 통해 미국 시장진출을 확보하고 있었다. 멕시코와 교역량이 미미했던 캐나다로서는 굳이 북미 삼국간의 시장통합이 자국의 경제적 이익과 합치되지 않는다고 판단했을 수도 있다. 그러나 미국과 멕시코가 경제통합 협상을 본격화하자 캐나다로서는 미국시장에서의 기득권을 지키기 위해 전격적으로 양국 간의 협상에 참여해 삼국 간 협상이 성사되었다

앞의 양 국가가 시장통합을 통한 경제적 이득을 위해 북미의 자유무역을 추구하였다면, 멕시코의 목적은 조금 달랐다고 말할 수 있다. 이는 멕시코의 당시 상황을 보면 이해가 된다. 멕시코는 1980년대 외채위기 이후 삼국 간 협상이 본격화된 1989년 이후 대외개방과 경제구조조정을 본격화하던 시기였다. 멕시코로서는 미국과의 자유무역협정을 통해 세 가지 목적을 추구했다고 이해할 수 있다. 첫째는 수출시장의 확보였다. 세계최대시장에 대한 무관세 진출을 확보함으로써 자국 수출업체들의 수출증진과 외환가득을 기대할 수 있게 되었다. 둘째로는 외국인투자의 증대와 산업화였다. 3,000km의 국경을 공유하는 미국시장을 품안에 얻게 된 멕시코를 외국인 투자자들은 미국시장 진출을 위한 전초기지로서 간주할 것이 분명했다. 풍부한 저임 노동력과 지리적 이점에 무관세 수출이라는 인센티브가 주어질 때 외국인투자의 본격화와 이에 따른 고용창출, 기술이전, 산업발전 등의 무궁무진한 이점을 기대할 수 있었던 것이다. 세 번째는 멕시코 경제에 대한 대외신뢰도의 제고였다. 자유무역협정은 무역체제의 국제적 약속이다. 예전에 멕시코 경제는 자국산업발전을 위해 의도적으로 혹은 경제자유화 과정에서도 경제위기의 상황에서는 보호무역주의로 선회하는 등 경제개방에 대한 지속성이 결여되어 있었다. 그러나 NAFTA는 미국과 맺은 경제통합의 약속이기 때문에 멕시코 경제 자유화가 항구적으로 보장되는 효과가 발생하는 것이다. 이는 멕시코 경제의 미래에 대한 확실한 예측가능성을 보장하여 대외신뢰도를 제고하는 효과를 가져온다. 많은 분석가들

은 관세인하에 의한 수출증진의 정적인 효과보다도 대외신인도 제고와 투자 증진의 동적이며 제도적인 효과가 NAFTA로 부터 멕시코가 얻는 가장 중요한 효과라고 평가하고 있다.

그렇다면 멕시코는 NAFTA 발효 14년이 훌쩍 지나가버린 지금 원래 기대했던 효과를 모두 누리고 있을까? NAFTA가 멕시코 경제에 미친 영향에 대해서는 여러 평가가 혼재한다. 이는 자유무역협정이 갖는 성격에 기인한 측면이 있다. 시장통합이라는 FTA의 성격상 많은 사람들은 일국 경제의 성적을 진적으로 FTA에서 기인하는 것으로 평가하는 우려를 범한다. 그러나 실제로 한나라 경제의 운영에 영향을 미치는 내외적 요소는 무수히 많다. 그리고 FTA는 일국 경제가 갖고 있는 여러 구조적 문제점을 모두 해결하지도 못한다. 따라서 FTA를 모든 악의 근원이라든지 혹은 만병통치약쯤으로 생각하는 양극단의 사고 모두 자유무역협정을 제대로 이해하지 못하는 것이다. 혹은 악용의 의도를 갖고 있다고 평가할 수밖에 없다.

여기서는 NAFTA 10년을 맞아 세계은행과 IMF가 발표한 연구조사의 결과를 소개한다. 양 기관 모두 NAFTA가 멕시코의 경제발전에 긍정적 영향을 미쳤다고 발표하고 있다. 그러나 세계은행은 NAFTA 경제효과에 관한 찬반양론도 소개하고 있어 흥미롭다. IMF는 NAFTA가 선진국과 개도국 간의 수직적 형태의 경제통합이라는 점에서 매우 중요하다는 점을 지적하고, 투자증가율 증가, 총요소 생산성 향상, 교역증가, 수출기반 다변화, 외국인투자 증가, 경제성장 동력변화, 경기 순환상 변동성 하락, 제도적 변화 등의 측면에서 NAFTA가 멕시코 경제에 많은 긍정적 효과를 미쳤다고 평가했다.

IMF에 따르면 NAFTA 체결 이후 멕시코의 총요소 생산성은 학자별로 차이가 있지만 5.5%에서 10%까지 상승한 것으로 나타났다. NAFTA 10년 동안 멕시코의 역내수출은 두 배 이상 증가하였으며 이 기간 전세계 국가들의 수출은 75% 증가한 반면 멕시코의 수출은 무려 300%에 달했다고 분석했다. 그리고 NAFTA는 멕시코 수출기반을 다변화시켜 제조업이 수출에서 차지하는 비중이 이전의 1980년대의 37%에서 80%로 상승하였다. 그 결과 멕시코는 수출입 품목이 가장 다변화된 국가 중 하나가 되었다. 또한 외국인투자 면에서 이전보다 세 배 정도 증가한 것으로 나타났다. 무엇보다 중요한 것은 수출과 투자가 GDP 에 미치는 효과가 두 배로 증가하고 GDP 성장률도 1980년대의 2%대에서 NAFTA 이후 평균 4%에 달해 경제성장의 추동력으로 작용했다고 평가하고 있다. 그리고 멕시코 정부가 원래 의도한 바와 같이 멕시코의 개혁 지속성을 담보함으로써 위험을 감소시키는 제도적 변화의 효과가 중요하게 평가되고 있다.

위와 같은 긍정적 평가에도 불구하고, 세계은행은 멕시코 경제성적과 NAFTA 효과에 관한 서로 다른 평가를 소개했는데, 여기에 간추려 본다. NAFTA로 인해 1인당 GDP가 NAFTA 미체결시보다 4% 증가하고 외국인투자는 40% 증가하였으며, 일정부분 빈곤감소와 일자리 창출 및 노동력 수준의 향상이 발생했다. 그러나 무역규모와 FDI가 GDP에서 차지하는 비중이 증가하였다는 주장에 대해서는 꼭 NAFTA의 영향이라기보다 1980년대 후반부터 멕시코가 추진해온 무역구조 개선노력에 기인한 바도 있다는 점이 지적되었다. 또한 1990년대 이후 전 세계적으로 무역이 크게 증가하였고, 개도국에 대한 FDI도 증가 추세인 바 멕시코도 이의 수혜국이었다는 평가이다.

한편으로 NAFTA가 무역구조 개선, 교역, FDI, 성장을 촉진시켰다는 평가에는 멕시코 경제의 선진화 방안이 NAFTA만으로는 부족하다고 지적된다. 멕시코가 북미 선진국들의 장기적 성장능력을 따라잡기에는 내부의 정책개혁, 교육 및 제도적 여건이 매우 부족한 상황이라는 것이다. 따라서 공공제도 수준향상과 같은 제도적 개혁이 지속적으로 이루어져야 멕시코 경제의 발전이 가능하다는 점이다.

외국인 직접투자가 크게 증가했지만 일부 분석가들은 NAFTA 체결 직후 몇 년을 제외하고는 여타 남미국가와 비교해서 현저한 차이가 나지 않음으로 NAFTA효과는 일시적이라고 지적하기도 한다. 또한

NAFTA 이후 제조업 임금 수준이 증가하였지만, 이것이 FTA에 따른 교역규모 증대의 효과라고 보기는 어려울 것이다.

NAFTA가 가져온 많은 긍정적 효과에도 불구하고 현재 멕시코 경제에 직접적 영향을 미치고 있는 대표적인 개선사항으로는 미국시장에 대한 지나친 의존도 증가와 거시경제 동조화(coupling effect)를 들 수 있다. 멕시코의 전 세계 수출이 큰 폭으로 증가하고 그중에서도 역내 수출은 증가는 두드러졌다. 그렇지만 이것이 대미시장에 대한 의존도 증가로 귀결됨으로써, 멕시코 경제는 미국경기에 큰 영향을 받는 경기 동조화 현상을 보이고 있다.

현재 멕시코 수출 중 90% 정도, 그리고 수입의 80% 가까이가 미국시장으로부터 오는 것이다. 따라서 미국 경제가 호황일 때는 수출이 증가하지만 침체되면 수출이 감소하여 멕시코 경제전체가 타격을 받는 무역패턴이 구조화되어있다. 더욱이 최근에는 중국 등 주요 개도국이 대미수출을 증가시킴으로서 멕시코의 미국시장 점유율이 오히려 하락세를 보이고 있다. 이런 미국 경기 순환적 요인과 구조적 요인으로 말미암아 2002년 이후 멕시코는 대미 수출을 1990년대와 같은 높은 비율로 증가시키지 못하고 있는 것이다.

따라서 멕시코 정부는 두 가지 부문에서 새로운 동력을 찾으려 시도하고 있다. 하나는 수출시장 다변화를 위한 전 세계 국가들을 대상으로 하는 FTA 네트워크의 형성이고, 다른 하나는 구조개혁(structural reforms)의 진전이다.

FTA 네트워크와 관련해서 멕시코의 노력은 진지했다. 현재 멕시코는 EU, 남미, 아시아 등 전 세계 주요 경제권과 모두 자유무역협정을 체결하고 있는 명실상부한 전 세계 FTA의 허브국가라고 할 만하다. 전 세계 43개국과 FTA를 체결함으로서 추구하는 경제적 목적은 역시 외국인투자 유치와 산업화 진전 그리고 수출시장 다변화의 효과일 것이다. 그러나 아이러니하게도 FTA 네트워크를 계속 확대시켜 나갔음에도 불구하고 멕시코의 대미시장 의존도는 계속 증가하여 왔다. 따라서 2006년 이래 멕시코에서는 FTA 무용론과 FTA 모라토리엄이라는 신정책까지 나온 상태이다. 물론 현재의 깔데론 정부의 기본방침은 경제적 타당성 조사 하에 FTA를 계속 확대한다는 것이지만, 멕시코와 미국 간의 특수한 조건의 결합인 대미시장 의존도를 낮출 묘안을 찾기는 쉽지 않아 보인다.

멕시코가 추구하는 또 다른 현 상황 해결방안은 구조 개혁이다. 노동시장의 경직성 완화, 에너지 부문의 투자 유도, 통신시장의 규제완화, 그리고 법적 절차의 불확실성 제거 등의 구조개혁 조치를 통해 경제의 체질개선 및 경쟁력 강화를 도모하는 것이다.

NAFTA는 15년의 관세철폐기간을 설정하였고, 1994년 시작된 시장 통합은 2009년 완성되게 된다. 완전한 시장 통합이 이루어졌을 때(멕시코의 에너지 부문과 같은 예외는 존재함), 농업부문등과 같은 분야에서도 NAFTA의 효과 분석이 더욱 분명할 수 있다. NAFTA는 멕시코가 감행한 사상 최대이자 최고의 경제발전 전략이었다. 그러나 그 전략을 완성시키는 것, 즉 지속적 경제발전을 이루는 것은 NAFTA 자신의 몫이 아니며 추가적 전술과 전략의 몫으로 보인다.

28 멕시코 10대 기업 및 자동차 · 전자산업

멕시코는 1차 상품 수출하는 후진국?

한국에는 멕시코 기업들이 상대적으로 잘 알려져 있지 않지만, 멕시코는 세계경제에 주도적으로 참여하는 여러 세계적 수준의 기업들을 보유하고 있다. 다만 석유, 시멘트, 음료 등의 분야에 참여하고 있는 이들 기업들이 한국에 진출해 있지 않을 따름이다.

미국의 저명한 경제지 〈포춘(Fortune)〉이 2008년 발표한 세계기업순위를 살펴보면, 6개의 멕시코 기업들이 이름을 올려놓았다. 제일 규모가 큰 기업은 역시 멕시코 석유공사(PEMEX)로서 전 세계 기업들 중 42위를 기록하였다. 그 뒤를 이어 아메리카 모빌(América Móvil)이 289위, 세멕스(Cemex) 389위, CFE 408위, 까르소 글로벌 텔레콤(Carso Global Telecom)이 464위를 기록하였다. 이 중 아메리카 모빌과 까르소 글로벌 텔레콤은 라틴아메리카에서 활발하게 활동하고 있는 다국적 통신업체이며, 세멕스는 아시아에도 진출해 있는 멕시코 시멘트 제조업체이다. 그리고 CFE는 멕시코 연방전기회사로서 멕시코 전력생산과 배전을 담당하고 있는 국영기업체이다.

다른 평가를 살펴보면 멕시코의 주요 기업들을 좀 더 자세히 알 수 있다. 〈Latin Business Chronicle〉지 인터넷판은 라틴아메리카의 500대 기업을 최근 발표했다. 이 평가에서 PEMEX사는 베네수엘라의 국영석유공사(PDVSA)를 제치고 라틴아메리카 최대 기업으로 떠올랐다. 2007년에 2.9% 신장한 매출액 1,004억 달러를 기록해 2008년도 평가에서 1위를 차지한 것이다. PEMEX는 같은 기간 베네수엘라 PDVSA와 브라질의 PETROBRAS를 앞질렀다.

〈Latin Business Chronicle〉이 발표한 라틴아메리카 500대 기업에서 브라질이 198개 업체를 기록한 반면, 멕시코는 95개 업체를 올려놓았으며, 칠레가 84개 업체를 보유하고 있다. 멕시코의 10대 기업은 PEMEX, 아메리카 모빌(América Móvil), Telmex, Cemex, CFE, 월마트 멕시코(Wal Mart Mexico), 까르소 그룹, 펨사(FEMSA), 알파 그룹(Grupo Alfa), 그리고 멕시코 그룹(Grupo Mexico)이다. 이들 기업들 중 새로운 그룹을 소개하면, FEMSA는 라틴아메리카 최대의 음료업체이다. 세계에서 1인당 콜라 소비량이 가장 높다는 멕시코의 코카콜라를 생산하며, 또한 TECATE 맥주 등을 생산하여 미국, 라틴아메리카, 유럽 등으로 수출하는 기업이다. 알파 그룹은 석유화학, 자동차 부품, 음료, 이동통신 부문에서 활동하고 있는 다국적 기업이다. 현재 고용인원 5만 명 이상이 아메리카, 유럽, 아시아 등 17개국 75개 공장에서 근무 중이다. 멕시코 그룹은 멕시코, 미국, 페루 등지에 광산을 보유하고 있으며 구리, 아연, 은, 금 등을 생산하여 공급하는 멕시코 최대의 광산 기업이다.

까르소 그룹은 7개 이상의 대분류 자회사를 보유하고 있는 거대 한국형 재벌기업이다. Condumex, Cigatam 같은 전기, 에너지, 건설 분야 기업에서 시작해서, 석유생산설비 제조업체 Swecomex, 최대유통업체 Sanborns와 백화점 Sears 등을 보유한 기업이다. 이 그룹은 멕시코 전화회사 Telmex를 보유한 까를로스 슬림 회장의 소유로서 슬림 회장은 〈포춘〉지가 선정한 세계 최대 부자이기도 하다. 미국의 빌 게이츠와 워런 버핏 회장을 따돌리고 세계최대 부자로 2년 연속 선정된 거부 까를로스 슬림은 1980년대 말부터 시작된 멕시코의 민영화 열풍을 타고 주요 국영기업들을 인수하며 오늘날의 까르소 제국을 일구었다. 현재 멕시코 국민들은 먹고, 마시고, 전화하는 등의 일상생활에서 까르소 제국의 상품을 사용하지 않고는 하루를 보낼 수 없는 상황이다. 멕시코 경제에서 산업 독과점 실태를 알 수 있는 단편적 예이다.

다음으로는 멕시코 경제에 양대 축을 담당하고 있는 자동차 산업과 전자산업에 대해 알아본다. 멕시코 경제에서 가장 중요한 산업을 꼽는다면 제조업 중에서 자동차와 전자산업을 들 수 있다. 고용, 수출, 연관산업 등의 측면에서 멕시코 경제에 가장 많은 파급효과를 미치는 두 산업이다. 먼저 자동차 산업을 살펴보면 생산 기준으로 세계 10위, 수출 세계 10위의 지위를 점하고 있다. 국내경제에서는 제조업 고용의 18% 정도인 72만여 명을 고용하고 있으며 GDP의 2.6%, 그리고 제조업 생산의 16.7%와 외국인 직접투자의 18%를 차지했다. 완성차 생산과 함께 자동차 부품생산도 멕시코 경제에 중요한 부문이다. 자동차 부품은 연 40만 명 이상을 고용하며 수출에서도 중요한 비중을 차지하고 있다.

멕시코의 거리를 지나가면 세계에서 생산되는 거의 모든 자동차 종류를 만날 수 있는 듯하다. 굉장히 낡은 차도 보이지만 최근 수년 사이 신제품의 다양한 자동차를 많이 볼 수 있는데 이는 FTA의 영향으로 전 세계 자동차들이 수입되고 있기 때문이다. 멕시코의 자동차 시장은 2004년 이전까지 굉장히 폐쇄적인 시장이었다. 그러나 그 이후 완전한 시장개방과 함께 멕시코 자동차 산업은 급변하고 있다.

현재 멕시코는 자국 자동차 브랜드는 보유하고 있지 못하다. 그렇지만 반면에 미국과 일본 그리고 유럽의 주요 자동차 제조업체들이 생산 공장을 보유하고 있는 특이한 사례이다. GM, Chrysler, Ford의 미국 자동차 3사와 함께, 독일의 폭스바겐, 일본의 닛산, 혼다, 도요타 등이 승용차와 승합차를 생산하고 있다. 이 밖에 Kenworth, Volvo, Masa, International, Scania 등의 업체들이 대형트럭과 버스를 생산하고 있으며, 약 2000여개의 부품업체들이 활동하고 있다.

이들이 생산하는 자동차 대수는 2007년 2백2만(2,002,241) 대였다. 제조업체 별로 살펴보면 닛산이 49만8천 대로 가장 많이 생산하였고, GM 46만 대, 그리고 폭스바겐 40만 대의 순이었다. 2백2만 대의 생산 대수 중 161만 대가 수출되었다. 기업별로 살펴보면, GM이 38만 대, 폭스바겐이 33만 대, 그리고 닛산이 31만 대를 수출하였다. 전체적으로 멕시코 자동차 제조업체 중 생산과 수출비중이 가장 높은 기업들은 GM, 닛산, 폭스바겐, 포드, 크라이슬러의 순으로 평가된다. 기업들 중 도요타는 거의 전량을 수출하고 있으며, 다음으로 다임러 크라이슬러가 거의 97% 정도, 포드 84%, 폭스바겐 81% 가량을 수출하고 있다.

현재 멕시코 자동차 시장에서 총 38개 브랜드가 멕시코 생산 및 수입 자동차를 판매하고 있다. 승용차 시장에서는 17개 브랜드가 321개 모델을 판매하고 있으며, 소형트럭 부문에서는 16개 브랜드가 270개 모델을 판매 중이다.

멕시코에서 자동차 산업이 발달한 것은 정부의 적극적인 육성정책과 멕시코의 지정학적 이점으로 인한 투자에 의한 것이었다. 멕시코는 풍부한 저임금 숙련노동력을 보유하고 있고, 미국시장과 근접하다. 이에 자동차 업계가 글로벌 생산전략에 따라 생산기지를 다변화하면서 일찍이 멕시코 자동차 산업부문이 발달했다. 멕시코 자동차 산업의 특징 중 하나는 산업이 지역적으로 편중되어 있고, 클러스터 형태로 발달했다는 것이다. 생산의 절반 정도가 미국과의 국경지대에서 이루어지고 있다. 그리고 공장들이 인근에 복합단지를 형성하는 클러스터화 현상이 나타났다. 북부의 살띠요-라모스 아리스뻬-몬떼레이 지역은 승용차, 트럭, 자동차 부품 생산이 클러스터화로 발달했다. 그리고 중부의 아구아스 깔리엔떼스-과나후아또, 산 루이스 뽀또시 지역은 소형트럭, 버스, 자동차 부품 생산 클러스터가 형성되었다. 한편 뿌에블라 인근에는 폭스바겐의 세계최대 공장이 가동되며 자동차 부품 산업도 발달된 케이스다. 멕시코의 자동차 산업 발달은 정부의 정책과도 깊은 연관을 맺고 있다. 즉, 최근까지 현지 공장 설립을 자동차 수입의 필수 조건으로 내세운 정책이 주요 제조업체들과 협력업체들의 현지 진출을 독려한 것이었다.

자동차 산업과 함께 전자산업은 멕시코 경제와 수출을 이끄는 양대 산업이다. 미국의 IBM이 일찍이 과달라하라 지역에 1970년대에 진출한 것을 시작으로 수많은 다국적 기업들이 멕시코에 진출해있다. 미국과의 북부 국경지대에는 유럽, 일본, 한국 등의 수많은 기업들의 제조공장이 마낄라도라 형태로 운영되고 있으며, 이들의 대미 수출은 멕시코의 주요 외화 가득원이 되고 있다.

멕시코의 전자산업은 1000개 정도의 기업들이 내수와 수출에 종사하고 있으며, 이들은 클러스터 형태로 산업을 운영하고 있다.

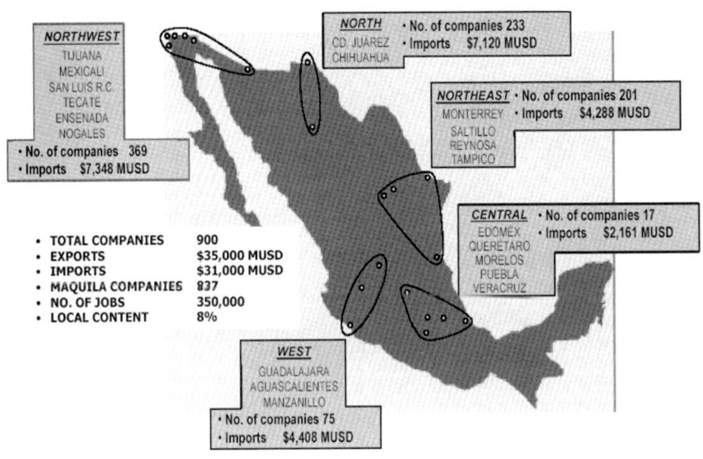

즉, 위의 그림에서 보듯이 주요 다국적 기업들을 중심으로 대규모 단지가 형성되어 협력업체들과 함께 생산 활동을 하고 있다. 멕시코 전자산업단지는 크게 다섯 개로 분류된다. 북서부의 바하깔리포르니아주의 띠후아나, 메히깔리, 떼까떼 등지로서 전자산업 벨트 중 규모가 가장 크다. 즉, 이 클러스터가 멕시코 전자산업 중 가장 많은 생산과 수출을 담당하고 있다.

다음으로는 북부 클러스터로서 시우닷 후아레스와 치우와우아주 클러스터이다. 북동부에는 몬떼레이, 살띠요, 레이노사, 땀삐꼬 지역의 북동부 클러스터가 형성되어 있다. 중부 클러스터는 멕시코주, 께레따로주, 모렐로스주, 뿌에블라주, 베라끄루스주로 구성되어 있다. 서부 할리스꼬 주의 과달라하라, 아구아스 깔리엔떼스주, 만사니요에는 서부 클러스터가 형성되어 있다. 이 서부 클러스터 중에서 멕시코의 실리콘밸리로 불리는 곳으로 일찍이 IT 분야에 특화해서 발전해왔다.

생산품목으로는 멕시코는 일찍이 가전제품 생산에 특화해왔다. 텔레비전 생산에서 세계 1, 2위를 다투고 있으며, 냉장고, 청소기, 세탁기 생산이 주로 이루어지고 있다. 멕시코 전자산업의 동향을 보면 아래의

그림에서 보는바와 같이 아시아 및 유럽과는 부품의 수출입이 이루어지고 있다. 수입한 부품으로 완제품을 생산해서 북미와 남미로 수출하는 방식의 교역을 보이고 있다. 즉, 아시아, 유럽 다국적 기업들이 진출해서 원부자재를 수입하여 완성품을 생산하고 이 제품을 NAFTA와 남미 시장에 수출하는 방식으로 산업 생산 및 수출입이 이루어지는 것이다. 이러한 방식의 교역이 활성화 된 것은 멕시코가 다양한 자유무역협정 및 세제상의 인센티브로 인해서 북미 및 중남미 수출의 거점기지로서 입지여건을 보유하고 있기 때문이다.

오랫동안 멕시코는 현재의 중국과 같은 세계의 공장으로서 역할을 아메리카 대륙에서 수행해 왔다. 앞으로의 멕시코 전자산업의 발전은 중국을 비롯한 아시아 국가들과의 미국시장에서 경쟁에서 어떻게 특화해 나가는가 여부에 달려있다고도 볼 수 있을 것이다.

29 한국-멕시코 교역과 투자관계

멕시코는 한국의 중요한 무역파트너?

태평양을 가로질러 멀리 떨어져있는 멕시코는 의외로 한국에게 효자 시장이다. 경제교류가 작을 것 같은 양국 간 교역규모가 85억 달러에 육박하며, 특히 중요한 점은 한국이 무려 65억 달러의 무역흑자를 기록하고 있다는 점이다. 한국은 가까운 이웃 일본과의 교역에서 300억 달러가 넘는 무역적자를 기록하지만, 멀리 떨어진 멕시코 시장에서 상당 부분을 만회하고 있는 것이다. 멀지만 고마운 이웃이 멕시코인 셈이다.

한국과 멕시코간의 교역 및 투자가 이처럼 활발해진 것은 1994년 NAFTA 발효 이후 북미시장을 겨냥한 한국기업들의 대규모 투자가 단행된 이후이다. 이후 급격히 증가한 투자와 교역으로 인해 2007년 말 멕시코는 한국 수출의 9위 시장, 그리고 흑자규모 4위를 기록하고 있다. 과연 한국의 어떤 기업이 멕시코에 진출해 있으며, 양국 간 교역관계는 어느 품목을 중심으로 이루어지고 있을까?

양국 간 경제관계가 본격화된 것은 1990년대이지만, 1980년대까지는 개인 투자자들의 멕시코 진출이 있었다. 이후 NAFTA 체결을 전후해 삼성, 대우, LG 등의 대기업이 멕시코에 지사와 공장을 설립하며 본격 진출에 나섰다. 그러나 한국이 1997년 말부터 IMF 위기에 타격을 받은 후 수년 동안 멕시코 진출은 주춤한 상태였다. 이후 2000년 이후에 대 멕시코 투자가 다시 개인과 중소기업을 중심으로 재개되다가, 2005년 이후에는 삼성 등의 대기업이 다시 투자를 확대하고, 포스코 등의 기업들도 이 대열에 합류하게 되었다. 다음의 표를 보면 2008년 3월 기준 우리나라의 대 멕시코 총투자 신고금액은 341건에 9억9천79만 달러(341건)였다. 이 중 실제로 투자가 집행된 금액은 452건에 6억3천479만 달러를 기록하였다. 작년인 2007년 한 해에만 76건에 1억1천987만

〈표 7〉 한국기업의 대 멕시코 투자현황

(단위: US$ 천, 건)

업 종	신규법인	신고건수	신고금액	투자건수	투자금액
어업	7	14	2,074	7	512
제조업	87	248	616,185	353	359,179
건설업	13	26	39,728	26	29,118
도매 및 소매업	15	40	281,863	48	195,249
운수업	1	1	475	1	475
통신업	1	2	49,493	3	49,493
부동산 및 임대업	1	2	484	4	484
사업서비스업	4	6	219	6	189
오락 문화 및 운동관련 서비스업	1	1	263	3	90
기타 공공 수리 및 개인서비스업	1	1	9	1	9
합계	131	341	990,793	452	634,799

자료원: 한국수출입은행

달러의 투자가 이루어져 전년 대비 100%의 증가율을 보였다. 분야별로 살펴보면 제조업이 353건에 3억5천917만 달러, 도매 및 소매업이 48건에 1억9천525만 달러, 통신업이 3건에 4천949만 달러, 건설업이 26건에 2천912만 달러 순이었다.

제조업에 투자한 기업들의 면면을 살펴보면 다음 표와 같다.

제조업 투자는 주요 전자업체인 삼성전자, LG전자, 대우일렉트로닉스와 협력업체의 진출이 가장 두드러진다. 이 외에 최근 POSCO의 철강생산 관련 투자가 주요하게 실행되었다. 이 밖에 자동차산업 관련 한국기업들 투자가 이어지고 있다. 이는 북미의 자동차 기업 등이 생산라인을 멕시코로 이전함에 따라 이들에게 부품을 공급하는 한국 기업들의 진출이 늘고 있기 때문이다.

한국과 멕시코 간의 교역은 양국 투자의 영향을 받고 있다. 양국 교역의 상당부분이 산업 내 무역 형태를 띠고 있기 때문이다. 즉 멕시코

〈표 8〉 제조업 분야 한국진출 기업

회사명	생산 시작 년도	업 종	취급분야	지 역
LG전자 메히깔리 생산법인	1987	제조업	LCD, 핸드폰	Mexicali
삼성전자 띠후아나 생산법인	1988	제조업	TV, LCD, 핸드폰	Tijuana
LG전자 멕시코 판매법인	1988	도소매업	가전, 핸드폰	D.F.
대우일렉트로닉스 멕시코 판매법인	1993	도소매업	가전	D.F.
대우일렉트로닉스 께레따로 생산법인	1994	제조업	가전	Queretaro
삼성SDI 띠후아나 생산법인	1995	제조업	디스플레이 디바이스	Tijuana
삼성전자 멕시코 판매생산법인	1995	도소매업 제조업	가전 판매 및 생산	D.F. Queretaro
LG전자 몬떼레이 생산법인	2000	제조업	냉장고 생산 오븐 생산(2008)	Monterrey
LG전자 레이노사 생산법인	2000	제조업	PDP, LCD	Reynosa
포스코-엠피시	2007	제조업	철강코일가공	Puebla, San Luis Potosi
유니온 스틸	2008	제조업	철강재(가전제품용 아연도금강판)	Monterrey
포스코 멕시코	2009	제조업	철강재(자동차용 도금강판)	Altamira

자료원: 대한무역투자진흥공사(KOTRA)

에 투자한 한국 기업들이 재수출용 또는 내수판매용으로 수입하는 원부자재가 한국의 대 멕시코 수출의 상당부분을 차지하고 있다.

수출품목의 대부분은 한국 가전업체들이 수입하는 전자부품으로 이루어져 있다. 이외에 텔레비전 휴대폰 등의 완제품 수출도 이루어진다. 특이한 것은 자동차 수출인데, 멕시코는 약 40여 년 동안 '자동차 산업 진흥 및 현대화 법령'에 의해 자국에 자동차 생산 공장이 없는 다국적

〈표 9〉 2007년 한국의 대 멕시코 수출입

(단위: US$ 백만)

수 출		수 입	
품목명(MTI 3단위)	금 액	품목명(MTI 3단위)	금 액
평판디스플레이 및 센서(836)	2,387	동제품(622)	192
영상기기(821)	1,507	아연광(116)	83
무선통신기기(812)	675	유선통신기기(811)	72
자동차(741)	447	강반 및 기타철강제품(619)	70
철강판(613)	329	계측제어분석기(815)	54
자동차부품(742)	284	무선통신기기(812)	53
총계	7,482	총계	1,013

자료원: KITA

기업의 자동차를 수입하지 못하게 하였다. 따라서 현대자동차는 2000년대 들어 크라이슬러와의 전략적 제휴를 통해 DODGE 상표로 아토스 외 몇몇 차종을 수출해 왔다. 2004년 이 법령의 종료 이후에는 현대 상표로 수출이 가능하지만 현재 무려 50%에 달하는 관세로 인해 직수출 경쟁력이 없는 상태이다. 경쟁 상대국인 미국, 유럽, 일본의 기업들이 FTA 특혜로 무관세 수출을 함으로써 한국 자동차의 경쟁력이 상실된 상황이다.

한국이 멕시코로부터 수입하고 있는 주된 품목들은 미정제동괴, 아연광, 동스크랩, 고철 등 광물류가 일차적이며, 이 밖에 무선통신기기, 유선전송장치 등의 부품류와 소고기 등의 일부 농축산물이 수입되고 있다.

양국 간 투자와 교역관계는 놀라울 정도로 빠른 속도로 성장하여왔다. 그리고 한국의 경제적 이익은 지속적 확대를 거듭하였다. 이제 양국간 교역관계는 한 단계 더 높은 수준으로 질적 발전을 꾀할 단계에 이르렀다. 양국은 현재 자유무역협정 논의를 진행 중이지만 진전이 더딘 편이다. 양국 협상팀은 1차 및 2차 협상을 각각 멕시코시티와 서울에서 2007년 12월과 2008년 6월에 개최하였으나, 멕시코 산업계의 반대로 상품 양허안 교환이 이루어지지 못해, 큰 진전을 보지 못하고 있다.

멕시코 산업계는 기존의 FTA들이 자국 상품 수출에 큰 도움을 주지 못했다는 인식을 갖고 있다. 여기에 또다시 한국과의 FTA는 기존의 비대칭적 양국 교역구조를 볼 때, 큰 이익이 없을 것으로 고려하고 있는 것이다. 양국의 발전적 관계를 위해 서로 윈윈하는 FTA 협상을 기대해 보아야 할 시점이다.

30 미국-멕시코 문화 비교

미국과 멕시코의 문화의 차이는 어떤 것이 있나?

멕시코는 미국, 과테말라, 벨리스, 이렇게 3개 국가와 국경을 같이한다. 그중 인적 물적 자원 교류가 제일 활발하며 정치 경제적으로도 중요한 이웃은 미국이다. 이웃나라이지만 양국의 문화는 큰 차이를 보인다. 그 배경을 살펴보자.

우선 멕시코와 미국 두 국가의 형성 과정에서 큰 차이가 있다. 첫 번째, 양국의 식민지 작업은 처음부터 완전히 다른 목적에서 출발하였고 각각 다른 과정을 통해 진행되었다. 미국의 이민사는 종교적인 이유로 시작되었다. 1620년 영국의 청교도들이 종교적 박해를 피해서 고향을 떠나 네덜란드로 옮겨가 살고 있었는데 이들 중 102명이 범선 두 척을 타고 영국을 떠났다. 두 범선 가운데 한 척이 고장을 일으키자 나머지 한 척인 메이플라워호에 모두 옮겨 타게 된다. 약 2개월 만에 오늘날의 미국 동부 프로빈스타운에 도착했다. 종교적 자유를 만끽할 꿈에 부푼 이들은 이곳에서 그들만의 공동체를 세웠다.

두 번째로는 이러한 과정에서 원주민과의 혼혈 문화가 형성되지 않았고 앵글로 색슨 문화를 고수했다는 점이다. 이들은 모두 가족단위로 이주하였으므로 원주민들과 피를 섞지 않았으며 혼혈 자식을 탄생시키지 않았다. 초기 정착 시에 여러모로 도움을 준 '인디언'들은 이후에 배척의 대상이 되어 다수가 학살되었고 원래 주거지에서 쫓겨서 보호구역에서 살게 되었다. 현재 미국 내 원주민은 총인구의 0.8%에 지나지 않는다.

이와 달리 멕시코의 경우에는 다른 라틴아메리카 국가들과 마찬가지로 새로운 땅에서 경제적인 이익을 얻으려는 스페인 정복자들에 의해 혼혈의 역사가 시작된다. 1517년 에르난 꼬르떼스가 부하들을 이끌고 멕시코 땅에 도착했을 때 그들은 가족들을 데리고 온 것이 아니었다. 남자들로만 구성된 이들은 아스떼까 제국을 정복하는 과정에서, 그리고 그 이후로도 현지의 원주민 여성들과 접촉을 가졌다. 이리하여 현재 멕시코 국민들 절대 다수의 정체성을 이루는 메스띠소, 즉 혼혈의 역사가 시작되었다.

정복자 스페인 남자들에게서 혼혈의 자식을 낳은 원주민 여인들에 대해서 멕시코 출신의 노벨 문학상 수상자 옥따비오 빠스(Octavio Paz)는 '라 칭가다(la chingada)', 즉 '강간당한 어머니'라고 불렀다. 멕시코인의 정체성에 대해서 논한 그의 에세이집 '고독의 미로'에서 '라 칭가다'가 멕시코의 대표적인 어머니 이미지 가운데 하나라고 했다.

미국과 멕시코 지역의 원주민 문화의 차이도 간과할 수 없다. 멕시코에서는 다른 중남미 지역과 마찬가지로 농경생활을 중심으로 고도로 발달한 원주민 문명이 존재했다. 아스떼까, 마야 문명은 천문학, 건축, 미술 등 각 분야에서 큰 발달상을 보였다. 반면 미국은 대평원(The Great Plains) 지역을 중심으로 유목생활을 하는 인구가 지배적이었다. 일부 사막과 같은 지역을 포함한 대평원의 자연환경에 적응하기 위해서였다. 아파치, 블랙풋, 통카와 족들은 일 년 내내 유목생활을 하였고, 오마하, 아이오와, 위치타 족 등은 유목생활과 정착생활을 병행하였다. 유목문화는 이동성을 중요시하기 때문에 단순한 생활방식을 고수할 수밖에 없었다. 이곳에서 저곳으로 옮겨 다니는 생활 조건에서 멕시코에서와 같이 거대한 피라미드 건설은 가능하지 않았다.

따라서 미국으로 건너온 유럽 이민자들은 에르난 꼬르떼스 일행이 아스떼까 제국의 도시 떼노치띠뜰란을 처음 보았을 때처럼 새로운 낯선 문명에 대한 경이로움을 느낄 수 없었을 것이다. 현재 미국 문명에 남아있는 원주민의 자취는 오하이오, 와이오밍 등의 지명에서 밖에 찾아볼 수 없다고 해도 과언이 아니다. 고도로 발달된 문명이 남아있는 멕시코에서는 몇 세기에 걸친 식민지 과정에서도 원주민 문화가 소멸되지 않고 스페인 문화와 섞여서 스페인 문화와 원주민 문화와 다른 제

3의 혼혈문화가 탄생하였다. 이 세 가지를 기념하는 삼문화 광장이 멕시코의 수도 한 복판에 자리잡고 있다. 혼혈 문화가 부재하며 앵글로 색슨적인 미국과 원주민의 전통이 대를 이어 살아있는 멕시코는 근본적으로 서로 다를 수밖에 없다.

몇 가지 특성을 비교해보자. 종교적 면에서 살펴보면 멕시코는 스페인의 식민지가 되기 시작할 때부터 가톨릭이 주류를 이룬다. 반면 미국은 '건국의 아버지'라고 불리는 메이플라워 청교도 이민자를 시초로 개신교가 대부분이다. 따라서 멕시코의 공휴일에는 가톨릭과 관계된 날들이 많이 있다. 그리고 도시와 시골을 막론하고 자기가 사는 곳의 수호성인의 축일이 되면 마을 단위로 큰 축제를 벌인다. 이것은 미국에서는 볼 수 없는 풍경이다.

멕시코인들과 미국인들은 둘 다 친절하다. 그런데 그 친절의 느낌이 다르게 다가온다. 멕시코의 친절은 때로는 과장된 경우가 많다. 특히 외국인에게는 더 친절하다. 낯선 외국인이 길을 물어보는데 모른다는 말을 하기가 미안하고 부끄럽다. 부끄러움은 곧 고통이다. 그래서 엉뚱한 길을, 그것도 아주 친절하게 가르쳐 주는 사람들이 종종 있다. 멕시코의 대표적인 소설가 까를로스 푸엔떼스(Carlos Fuentes)는 멕시코에서 고통을 나타내는 '뻬나(pena)'가 '부끄러움'이란 뜻으로 쓰인다는 점을 지적하였다. 거절을 할 때 느끼는 '부끄러움의 고통'을 피하기 위해 멕시코인들은 면전에서 '노'라고 잘 하지 않는다. 간혹 '노'라고 말할 때면 고통스러운 표정을 지으며 그 이유를 길게 설명을 하거나 아니면 상대방이 상처받지 않도록 아예 거짓말로 포장을 한다. 이것은 스페인에서 온 전통인지도 모른다. 스페인 말로 '알약에 금칠하다(dorar la píldora)'는 '나쁜 소식을 전할 때 충격을 줄일 수 있도록 표현을 부드럽게 하다'는 뜻이다. 같은 스페인어 권 국가들 중에서도 멕시코에서는 장황하게 돌려 말하는 예절바른 표현이 발달했다는 점을 인정한다. 반면 미국에서는 '예스'는 '예스'이고 '노'는 '노'일 가능성이 비교적 더 높다. 따라서 멕시코 사람들이 '시(예스)'라고 할 때는 눈치 빠르게 상황을 판단하여 해석해야한다.

이런 사회적 맥락을 모르는 외국인들은 멕시코에서 황당한 경험을 자주 겪는다. 친한 사이나 또는 초면인 경우에도 친밀한 대화가 무르익으면 멕시코인들은 여러 가지 약속을 한다. 언제 한 번 보자든지, 집에 초대하겠다든지, 어떤 것을 구해주겠다든지, 무엇을 가르쳐주겠다는 따위의 약속을 분위기에 휩쓸려 한다. 그러나 그리고 헤어진 후 감감무소식일 수 있다. 이럴 땐 분노나 실망하기보다는 만남의 순간의 분위기를 최선으로 유지하려는 친절의 노력이라고 해석을 하는 것이 좋다.

한때 스페인 식민지였던 라틴아메리카 국가 대부분들과 마찬가지로 멕시코에서는 융통성이 있다. 좋게 말하면 융통성이지만 나쁜 쪽으로 심화되면 부정부패가 되는 것이다. 멕시코인들은 규칙은 경우에 따라서 깰 수도 있는 것으로 인식한다. 반면 미국에서는 표면적으로 정확하고 공정하고자하는 강박관념이 있다. 교통경찰에게 신호 위반으로 걸렸을 때 융통성을 호소하다가 봉변을 당할 수 있다. 시간관념도 다르다. 미국 사람들은 시간 약속을 철저하게 지키지 않으면 사회생활을 포기해야 한다. 이와 달리 멕시코에서는 집에 6시에 초대받으면 6시 반에서 7시에 도착해야한다. 정시에 가면 집주인이 당황한다. 공적인 약속도 마찬가지이다. 30분 정도 늦는 것은 얼마든지 있을 수 있는 일이다. 만남에서 우위를 가진 쪽이 한 시간 이상 지각해도 기다리는 사람이 아무런 불평이 없는 것은 물론이다.

멕시코인의 융통성은 다음과 같은 경우에도 잘 나타난다. 예를 들어 집에서 파티를 열 때 친구 10명을 초대하면 모두들 온다고 해놓고 이 중에 6명만 온다. 그리고 이 6명이 각각 자신의 친구들을 데려오고, 또 이 친구들은 자기 친구를 데려올 수도 있다. 10명을 초대했는데 초대받은 사람들이 가지치기를 하여 20명이 올 가능성이 있는 곳, 그리고 생각지도 않은 손님들이 찾아와도 모두 반갑게 맞아주고 즐거운 모임을 가질 수 있는 곳이 멕시코이다.

규범 준수의 융통성의 다른 예를 체험해 보려면 멕시코 주택가를 주말에 방문해보면 된다. 주말에는 집에서 크고 작은 모임이 열리는데 모임이 무르익으면 음악을 크게 튼다. 음악에 맞춰 춤을 추는 경우가 많으며 노래를 부를 수도 있다. 그런데 음악을 온 동네가 다 떠나가도록 볼륨을 높여서 밤새도록 들어도 누구 하나 항의하는 이웃이 없다. 이웃집에서 즐거운 시간을 보내도록 너그럽게 봐주는 것이다. 이리하여 다음 기회에 자신의 집에서 잔치를 벌이며 고성방가를 해도 떳떳할 수 있게 된다. 이 또한 미국에서는 용납되지 않는 현상이다.

또 다른 차이를 살펴보자. 공적인 관계에서 잘못을 저질렀을 때 미국 사람은 '미안하다. 내 실수다'하고 사과하고 인정하는 반면, 멕시코 사람은 여간해서는 미안하다는 말을 하지 않는다. 물론 지나가는 사람을 실수로 건드리거나 하면 반드시 미안하다고 한다. 그리고 사적인 관계에서는 사과를 꼭 한다. 그러나 공적인 차원으로 넘어가면 자신의 잘못과 책임을 잘 인정하지 않으려는 경향이 있다. 역시 이것도 규범 준수의 융통성과 관계있는 듯하다.

멕시코와 미국의 또 다른 문화적 차이는 가족의 긴밀한 유대라는 면에서 볼 수 있다. 멕시코인들은 가족과 친지들 사이를 가깝게 유지하고 큰일이 있을 때 외에도 평상시에 자주 모여서 친목을 도모한다. 결혼이나 기타 큰 행사가 있어서 비용이 많이 들 때는 모두가 뭉쳐 행사를 치른다. 전통적으로 대가족을 이룬다. 장성한 자식들이 독립하지 않고 부모, 조부모와 같이 살거나 인근에 사는 경우가 많다. 이모, 고모, 삼촌, 사촌, 조카들과 한 지붕에 사는 집도 흔히 볼 수 있다. 반면 미국은 18세가 되면 대개 부모를 떠나 독립을 한다.

미국에서는 파트타임 일거리가 멕시코보다 많이 활성화된 것이 이것을 가능하게 한다. 또 직업에는 귀천이 없다는 의식이 자리 잡았기 때문에 부모가 돈이 있어도 자식들이 손을 벌릴 생각을 하지 않고 업종에 상관없이 일을 하여 먹고 산다. 멕시코의 경우 부모가 경제적인 능력이 있는데 자식들을 패스트 푸드점이나 식당 종업원을 시키는 경우는 드물다. 대학생의 경우 아르바이트가 아니라 아예 정식으로 취직을 하는 경우가 많다. 멕시코에서는 대학진학률이 낮기 때문에 학사 학위를 아직 취득하지 않은 상태에도 일자리를 구할 수 있다. 이럴 때에도 부모와 같이 사는 것이 아무런 문제가 되지 않는다. 반면 미국에서 성인이 되어도 독립을 하지 않고 부모 집에 얹혀살면 사회적으로 문제가 된다. 토크쇼에 참가한 사람들이 "내 자식은 성인인데 아직도 내 집에서 나가지 않는다"며 고민하기도 한다.

31 멕시코 영화

세계적 영화 산업 강국 멕시코?

멕시코에 활동사진이 첫 선을 보인 것은 1896년이다. 당시 대통령인 뽀르피리오 디아스 앞에서 뤼미에르 형제가 보낸 사람들이 보여준 영상을 멕시코 최초로 감상하였다. 파리에서 최초의 영화가 상영된 지 8개월 만의 일이다. 1897년에 〈시청 앞 광장의 싸움〉이라는 첫 무성영화가 탄생하였고, 1906년에는 디아스 대통령의 유까딴 반도 방문을 찍은 〈메리다의 대통령 잔치〉라는 제목의 기록영화가 제작되었다.

제2차 세계대전 이후 이웃나라 미국에서 영화산업이 발달함에 힘입어 멕시코에서도 영화 전성기가 도래하였다. 이를 '멕시코 영화의 황금기'라고 부른다. 1940년대부터 시작한 이 시기에 만들어진 멕시코 영화는 다른 라틴아메리카 국가에도 널리 퍼져나갔다. 멕시코 태생은 아니지만 이 시기에 멕시코에서 활발하게 활동한 감독으로 루이스 부뉴엘(Luis Buñuel)과 그가 멕시코에서 촬영한 〈잊혀진 사람들(Los olvidados)〉을 언급할 필요가 있다. '황금기'를 대표하는 배우들로는 돌로레스 델 리오(Dolores del Río), 희극 배우 깐띤플라스(Cantinflas), 마리아 펠릭스(María Félix), 뻬드로 인판떼(Pedro Infante), 호르헤 네그레떼(Jorge Negrete), 뻬드로 아르멘다리스(Pedro Armendáriz), 별명이 '인디오'였던 에밀리오 페르난데스(Emilio 'El Indio' Fernández) 그리고 부뉴엘 영화에 출연했던 실비아 삐날(Silvia Pinal)을 꼽을 수 있다. 위의 배우들 중 돌로레스 델 리오는 헐리우드의 무성영화와 유성영화에서 활약하였다. 이로써 미국에 진출한 최초의 배우가 되었다.

1950년대 말부터 멕시코 영화계는 조금씩 쇠퇴하기 시작했다. 제작 수가 감소하였고 질도 떨어졌다. 제작자들은 천연색 영화를 만들 때 '테크니컬러'나 '메트로컬러'보다 값이 싼 '이스트먼컬러'를 쓰기 시작했다.

1960년대에도 사정은 나아지지 않았다. 가벼운 희극물이나 록큰롤 가수가 등장하는 청춘물 위주였다. 검열 때문에 건전한 국내용과 수출용인 무삭제본을 따로 편집하는 것이 관례였다. 1970년이 되자 영화산업은 바닥을 쳤다. 이는 루이스 에체베리아(Luis Echeverría: 1970 ~ 1976) 정권기의 정부 주도의 영화 산업 진흥책의 실패, 호세 로뻬스 뽀르띠요 대통령(1976 ~ 1982 재임)의 친인척 위주 인사(여동생을 방송위원회 위원장으로 임명했음) 등을 그 원인으로 들 수 있다. 로뻬스 뽀르띠요 정권기에는 영화 제작비 지원 삭감으로 인헤 연간 제작수가 절반으로 감소하였다. 또한 아직도 남아있는 검열로 인해 영화인들은 표현의 자유에 한계를 느꼈다.

1980년대에는 '피체라스(ficheras)' 장르가 성행하였다. 술집여인들이 등장하는 애로틱한 코메디이다. 한편 '또르띠야 웨스턴', '까브리또 웨스턴', 또는 '칠리 웨스턴'으로 불리는 멕시코식 서부영화도 인기를 끌었다.

1990년대에는 다양한 소재를 다룬 작품이 등장하였다. 예를 들어 1968년 멕시코시티 뜰랄뗄롤꼬에서 있었던 학생들에게 가해진 무력 진압과 학살 사건을 다룬 〈붉은 새벽(Rojo amanecer)〉처럼 금기시된 과거를 다룬 영화도 있다. 1990년대를 멕시코 영화의 부활기로 보는 시각도 있다. 이는 〈달콤쌉싸름한 초콜릿(Como agua para chocolate)〉를 비롯한 영화들이 해외에서 성공을 거두었기 때문이다.

최근 멕시코 영화계에서 주목할 만한 사항은 헐리우드를 비롯해서 외국으로 진출하는 영화인이 많아졌다는 것이다. 〈그리고 너의 엄마도(Y tu mamá también: 2001)〉을 통해 한국에도 알려진 알폰소 꾸아론 감독은 1995년에 미국에서 〈소공녀〉를, 2004년에 〈해리포터와 아스카반의 죄수〉를, 그리고 2006년에 〈칠드런 오브 맨〉을 내놓았다.

공포 영화가 주특기인 기예르모 델 또로(Guillermo Del Toro) 감독은 〈미믹(1997)〉, 〈악마의 등뼈(2001)〉, 〈블레이드 II(2002)〉, 〈헬보이(2004)〉, 〈판의 미로(2006)〉로 국제적으로 명성을 떨치고 있다. 광고감독 출신인 알레한드로 곤살레스 이냐리뚜(Alejandro González Iñárritu)

는 아카데미 최우수 외국영화상 후보에 올랐던 〈아모레스 페로스(2000)〉 이후에 〈21그램(2003)〉, 그리고 〈바벨(2006)〉을 미국에서 촬영하였다.

국제적으로 활동하는 배우들은 다음과 같다. 살마 하엑(Salma Hayek)은 멕시코계 미국인 감독 로버트 로드리게스(Robert Rodríguez)의 〈데스페라도(1995)〉, 〈황혼에서 새벽까지(1996)〉에 출연하기 시작하면서 미국 영화계의 관심을 끌었고 이후 여러 미국 영화에 주연과 조연으로 등장하였다. 2002년도 작인 〈프리다〉에서는 제작에 참여하고 주연을 맡아 이듬해 아카데미 여우주연상 후보에 오르기도 하였다.

가엘 가르시아 베르날(Gael García Bernal)은 영국으로 건너가서 연기수업을 받으면서 해외 진출을 꿈꾸었다. 〈아모레스 페로스〉와 〈그리고 너의 엄마도〉, 〈아마로 신부의 범죄(2002)〉와 같은 국내 영화에 등장한 후 스페인의 대표적 감독 뻬드로 알모도바르(Pedro Almodovar)의 〈나쁜 교육(2004)〉에서 여장남자 역을, 브라질의 월터 살레스 감독의 〈모터사이클 다이어리(2004)〉에서는 젊은 체 게바라 역을 열연하였다. 2006년에는 프랑스의 미셸 공드리 감독의 〈수면의 과학〉에도 출연하였다.

디에고 루나(Diego Luna)는 가엘 가르시아 베르날과 어릴 적에 같은 TV 연속극에 출연하였다. 이후 〈그리고 너의 엄마도〉에 같이 출연하면서 친분을 쌓아왔다. 7편의 국내영화에 출연 후, 2000년 〈비포 나잇 폴스〉에, 2002년 〈프리다〉에 단역으로 출연하면서 헐리우드에 진출하였다. 이후 〈더티댄싱: 아바나 나이츠(2004)〉 등의 영화에서 주연을 맡으며 활발한 활동을 펼치고 있다. 또한 연극배우이기도 하다. 2003년부터 8편의 영화를 제작하였고 2007년 〈J. C. 차베스〉로 감독에 데뷔하였다. 이 밖에 많은 스텝들이 헐리우드에서 활동 중이다. 국내 영화산업이 흥망과 관계없이, 큰 야망과 뛰어난 자질을 갖춘 멕시코 영화인들은 앞으로도 국제무대에 지속적으로 도전할 것으로 전망된다.

32 벽화 미술

멕시코의 벽화미술은 어떻게 발전하였나요?

01 시작

1920년대에 일어났던 멕시코 혁명이 끝나자 오브레곤 정부는 혼란한 정국을 안정시키고 멕시코의 문화를 부흥시키려 하였다. 교육부 장관을 역임했으며 멕시코국립대학교 총장이었던 호세 바스꼰셀로스(José Vasconcelos)는 당시 활약이 컸던 젊은 미술가들에게 공공건물의 벽면에 멕시코의 역사과 문화를 담은 벽화를 그리도록 하였다. 아직 문맹률이 높은 멕시코에서 대중을 계몽하기 위해서는 벽화가 효과적이라고 판단했기 때문이다.

이를 계기로 일어난 멕시코 벽화미술운동의 주역은 디에고 리베라(Diego Rivera: 1885 ~ 1957), 호세 끌레멘떼 오로스꼬(José Clemente Orozco: 1883 ~ 1949), 다빗 알파로 시께이로스(David Alfaro Siqueiros: 1896 ~ 1974)이다. 주요 주제는 고대 멕시코 역사의 재조명, 독립 운동과 혁명사의 재정립이었다. 근간을 이루는 사상은 반제국주의와 반식민주의 그리고 민족주의라고 할 수 있다.

대중예술운동으로써 본격적인 벽화운동이 일어나기 전에 멕시코에서는 다른 문명권과 마찬가지로 발달된 벽화의 전통을 볼 수 있다. 현재 남아있는 아스떼까와 마야 등의 유적지에서 여러 형태의 벽화가 있다.

02 주요 인물

벽화운동의 삼대 거장 중 제일 중요한 인물은 디에고 리베라이다. 산 까를로스 미대에서 수업을 받을 때부터 뛰어난 사실적 묘사로 이름을 날린 그는 유럽 유학 시절 중 신 인상주의부터 입체파까지 다양한 사조를 접하였다. 14년 동안 스페인, 프랑스 그리고 이탈리아를 거치면서 벽화가로서 기본적인 소양을 다졌다. 특히 이탈리아에서는 르네상스 시대의 프레스코 벽화에 대하여 깊이 연구하였다.

리베라는 과거로부터 지속적으로 억압받아온 원주민과 농민들을 주로 그렸다. 특히 원주민의 삶에 관심이 많았던 그는 현재의 멕시코가 원주민 문명과 스페인 문명 양쪽에 뿌리를 두었으며 바로 이것이야말로 멕시코의 정체성임을 나타내었다. 그의 벽화는 화려한 색채와 생생한 사실주의적 묘사가 특징이다. 스페인 정복 이전의 멕시코의 일상을 여러 면에서 세밀하게 나타내었다. 멕시코시티의 곳곳에서 모렐로스주의 꾸에르나바까에 있는 에르난 꼬르떼스의 궁전에서도 그의 작품을 볼 수 있다. 리베라의 부인 프리다 칼로(Frida Kahlo)도 화가이며, 그가 그린 벽화 속에 여러 차례 등장하기도 했다.

시께이로스는 정치적으로도 매우 활발한 활동을 벌인 화가이다. 1940년에 멕시코에서 망명 중인 레온 트로츠키 암살을 꽤하기도 했다. 리베라와 같은 사실주의적 표현은 부족하지만 마르크스주의의 메시지를 더욱 더 극적이고 명확하게 드러내었다. 멕시코 벽화운동 주자들 중에서 제일 선동적인 스타일이 특징이다. 삼차원적인 입체적인 묘사로 화면 밖으로 튀어나올 것 같은 느낌을 준다. 억압받는 민중들에 초점을 두었으며 압제자들은 그로테스크하게 희화하였다. 그의 대표적인 벽화를 보려면 멕시코시티에 있는 예술궁전, 차뿔떼뻭 성, 그리고 멕시코 국립자치대학 캠퍼스를 방문하는 것이 좋다.

오로스꼬는 혁명을 직접 피부로 겪은 화가였다. 산 까를로스 미대에 재학하면서 엄격한 테크닉 교육을 받았으며 이때 상징주의를 접하게 되었다. 특히 아틀 박사(Doctor Atl)라는 별명으로 알려져 있는 헤라르도 무리요 꼬르나도(Gerardo Murillo Cornado) 교수의 영향을 크게 받았다. 아틀 박사는 수업시간 중 벽화나 대중 예술의 필요성에 대해서 역설했다고 한다. 또한 풍속 판화가 호세 구아달루뻬 뽀사다(José

Guadalupe Posada)의 영향으로 신문에 신랄한 풍자 캐리커처를 연재하기도 했다.

오로스꼬의 벽화는 시께이로스에 비하면 비교적 덜 선동적이지만 매우 풍자적이다. 구체적으로 역사적 사실이나 정치적 사건을 다루기보다는 한 차원 높여서 거시적이며 보편적인 인간 조건을 그려내었다. 그의 벽화는 멕시코시티의 예술궁전에서 볼 수 있듯이 폭력이나 불의의 장면을 묘사하고 있지만 그에 대한 해답으로 특정한 이데올로기를 내세우지 않는다. 힐리스꼬 주의 과달라하라 시에서 그가 1936년에서 1939년 사이에 제작했던 작품을 볼 수 있다.

위의 삼대 거장 외에 벽화운동에 참여했던 사람으로 오아하까 출신의 루피노 따마요(Rufino Tamayo)가 있다. 그의 벽화는 역사나 정치와는 무관했으며 추상적이고 신화적인 장면을 다루었다. 옥따비오 빠스는 따마요가 멕시코의 역사나 현실을 직접적으로 소재로 삼지 않았으나 전체적인 화풍이 지극히 멕시코적이라고 평하였다.

아일랜드 이민자 후손인 후안 오고르만(Juan O'Gorman: 1905~1981)은 리베라보다 더욱 사실적이며 세밀한 묘사로 유명한데, 그의 대표작은 멕시코 국립자치대학교 중앙도서관 외부의 모자이크이다. 원주민 문명, 스페인의 멕시코 정복, 멕시코 혁명, 멕시코 국립자치대학교 설립 등 역사적 주제를 멕시코 전국에서 수집된 여러 가지 색의 원석 모자이크로 표현하였다.

03 발전 과정

1920년대 정부의 지원 하에 시작된 벽화운동에 참여한 젊은 화가들은 사명감을 가지고 진보적인 메시지를 그림을 통해 대중에게 알리려 하였다. 그러나 혁명 후의 정부는 차차 보수적인 성향으로 바뀌어갔으며 보수적인 가톨릭 학생들이 오로스꼬와 시께이로스가 국립예비학교에 제작하던 벽화를 못마땅해 하며 벽화 작업을 반대하였다. 이어서 바스꼰셀로스가 정권이 교체되자 벽화운동에 대한 지원이 끊어졌다. 이로 인해 결국 오로스꼬와 시께이로스는 작업을 중단한 채 학생들에 의해 거리로 추방되었으며. 진행 중이던 벽화들은 일부 과격한 학생들에 의해 파손되었다. 중단되었던 벽화를 다시 그리기 위하여 세 거장은 팔기 위한 그림을 그려 자금을 마련하여 우여곡절 끝에 벽화를 완성하였다.

벽화운동은 차차 멕시코 벽화를 공식적인 미술의 한 흐름으로서 예술적인 가치를 인정받게 되었다. 초기인 혁명 직후에는 국지적인 사건에 제한되던 벽화의 소재가 1920년대 말부터 멕시코 역사에 대한 재인식과 독립과 혁명의 결과 새롭게 조명된 국가관으로 옮겨갔다. 이로서 벽화를 통해 자신들의 역사를 분석하고 새로운 정체성을 확립을 하게 되었다. 이러한 노력을 통해서 멕시코 만의 독특한 화풍을 구축하였던 점은 멕시코 벽화운동의 큰 수확이다.

1930년에는 멕시코 벽화는 더욱 발전된 모습을 보였으며 국제적으로 큰 주목을 받게 되었다. 국외로 널리 알려지게 된 계기는 리베라와 오로스꼬 등의 벽화가들이 미국에서 활동한 것이다. 진보적인 이념과는 대치되는 자본주의의 본고장인 미국에서 명성을 얻게 되자 멕시코 벽화는 다른 라틴아메리카 국가를 비롯하여 유럽에까지 알려지게 되었다.

현대에 와서는 '치카노'라고 불리는 미국으로 이민간 멕시코인들도 벽화운동을 계승하였다. 멕시코인과 관계있는 소재들을 벽화로 표현함으로써, 멕시코계 미국인 공동체의 정체성 확립 작업의 일환이 되었다.

04 쇠퇴

벽화운동은 제2차 세계대전 이후에도 오랫동안 지속되었다. 그러나 1940년대 중반부터 반복된 주제에 식상하게 되었고, 벽화운동에 참여했던 예술가들은 개인적인 활동에 몰두하게 되었다. 1960년대에는 3대 거장들 중 리베라와 오로스꼬가 사망하였고 그 뒤를 이을만한 화가가 나타나지 않았다. 게다가 사실주의에 속했던 벽화와 달리 추상표현주의가 지배적인 사조로 떠올랐다.

05 의의

멕시코 벽화운동 전에는 라틴아메리카의 예술계는 유럽의 사조를 한 발 늦게 따라가며 모방을 하는 것에 그쳤다. 그러나 벽화운동을 통해서 라틴아메리카의 역사와 정서를 잘 대변하는 고유의 화풍을 창조하게 되었다. 그리하여 유럽에 기대하지 않고 스스로 고유의 문화를 창조해 갈 수 있는 가능성을 일깨우는 계기가 되었다.

33 신크레티즘

멕시코에도 신크레티즘이 있나요?

고도로 발달한 신화체계와 우주관을 바탕으로 한 다신교를 믿어오던 멕시코의 원주민들은 무장된 스페인 정복자들에게 가톨릭으로 개종할 것을 강요당했다. 원주민들은 마지못해 세례를 받고 개종을 했다. 그러나 수세기 동안 믿어왔던 토속 종교의 요소를 하루아침에 버릴 수 없어서 여러 가지 형태로 가톨릭에 은밀히 포함시켰다. 멕시코에서는 가톨릭과 요루바 신앙이 융합된 쿠바의 산떼리아(santería)의 경우와는 달리 외견상으로는 거의 모두 가톨릭을 믿고 있다.

멕시코 가톨릭 신자의 정신적 지주인 과달루뻬 성모의 숭배는 가톨릭을 표방한 신크레티즘의 형태의 일종이다. 1531년 후안 디에고라는 원주민이 목격했다는 이 성모는 기존 교회가 묘사한 유럽인의 모습이 아니라 원주민들처럼 피부가 갈색인 점이 특징이다. 선교사들은 구아달루뻬 성모를 통해서 선교에 박차를 가했고, 현재 멕시코 가톨릭 신자들의 정신적인 어머니로 추앙을 받고 있다. 목격자 후안 디에고는 2002년 성인으로 시성되기까지 했는데, 학계에서는 구아달루뻬 성모 이야기가 선교를 목적으로 조작되었다는 의견도 있다. 원주민들이 구아달루뻬 성모를 거부감 없이 받아들인 이유는 아스떼까 신들의 어머니인 또난친과 동일시했기 때문이다.

순수 원주민 공동체를 가보면 신자들이 더욱 더 독실한 가톨릭을 표방하며, 마을 내에서 개신교로 개종하는 것을 허용하지 않는다. 멕시코 언론에서는 원주민 공동체에서 기존 천주교 집단과 소수 개신교 집단의 갈등과 대립이 자주 보고 된다.

마야족의 후손들이 사는 멕시코 남부 치아빠스 주의 산 후안 차물라(San Juan Chamula) 마을의 사례를 통하여 멕시코에서 신크레티즘이 어떻게 나타나는지 알아보자. 이곳에는 마야의 전통 신앙과 가톨릭이 혼합된 형태로 나타난다.

초칠(Tzotzil) 부족으로 이루어진 이곳 주민들은 스페인 침략자들에게 격렬하게 대항했고, 메스띠소 정권이 탄생한 후에도 저항을 계속했다. 오늘날 이들은 자신들이 철저한 가톨릭 신자임을 믿어 의심치 않는다. 그러나 마을 중심에 자리잡은 성당을 방문하면 이들이 과연 가톨릭인지 의문점을 품게 된다. 마을 이름에서 나타나듯이 '산 후안', 즉 성 요한이 마을의 수호성인이며, 예수보다 한 등급 더 높은 성인으로 추앙 받는다. 성당 안에는 벽을 따라 각종 성자의 상이 늘어서 있다. 모두 거울과 화려한 의상으로 치장되었다. 거울은 악령을 반사해 내보내기 위한 것으로 마야 전통 신앙의 영향이다. 독특한 것은 성 요한의 상이 예수상보다 더 중요한 곳에 자리 잡았으며 더욱 더 화려하게 꾸며져 있다.

성당 안에는 신도들이 앉아서 예배를 드리는 긴 의자 대신 맨 바닥에 솔잎이 깔려있다. 향냄새가 진한 가운데 사람들은 이 바닥에 앉아서 촛불을 여러 개 밝혀놓고 원주민어로 기도를 한다. 어떤 이들은 달걀을 몸에 대고 굴리기도 한다. 샤만이 사람들에게 주문을 외우기도 하고 닭을 제물로 바치기도 한다. 모두 손에는 코카콜라 병을 들고 수시로 마셔가며 기도를 하는데, 탄산음료를 마신지라 기도 중에 크게 트림을 하는 것을 흔히 볼 수 있다. 이것은 몸에 들어간 악령이 트림과 동시에 몸 밖으로 빠져나간다고 믿기 때문이며, 신도들은 이것을 매우 경건하게 실행한다. 원래는 '포쉬(posh)'라는 전통 음료를 마시면서 행해졌는데, 현대에 와서 탄산가스가 다량 함유된 코카콜라로 바뀌었다.

이러한 방식들은 마야의 신앙이 가톨릭의 형태 안에서 이어지는 것이다. 가톨릭의 십자가도 마야 전통에서는 다른 의미를 가지고 있다. 마야인들은 십자가에 대한 거부감이 없었다. 마야 신화에 등장하는 우주의 중심을 상징하는 세이바 나무 모양과 같기 때문이다.

이 성당에서는 사진 촬영이 절대적으로 금지되어 있으며 몰래 사진을 찍다가 적발되면 큰 형벌을 받을 것이라고 순찰대가 경고를 한다.

차물라는 다른 원주민 마을과 마찬가지로 자치지역이며, 연방 경찰이 없이 자체 경찰이 있다. 따라서 연방 사법권의 사각지대인 이곳에서 성당 안의 광경을 촬영하다가 경비에게 들키는 경우 카메라는 파손되고 구타를 당해도 법에 호소할 수 없다.

이 마을에서는 천주교가 아닌 다른 종교로 개종하는 것은 위법으로 간주된다. 그러나 술꾼 남편의 폭력에 시달리는 차물라 여성들이 복음주의 교파의 개신교에 매력을 느낀다. 그러나 주로 미국에서 온 개신교 선교사들을 통해 개종을 한 주민들은 마을에서 추방당한다. 개종을 위법으로 규정하고 고액의 벌금을 물리고 감옥에 가두는 방법으로 압력을 가한다. 개종한 주민들의 집에 수도나 전기를 끊는다거나, 폭력을 행사하기도 하고 심한 경우에는 아예 마을에서 추방하기도 한다. 이러한 배타성은 다른 원주민 마을에서도 흔히 볼 수 있는데, 가톨릭은 이들의 삶에서 종교일 뿐 아니라 생활양식과 관혼상제, 각종 절기와 축제에 중요한 부분을 차지하기 때문에 가톨릭의 의식을 거부하는 개신교의 신자들과 공동체 생활에서 마찰이 생기기 때문이다.

또 다른 신크레티즘의 예는 각 지역마다 모시고 있는 수호성인 숭배이다. 가톨릭 달력에는 매일 특정한 성인의 축일인데 이를 기리며 축제를 벌이면서 이전에 섬기던 신에게 제사를 지내는 것이다. 이것의 대표적인 예로는 멕시코시티 남부 소치밀꼬(Xochimilco) 지역에서 이루어지는 '니뇨빠(niñopa)' 숭배이다. '니뇨(niño)'는 스페인어로 '어린 아이'란 뜻으로 아기 예수를 뜻하는데, 아기 예수 인형을 모시고 숭배하는 풍습이다. 매년 2월 2일이 되면 니뇨빠 인형이 새로운 '집사'의 집으로 인계인수되며, 1년 동안 이 집에서 머무른다. 새 집사는 니뇨빠 인형에게 새 옷을 입히고, 장난감과 기타 선물을 바치고, 기도하러 오는 이들에게 먹을 것을 대접한다. 낮에는 인형을 요람에 '재운다'. 밤에는 이 아기 예수가 돌아다닌다고 믿기 때문이다.

사람들은 니뇨빠가 기적을 일으킨다고 믿고 열정적인 믿음을 쏟으며 소원을 빈다. 이는 가톨릭의 지배 하에 금지되었던 원주민 신 숭배 의식을 하기 위한 것이며, 겉으로 보면 가톨릭 의식이지만 사실상 아스떼까의 주요 신 중의 하나인 우이칠로뽀치뜰리를 숭배하는 것이라는 이론이 있다. 우이칠로뽀치뜰리는 아스떼까 신앙에서 태양을 상징한다.

식민지 시대의 교회 건축물에서도 신크레티즘의 예를 볼 수 있다. 이 스타일은 '떼끼스끼(tequisqui)' 또는 '떼끼께(tequique)'라는 용어로 알려져 있다. 유럽의 양식과 원주민 양식이 혼합된 스타일로 꾸며져 있다. 원주민들이 유럽 건축물을 직접 보지 못하고 선교사들의 그림과 설명에 의존해서 교회를 지어야 했기 때문에 로마네스크, 고딕, 르네상스와 같이 유럽의 지난 세기의 스타일이 원주민 표현 양식과 뒤섞여 있는 것이 특징이다. 정교하고 복잡한 장식의 일부분으로써 해와 달, 별과 같이 원주민의 신앙의 대상을 새긴 것을 흔히 볼 수 있다. 또한 까를로스 푸엔떼스는 "아메리카 대륙에서 바로크는 이 정복당한 민족에게도 하나의 공간, 다시 말해서 콜럼부스나 코페르니쿠스도 실제로 줄 수 없었던 그런 장소 - 피정복민들이 그들의 신앙을 교묘히 위장하여 그것을 보호할 수 있었던 장소 - 를 마련해 주었다"고 했다. 정복자들의 신앙을 억지로 받아들였던 원주민들은 매 주 미사를 보러 성당에 갈 때 성당 입구에 새겨진 자신들만이 알아 볼 수 있는 본래 신앙의 상징을 보고 위안을 얻었을 지도 모른다.

멕시코 중부 뿌에블라 주의 촐룰라는 교회 건물이 많기로 유명한 곳인데, 그곳의 산따 마리아 또난친뜰라 교회는 16세기에 세워진 건물이다. 이 교회는 예수의 이미지와 원주민의 신화에 등장하는 께찰꼬아뜰 신이 공존한다. 이와 같은 싱크레티즘 교회 양식이 멕시코 전역에 존재한다.

34

인종문제

멕시코의 인종문제는 어떤 양상을 띠나요?

멕시코는 다인종 국가다. 원주민과 스페인계의 혼혈인 메스띠소가 75%로 가장 많다. 백인은 약 12% 내외로 집계되는데 주로 스페인, 프랑스, 이탈리아, 독일 이민 자손으로 구성되어 있고, 주로 동유럽의 여러 국적 출신의 유대인도 여기에 포함된다. 기타 아프리카계, 아랍계, 아시아계는 총 인구의 2%에 못 미친다.

순수 원주민은 조사 기관에 따라 6%에서 14%까지 달라진다. 그 이유는 각 기관마다 어떤 사람들을 원주민이라고 규정하느냐 하는 기준이 다르기 때문이다. 국립지리통계정보기관(INEGI: Instituto Nácional de Geografía, Estadística e Informática)은 원주민 인구가 전체인구의 약 6%라고 하는데, 원주민을 원주민어를 구사할 수 있는 주민들로 한정했기 때문이다. 반면 국립원주민개발위원회(CDI: Comisión Nacional para el Desarrollo de los Pueblos Indígenas)가 세운 기준은 위와 다르다. 언어적인 조건 외에도 출신지, 자신과 부모가 스스로를 원주민이라고 생각하는가의 여부 등 폭넓은 기준을 가지고 조사를 한다. 따라서 원주민 인구가 10%에서 14%에 달한다는 통계결과를 제시한다. 순수 원주민들 중에서도 현재 원주민어를 사용하지 않고 스페인어만 사용하는 인구가 늘어나는 추세를 감안할 때 후자의 기준이 더 합리적이다. 또한 이보다 더 수치를 높여야 한다는 의견도 있다. 왜냐면 순수 원주민 혈통을 이어받은 사람일지라도 원주민을 차별하는 사회에서 생존하기 위해 자신의 원주민으로서의 정체성을 부정하는 경우가 있기 때문이다.

원주민들은 현재 50여 종족이 있고 60여 개 언어가 남아 있다. 고유의 풍습을 고수하는 이들은 그들만의 언어, 어눌한 스페인어, 독특한 옷차림, 머리모양으로 거리에서도 눈에 띈다. 내가 쓰고 있는 말이 내

나라의 공식어가 아니고 한낱 '원주민어'로 취급받는다. 원주민 어린이들은 태어나 철이 들면서 멕시코 공식어인 스페인어라는 전혀 다른 언어를 새로 배워야 하는 차별을 숙명처럼 받아들인다.

이들은 콜럼부스가 바하마 군도 근처에 상륙하면서 아메리카를 인도로 착각한 이래 졸지에 '인도사람', 즉 '인디오'가 되었다. 오늘날 멕시코에서 누구를 '인디오'라고 부르는 것은 큰 욕이며 검은 피부와 촌스러움을 통틀어 경멸하는 뜻이 들어 있다. 원주민들은 조상 대대로 살아온 땅에서 이방인의 삶을 살고 있다.

독립 이전 스페인 식민지 시대에는 인종 간의 혼혈 정도에 따라 이름을 붙인 카스트 구분표가 있었다. 18세기에 작성된 이 표를 통해서 당

끄리오요	멕시코 태생의 스페인계
메스띠소	스페인 사람+원주민
물라또	스페인 사람+흑인
삼보	원주민+흑인
까스띠소	스페인 사람+메스띠소
모리스꼬	스페인 사람+물라또
치또 또는 알비노	스페인 사람+모리스꼬
살따 아뜨라스(뒤로 건너뛴다)	스페인 사람+알비노
로보(늑대)	원주민+살따 아뜨라스
히바로	로보+치노
삼비아호	로보+원주민
깜부호	삼비아고+원주민
깔빠물라또	삼비아고+로보
알바라사도	깜부호+물라또
뗀떼 엔 엘 아이레(공중에 떠있다)	또르나 아뜨라스+스페인 여자
뗀떼 엔 엘 아이레	깜부호+원주민 여자
뗀떼 엔 엘 아이레	히바로+물라따 여자
뗀떼 엔 엘 아이레	알바라사도+히바로 여자
노 떼 엔띠엔도(너를 이해할 수 없다)	뗀떼 엔 엘 아이레+물라또
바르시노	알바라사도+물라또
꼬요떼(멕시코 늑대)	바르시노+물라또
또르나 아뜨라스(뒤로 돌아가)	노 떼 엔띠엔도+원주민
차미소	꼬요떼+원주민
아이 떼 에스따스(너 거기 있다)	차미소+메스띠소

카스트 도표

대 인종의 차별상과 집착을 잘 알 수 있다. (http://www.iteeinflamate.com/updat/1123114980.pdf 참조) 그중 일부를 소개한다. 몇몇 항목은 이름이 아주 독특하다.

외국인들에게 멕시코 사람들은 자국에는 인종차별이 없다고 말한다. 이런 이야기는 외국인들에게 친절한 멕시코적 풍토를 염두에 두는 것과 동시에 과거 미국이나 남아공의 제도적 차별과 비교해서 그런 것이다. 그러나 차별은 엄연히 존재한다고 말할 수 있다. 몇 세기에 걸쳐 차별이 뿌리를 내려 둔감해진 것뿐이다. 차별을 인정하는 경우엔 주로 원주민 문제를 말한다. 그러나 순수 원주민뿐 아니라 멕시코 국민 대다수를 차지하는 메스띠소들도 이런 차별을 받는다. 서구식 생활과 사고방식으로 자신을 원주민과 구별하지만 미묘하거나 때로는 노골적인 차별은 이들 사이에서도 존재한다.

카스트 도표: "흑인 남과 스페인 여 사이에 물라또가 나온다."

이들의 피부색은 흰색에서 어두운 갈색까지 다양하다. 혼혈과정의 산물로 형제간에도 외모가 다른 경우가 많다. 예컨대 언니는 흰 피부에 파란 눈인데 동생은 갈색 피부에 검은 눈이다. 피부가 희면 '구에로(güero)', 검으면 '쁘리에또(prieto)' 또는 '네그로(negro)', 심하게 검을 땐 '깜부호(cambujo)'라고 불리는데, 사회적으로 '구에로'가 더 주목받는다. 피부가 희게 태어나면 식구들도 이름 대신 아예 '구에로'라고 부른다. 이웃에서도, 친구들 사이에서도 '구에로'라는 애칭으로 부르는 경우가 많다. 거리의 상점 주인이 백인에 가까우면 '구에로'라는 상호를 붙이곤 한다. 반면 '쁘리에또'라는 상호는 없다. 식구들보다 좀 검은 사람들은 '왜 나만 검게 태어났나'하고 고민하는 경우가 많다. 피부색이 아주 검으면 '인디오'라는 놀림을 받기도 한다. 학교에서도 원주민 피가 많이 섞여서 피부가 검을 때 친구들에게 놀림을 받는 일은 흔한 일이다.

차별은 도처에 존재한다. 식당 주방은 갈색 사람들이, 서빙은 비교적 흰 사람이 담당한다. 영화 주인공은 대개 백인이고 악당 역은 다 갈색이다. 광고에서는 지갑을 터는 소매치기의 손이 갈색인데 당하는 사람은 다 백인이다. 젊은이들이 춤추러 가는 유흥업소 문지기들은 주로 피부색으로 선별해 손님을 입장시킨다. 연속극 주인공도 당연히 구에로들이다.

백인이 인구의 12% 정도이기 때문에 우루과이나 아르헨티나 출신의 백인 배우들을 수입하기도 한다. 아무리 외모가 출중하고 연기를 잘해도 갈색이면 가정부나 운전기사 등 만년 조연 역할밖에 맡지 못하는 것이 멕시코 연예계의 현실이다. 광고업계나 가요계에서도 백인 위주다. 이 현상은 자리를 잡아서 별로 사회적 쟁점도 되지 못하고 멕시코 국민들은 이를 문제 삼지 않고 당연한 것으로 받아들인다.

인종차별 현장을 잘 알 수 있는 것으로 '나꼬(naco)'와 '프레사(fresa)'라는 속어가 대표하는 상하 양 계층의 대립현상이 있다. '나꼬'는 '상스럽고 촌스러우며 가난하고 피부가 검다'는 하층의 인종과 사회적인 조건을 복합적으로 의미하고, '프레사'는 원래 딸기를 뜻하는데, '고상한 척하고, 예민한 척하며, 잘난 척하고, 백인이며 부자가 대다수인 상류층'을 묘사할 때 주로 쓴다. 물론 둘 다 경멸적으로 쓰인다. 이 두 그룹은 서로 어울려 다니지 않는다. '나꼬'들은 백인 부자들을 '프레사'라고 하며 자신들과 구분하고, '프레사'들은 하층의 사람들, 특히 피부색이 검은 이들을 가리켜서 멸시할 때 '나꼬'라고 부른다. '나꼬'스러운 행위는 '나까다(nacada)', '프레사'스러운 행위는 '프레사다(fresada)'라고 부른다.

나꼬의 어원에는 여러 설이 있다. 멕시코를 대표하는 지식인 까를로스 몬시비이스(Carlos Monsiváis)는 '나꼬'라는 용어가 계층을 단순히 사회경제적으로 자리매김하는 것 이상이라고 하며 그 어원을 원주민부족 '또또나까(totonaca)'에서 왔다고 본다. 또한 원주민어 제1 순위인 나우아뜰어의 '나꼬우아뜰(nacohuatl)'에서 왔다는 설도 있는데 이는 '이곳 출신'이라는 뜻이라고 하며, 1970년대부터 사용되었다.

나꼬는 경멸적인 말로, 본래 원주민을 가리켰다. 서툰 스페인어와 서구식 생활 방식에 익숙하지 않은 그들을 조롱하는 형용사였다. 그러나 피부색을 초월하여 하층 계급 사람을 경멸할 때, 또는 인종과 사회적 계층을 초월해서 상스럽고 촌스럽게 구는 사람을 멸시할 때 쓰는 말이 되었다.

하층 계급에 대한 차별의식은 다음과 같은 '나꼬 구별법' 또는 '나꼬자가 테스트'라는 우스개를 통해서 알 수 있다. 우선 언어학적인 면을 보면 첫째, 영어 단어 발음이 서툰 경우를 지적한다. 어렸을 때부터 비싼 사립학교에서 원어민들에게 영어 교육을 받은 상류층이 특히 경멸하는 부분이다. 피자(pizza)를 멕시코 스페인어 식으로 '피사'라고 하는 대신 '픽사'라고 한다든지, 켓찹을 '깟숍'이라고 해야 하는데 '깝수'로, '펩시' 콜라를 '펙시'로, 영화 '스타워즈(Star Wars)'를 '에스타르 구아르스'라고 발음하는 현상을 나꼬스럽다고 조롱한다. 둘째로 정확한 표준 스페인어 대신 하층민들만이 쓰는 속된 표현을 구사하는 경우도 여기에 속한다. 동사 2인칭 과거 어미에 's'를 붙이거나, 사람 이름을 부를 때 이름 앞에 정관사를 붙이는 현상 등을 말한다.

생활면에서는 다음과 같다. '반다(banda)', '꿈비아(cumbia)' 또는 '노르떼뇨(norteño)' 등 서민적인 음악 장르를 선호한다면 당신은 나꼬일 가능성이 높다. 상류층들은 영어권 노래, 즉 록, 일렉트로니카, 메탈, 재즈, 또는 '월드뮤직'이라고 칭하는 외국 아티스트의 노래를 들으면서 스스로를 차별화하기 때문이다. 대형쇼핑센터가 아닌 동네 시장에서 물건을 살 때, 지붕 위에 개를 키울 때(빈민촌에서 흔히 볼 수 있는 풍경), 신데렐라 이야기가 대부분인 일일연속극을 좋아해도 나꼬로 구분된다. 반면 프레사들은 유선TV로 제공되는 미국 드라마를 원어로 본다. 검은 바탕에 하얀 글씨의 문구가 새겨진 티셔츠를 즐겨 입고, 유명 상표의 철자를 일부 바꾼 가짜 상표가 달린 옷을 입었을 때도 나꼬로 구분될 수 있다. 특이한 것은 시카고나 로스앤젤레스에 친척이 있어도 나꼬라는 꼬리표가 붙는다. 생활고에 시달리는 멕시코인들이 합법, 또는 불법으로 국경을 넘어 미국에서 이주 노동자가 되어 본국에 달러를 송금하는 경우가 허다하기 때문이다. 그 밖에 스스로를 지식인, 상류층이라고 여기는 사람들 기준에서 촌스럽고 상스러운 생활 방식은 모두 나꼬로 구분된다. (http://www.darkclockers.com/foros/showthread.php?t=3976 참조)

경멸의 대상이었던 나꼬란 이미지는 1990년 말에 패션의 새로운 흐름으로 거듭났다. '나꼬'라는 패션 브랜드가 1998에 나꼬의 촌스러움을 상품화하여 해학적인 디자인의 티셔츠를 선보였는데 상류층 젊은이들 사이에도 좋은 반응을 얻었다. 하층 특유의 언어 습관을 문구로 프린트한 풍자적인 디자인이 특징이다(www.chidochido.com 참조).

프레사는 위에 설명했듯이 나꼬와 정반대의 입장이다. 멕시코뿐 아니라 중남미에서도 사용되는데, 1960년대 상류층 젊은이들 중에서 술, 담배, 마약을 하지 않고 조신하게 행동하는 모범적인 이들을 가리키는 말이었다. 돈 많고 행동거지가 바른 젊은이를 '니뇨 비엔(niño bien)'이라고 하고, 가풍 있는 부유층을 '헨떼 비엔(gente bien)'이라고 한 것과 같다. 1980년대에 와서는 하층에서 부유한 젊은이를 묘사하는 말로 바뀌었다.

프레사의 특징은 다음과 같다. 우선 말투가 다르며 외부 집단이 들었을 때 잘난 체를 한다는 느낌이 든다. 그들의 어조는 들으면 확연하게 구분되는데 문장의 마지막 음절을 길게 끈다. 다른 계층이 잘 쓰지 않는 자신들만의 속어를 쓰며, 영어 단어를 많이 섞어서 대화한다. 이들 대부분이 비싼 사립학교 교육을 통해서 영어를 모국어처럼 구사하기 때문이다. 이 말투를 제대로 듣고 싶으면 부자학생이 많은 비싼 사립학교 '이베로아메리카 대학교'에 프레사들이 많으니 '이베로'로 가라는 말도 있다. 이런 프레사들의 언어적 현상을 고려해서 멕시코에서는 외국산 만화영화를 자국어로 더빙할 때 프레사적인 특징의 인물은 프레사 어조로 설정한다(〈슈렉 3〉의 여학생들, 〈토이스토리 2〉의 바비인형 등).

절대 다수가 백인인 프레사들은 비싼 명품 옷을 즐겨 입으며 세련된 스타일을 유지한다. 대중교통은 평생 거의 한 번도 이용하지 않는다. 주기적으로 미국에서 여행과 쇼핑을 즐긴다면, 노점에서 군것질을 해 본 적이 없다면, 피부색이 상대적으로 검은 동족을 볼 때 우월감을 느낀다면 당신은 프레사이다.

인터넷에서는 나꼬와 프레사의 차이를 다룬 익살스러운 동영상을 볼 수 있는데 두 계층만의 독특한 언어적 습관을 두드러지게 강조한다. 또한 '나꼬와 프레사의 차이점은 무엇인가'라는 우스개는 노골적으로 인종차별적이다. 몇 개만 살펴보자. '프레사가 노트북 컴퓨터를 들고 있으면 지식인, 나꼬가 노트북 컴퓨터를 들고 있으면 노점상인', '프레사가 웃통을 벗고 있으면 더워서 그런 것, 나꼬가 웃통을 벗고 있으면 공사판 인부', '대학 캠퍼스 안에 있는 프레사는 대학생, 나꼬는 수위', '프레사가 문신을 새기면 쿨하지만 나꼬가 문신을 새기면 조폭', '프레사가 쓰레기를 주우면 환경운동가이기 때문, 나꼬가 쓰레기를 주우면 넝마주이이기 때문', '프레사가 은행에 갈 때는 저금하러 가고, 나꼬가 은행에 갈 때는 은행을 털러 간다'(http://chistes.blogs.ie/2005/06/03/diferencias-entre-fresas-y-nacos/trackback/ 참조)

멕시코에서 2002년 개봉되어 인기를 끌었던 〈사랑은 아파(Amar te

duele)〉라는 영화는 〈로미오와 줄리엣〉의 줄거리를 빌어서 나꼬 소년과 프레사 소녀의 사랑이 사회적으로 어떻게 받아들여지는가를 보여준다. 프레사 소녀의 부모와 친구들이 특히 두 사람의 사귐을 격렬히 반대하며 결국 비극으로 끝남으로써 두 계층 사이의 넘을 수 없는 벽을 잘 보여준다. 매스컴에서 금기시되어 온 인종차별적인 대사가 솔직하게 표현되어서 눈길을 끌었고 대중들의 공감을 얻어냈다. 위의 나꼬와 프레사의 대립 현상으로 미루어보면 다인종 사회인 멕시코에서 인종차별은 뿌리 깊게 자리잡고 있음을 알 수 있다.

35 축제

멕시코인들은 축제를 어떻게 보내나요?

멕시코는 축제의 나라이다. 멕시코에는 연중 어디서나 축제가 벌어지는 진다. 1년에 5,000개가 넘는 축제가 있다고 하니 하루 평균 14개 마을에서 축제가 있다는 계산이 나온다. 가톨릭이 다수인 멕시코에서는 종교 관련 축제가 많다. 각 도시, 마을, 동네 마다 각각 수호성인이 있는데 이 축일에 대대적인 축제를 벌인다. 모든 축제에는 그와 관련한 음식, 춤, 음악이 발달하였다.

또한 국경일이나 기념일이 되면 온 나라가 축제 분위기가 된다. 연중 주요 기념일을 통해서 멕시코인들의 축제에 대한 열정을 알아보자.

01 동방박사의 날

멕시코의 새해 첫 명절은 양력으로 1월 6일인 '동방박사의 날(Día de los reyes magos)'이다. 멕시코인들은 이날 아기 예수를 경배했던 동방박사 세 사람이 아이들에게 장난감을 나눠 준다고 믿는다. 시내에는 동방박사로 화려하게 분장한 3인조 팀들이 부모 손을 잡고 나들이 나온 아이들의 눈길을 끈다. 이들은 약간의 돈을 받고 꼬마들과 사진을 찍은 뒤 "무슨 선물을 받고 싶으냐"고 물어본다. 부모들은 자녀가 희망하는 선물을 파악한 뒤 이것을 구입, '동방박사가 주는 것처럼' 선물한다.

사람들은 이날 '동방박사의 빵'을 먹는다. 1월 초부터 전국의 빵집에선 오븐을 총 가동해 빵을 쉴 새 없이 구워낸다. 매장에서 다른 빵은 거의 볼 수 없다. 설탕에 절인 과일 조각으로 울긋불긋 장식한 커다란 타원형 고리 모양의 이 빵은 달콤하다. 빵 속에는 새끼손가락만한 흰 플라스틱 아기 인형 몇 개가 숨어 있다. 빵을 먹을 때 뜨거운 우유에

카카오 덩이를 녹인 '초꼴라떼(chocolate)'라는 음료를 곁들인다. 사람들은 가정이나 직장에서 이 빵을 나눠 먹는다. 가슴을 조이며 칼로 자기 몫을 자른다. 자기 빵조각에서 인형이 안 나오면 안도의 숨을 내쉰다. 다른 사람 것에서 나오면 좋아한다. 인형이 나오면 그 자리에 모인 모든 사람에게 2월 2일 깐델라리아 성모 축일에 '따말(tamal)'이라는 옥수수떡을 사주어야 하기 때문이다.

멕시코에는 '1월의 오르막길'이라는 표현이 있다. 성탄절 선물, 만찬, 송년잔치, 휴가여행 경비에다 동방박사의 날 장난감까지 사야 하니 연말 상여금도 모자란다. 그래서 '1월의 오르막길'은 우리의 '보릿고개'와 비슷하다. 가난한 이들은 결국 전당포에 간다. 멕시코시티 시청 근처 '자비의 산'이라는 230년 전통의 국립 전당포 앞에는 저마다 귀중품을 들고 선 행렬이 길게 이어진다. 1월의 고개를 넘으려는 모습이다. 믹서나 다리미를 들고 나온 이들도 있고 결혼반지를 저당 잡히며 눈물짓는 아주머니들도 있다.

02 깐델라리아 성모 축일

2월 2일은 깐델라리아 성모 축일이다. 1월 6일에 자른 '동방박사의 빵' 조각에 인형이 나온 사람이 그 자리에 있던 사람들에게 '따말'이라는 옥수수떡과 '아똘레(atole)'라는 따뜻한 음료를 대접한다. 또는 이것과 관계없이 가정과 직장에서 따말과 아똘레를 먹는 풍습이 있다. 며칠 전부터 동네의 따말 가게에 예약 주문이 밀려들고 축일이 되면 길거리에 따말 장수들이 특수를 노리고 곳곳에 진을 친다. 이날 즈음에 멕시코 곳곳에서 국제 따말 축제가 벌어진다. 따말은 멕시코뿐 아니라 콜롬비아나 페루를 비롯한 다른 라틴아메리카 국가에서도 즐겨먹는 음식이다.

사람들은 성탄절에 집안에 모셔두었던 아기 예수 인형에 예쁜 옷을 입혀서 성당에 데려간다. 시장마다 여러 디자인과 크기의 인형 옷을 판매하는데 축구선수 복장도 눈길을 끈다. 성당에서 아기 예수 인형에게 미사를 들려주고 축복을 받게 한 다음 다시 집으로 데려온다.

03 입춘

3월 21은 멕시코에서 공식적으로 봄이 시작되는 날이다. 기후대에 따라 다르지만 멕시코에서는 사계절이 아주 뚜렷하지 않다. 대부분의 고원 지역은 봄이 건기에 속해서 아주 더운 계절이고 우기인 여름이 오히려 더 쌀쌀할 때가 많다. 멕시코 사람들은 특이한 방식으로 새봄맞이를 한다. 이날은 멕시코 최초의 원주민 출신 대통령이었던 베니또 후아레스의 생일이기도 하다. 그래서 공휴일이다.

휴일을 맞은 많은 사람들이 흰옷을 입고 자신이 사는 곳에서 제일 가까운 피라미드로 향한다. 이날 정오에 흰옷을 입고 피라미드 꼭대기에 있으면 태양의 정기를 받는다는 속설 때문이다. 멕시코는 아스떼까와 마야 문명이 남긴 피라미드가 여기 저기 흩어져있다. 이 때문에 입춘날 전국의 피라미드는 때 아닌 고초를 겪는다. 수십만 명의 인파가 몰리기 때문이다. 문화재관리청에는 이날 피라미드 등반을 자제해 줄 것을 호소하지만 소용이 없다. 이 풍습은 몇십 년 전만 해도 없었으나 히피들과 뉴에이지 신봉자들에 의해 만들어진 것이라고 한다.

아침부터 흰옷을 입은 인파가 몰리고, 먹을 것과 마실 것을 파는 행상들이 대목을 노리고, 히피 차림의 자칭 심령술사들이 어수룩한 사람들을 대상으로 나쁜 기를 쫓아준다며 향을 피우고 나뭇가지로 몸을 쓸어내리면서 돈을 뜯어낸다. 피라미드 위에서는 사람들이 먹고 마시며 정오를 기다린다. 집에서 쓰는 화장품과 욕실 용품을 가져와서 뚜껑을 모두 열어놓고 태양의 정기를 쏘이는 사람도 있다. 수정구슬, 씨앗, 십자가, 성모상, 부적 등 자신에게 행운을 준다는 믿는 물건들을 옆에 나란히 늘어놓는 사람도 있다. 아스떼까 전사로 분장하고 전통악기를 연주하며 춤을 추는 모습도 이날 피라미드 옆에서 흔히 볼 수 있다.

12시가 되면 사람들은 혹은 진지하게, 혹은 장난하듯이 두 팔을 치켜

들고 일제히 태양의 정기를 받는 시늉을 한다. 어떤 곳에서는 심령술사를 자청하는 사람이 이렇게 해라, 저렇게 해라 하고 지시를 한다.

04 독립 기념일

9월 16일은 멕시코의 독립기념일이다. 한 달 전부터 거리를 멕시코 국기의 적, 백, 록의 삼색으로 꾸미고 이때를 노려 국기와 기념품을 파는 행상인들이 거리를 누비면서 분위기를 돋운다. 깃발은 아주 큰 것부터 자동차 앞 유리에 붙일 수 있는 작은 것까지 여러 크기가 있다. 깃발뿐 아니라 기념일 당일에 사람들이 사용하는 변장도구와 민속의상도 잘 팔리는 품목이다. 선인장이나 고추처럼 멕시코인들이 친근하게 여기는 소재를 캐릭터화한 물품도 많이 팔린다.

기념일 전야에는 곳곳에서 사람들이 폭죽을 울린다. 친한 사람들끼리 집에서 모여 흥겨운 밤을 보내거나, 자신이 사는 도시나 마을에서 제일 큰 중앙광장에 모여든다. 사람들은 멕시코 혁명군을 본떠 큰 모자와 수염으로 분장하기도 하고, 삼색으로 머리부터 발끝까지 꾸민다. 월드컵 경기의 멕시코 응원석을 상상하면 된다. 밤 11시가 되면 1810년 독립운동을 처음 선포했다는 미겔 이달고 신부를 본떠서 종을 친다. 멕시코시티의 중앙광장 소깔로에서는 전통적으로 대통령이 광장을 향한 대통령 집무실에 달려 있는 종을 울린다. 그리고 멕시코 만세를 큰 소리로 외치며 독립운동가의 이름을 하나하나 부른다. 그러면 광장에 구름처럼 모인 군중들이 모두 따라서 외친다. 이 광경의 멕시코 전역의 도시나 마을의 중앙광장에서 그대로 되풀이 된다. 종이 울리고 만세를 부른 후 다 같이 국가를 제창한다. 그래서 독립기념일 전야를 '외침(el grito)의 밤'이라고도 한다.

많은 군중이 모이는 날이라 이날은 주류 판매가 금지된다. 그래서 사람들은 며칠 전부터 떼낄라를 포함한 술을 미리 사둔다. 거리엔 임시장이 서는데 돼지고기국인 '뽀솔레(pozole)', 납작한 튀김과자인 '부뉴엘로(buñuelo)', 따말, 아똘레를 비롯하여 '안또히또(antojito)'라고 총칭하는 옥수수 가루를 재료로 한 전통음식을 판다. 가정에서 축하하는 경우에도 메뉴가 이와 비슷하다.

05 망자의 날

우리가 추석날 조상을 기리듯 멕시코에선 11월 2일 '망자의 날(Día de muertos)'에 고인들을 추모한다. 원래 원주민의 저승신을 기리는 의식이었는데 천주교가 들어와서 이 풍습을 없애려다 실패, 천주교의 '만령절'로 날짜를 옮겨 흡수했다고 한다. 11월 1일은 아이들을, 2일은 어른들을 추모한다.

집집마다 거실에 제단을 마련해 고인들의 사진, 촛불, 생전에 좋아했던 음식과 물건(담배, 장난감 등), 과일, 떼낄라를 차리고 해골 모양의 사탕으로 장식한다. 이 해골 이마에는 고인 이름이 적힌 종이띠가 붙어 있다. 이맘때 시장에 즐비한 여러 모양 · 크기의 해골사탕은 좋은 구경거리다. 저마다 이마엔 '마리아' '호세' 등 이름표를 달고 있다. 상점은 예쁘게 차려입고 입을 헤벌리고 웃는 남녀 해골인형으로 장식한다. 멕시코에는 해골 소재의 민예품이 많다. 무서운 죽음을 가볍게 생각하려는 뜻에서 익살스럽게 표현한다는 것이다.

제단에 빠지지 않는 '망자의 빵'은 둥근 표면에 뼈다귀 모양을 빚어 도드라지게 붙여서 구운 달콤한 빵이다. 9월 말에서 11월 초까지만 빵집에 나온다. 또한 밝은 주황색의 '셈빠수칠' 꽃으로 제단을 장식하며, 꽃잎을 따서 제단 주변 바닥에 뿌리기도 한다. 제단 위에는 칼로 해골 등 문양을 파낸 크고 얇은 색종이를 붙인다. 상가, 공공기관, 광장에도 울긋불긋 큰 제단을 차리고 매우 화려하게 꾸며 관광객들은 이들을 사진에 담느라 바쁘다. 공공기관의 제단에는 역사적 인물의 해골사탕을 볼 수 있다.

전날 밤엔 집에서 차나 떼낄라를 마시며 밤을 새운다. 시골에선 음식과 셈빠수칠 꽃다발을 싸들고 묘지에 가서 밤새 촛불을 밝히고, '꼬빨'이라는 향을 피우며, 먹고 마시고, 울고 웃고, 기도하고 찬송가를 부른다. 묘지는 성묘객, 그리고 이를 보러 온 관광객들로 북새통을 이룬다. 11월 2일에는 추모 미사에 간다. 이렇게 볼거리가 많은 망자의 날 풍습을 유네스코 지정 무형 문화재 후보로 올리려는 움직임도 있다. 그러나 안타깝게도 미국 핼러윈이 이곳에 침투, 망자의 날 풍습이 변질되고 있다.

아동용 귀신 의상이 불티나게 팔리고, 저녁에는 귀신 · 마녀 복장의 아이들이 호박 모양의 통을 들고 집집마다 다니며 사탕을 달라고 조른다. 돈 되는 일이면 타국 풍습도 수입, 족보에도 없는 전통을 새로 만들어 이익을 보려는 상인들 때문이다. 이 점은 한국과도 비슷하다.

06 성탄

스페인과 마찬가지로 원래는 산타클로스가 없었으나 오늘날에는 미국의 영향으로 산타클로스가 선물을 가져다 준다고들 한다. 주변사람들에게 선물을 하는 풍습이 있다. 집안 장식은 전통적으로는 예수 탄생 장면을 인형으로 재현한 '나시미엔또'였는데, 역시 미국의 영향으로 현재는 크리스마스 트리를 장식해서 설치한다. 국토가 넓고 천연자원이 풍부하기 때문에 생소나무로 크리스마스 트리를 꾸미기도 한다.

흩어졌던 가족들이 모이는 날이기 때문에 집집마다 맛있는 요리를 준비한다. 전통적으로 '바깔라오(대구 요리)', '크리스마스 샐러드(사과, 파인애플, 크림)', 칠면조 오븐 구이 등 진수성찬이 펼쳐지고, 각종 과일과 계피, 원당덩어리를 넣고 끓인 따뜻한 음료수인 '뽄체'를 마신다.

성탄을 앞두고 친한 사람들끼리 모여서 망년회를 하는데 '뽀사다(posada)'라고 한다. 원래는 예수를 임신한 성모와 그의 남편 요셉이 베들레헴에 갔다가 잘 곳을 구하지 못해 이리저리 여관, 즉 '뽀사다'마다 들렀다고 하는 사실을 재현하는 것이다. 이 모임에 빠지지 않는 것은 '삐냐따(piñata)'이다. 전통적으로는 질그릇으로 만들었으나 요즘은 종이를 겹쳐 붙여서 통모양을 만든다. 여기에 화려한 색상의 종이로 장식을 하고 속에 과일과 사탕을 넣어서 모임의 장소에 매달아 둔다. 푼돈을 넣는 사람도 있다. 한 명씩 눈 가리고 긴 장대를 휘둘러서 삐냐따를 때려서 깨뜨리는 시도를 한다. 이때 모인 사람들을 '잘 조준해라. 삐냐따를 때려라'하는 노래를 부른다. 몇 명씩 돌아가며 때리다가 삐냐따가 터지면 공중에서 과일과 사탕이 내려오고 사람들이 모여들어 줍는다. 이런 삐냐따 놀이는 어린아이의 생일잔치에도 빠지지 않는다.

성탄 전야에 사람들은 대개 부모님 집으로 간다. 한국의 추석과 같이 귀향행렬이 고속도로를 가득 채우는데 이 중 상당수가 미국에서 국경을 넘어서 고향방문길에 오른 이주노동자들이다. 밤이 깊으면 주인이 모인 이들에게 노래가사가 적힌 소책자를 나눠준다. 이 노래책을 보고 아기 예수 인형을 어르는 노래를 다 같이 부른다. 그리고 전통에 충실한 사람들은 사람들을 반으로 나눠서 한 팀은 집 밖에, 한 팀은 집 안에 남게 해서 '뽀사다'를 한다. 위에 언급했듯이 만삭이 된 성모 마리아를 이끌고 요셉이 숙박소를 찾아다니다가 드디어 한 여관에서 들어오라는 허락이 떨어져서 안으로 들어간다는 내용인데 대문을 가운데 두고 밖에서 재워달라고 사정하고, 안에서는 그럴 수 없다고 실랑이하는 과정이 재미있다. 이것을 소책자를 보면서 노래로 진행한다. 마치 뮤지컬의 한 장면을 연기하는 기분을 들게 한다. 뽀사다가 끝나면 계속 먹고 마시고 오랜만에 다 모인 식구들이 그 동안 못다한 이야기를 나누며 밤을 보낸다.

07 이노센떼의 날

4월1일이 영·미권 국가들의 만우절이라면 12월28일은 멕시코를 비롯한 전 세계 스페인어 사용인의 만우절이다. 이날은 '이노센떼의 날(Día de los inocentes)'로 불리는데 원래 아기 예수에게 왕위를 빼앗길 것을 두려워한 헤롯왕에 의해 학살당한 2살 미만의 아기들을 기리는 슬픈 날이었다.

하지만 오래 전부터 이날은 엄숙하고 숨막히는 일상의 규율과 제약을 벗어나 마음껏 장난을 쳐도 되는 '일탈의 하루'로 변했다. 친한 사람들은 이날 서로 가벼운 거짓말을 하며 속은 사람들을 '이노센떼(inocente)'라고 부른다. 이 말은 원래 '죄없음' '무고'를 뜻하는 라틴어 '이노센스'에서 나왔는데 무고하게 학살당한 아기들을 가리킨다. 아울러 '순진하다' '어리석다'는 뜻도 있다.

사람들은 이날 남의 등(背)에 몰래 쪽지를 붙이는 장난을 치기도 하고, 가벼운 거짓말로 골탕도 먹인다. 사람들은 속아 넘어가지 않으려고 정신을 바짝 차린다. 특히 꾼 돈이나 빌린 물건은 돌려주지 않아도 되는 날로 돼 있어 뭐든지 빌려주지 않으려 한다. 그러나 잠깐 방심한 사이 속아 넘어가거나 빌려주는 사태가 벌어진다. 그러면 속인 사람은 "순진한 비둘기처럼 속아 넘어간 그대여, 오늘은 아무것도 빌려주지 말고 아무도 믿지 말아야 한다는 것을 모르느냐"는 전통 시구를 읊으며 거짓말임을 밝힌 뒤 상대편을 놀린다.

돌려주지 않아도 된다고 하지만 거짓말로 꾼 돈이나 물건은 나중에 다 돌려준다. 이건 '이노센떼'를 실컷 놀려먹고 한바탕 같이 웃은 다음의 일이며 이렇게 빌린 물건은 나중에 작은 바구니 속에 사탕 · 장난감과 종이쪽지를 함께 넣어 돌려주었다고 한다. 쪽지엔 "잔인하고 끔찍한 헤롯왕은 빌려주는 사람이 어리석은 사람이라고 무덤에서 말하네"라고 적혀 있다.

이날은 언론계의 장난도 배꼽을 잡게 한다. 모든 일간지는 '이노센떼' 특집 기사로 여러 면을 장식한다. 언뜻 보기엔 진지한 기사 같지만 자세히 읽으면 합성한 사진과 우스운 기사로 장난친 것이다. 아예 장난 기사로 가득 찬 신문 1면을 따로 만들어 원래 신문에 씌워서 팔기도 한다. 예컨대, 앙숙간인 정치인들의 다정한 포옹이나 연예인들의 깜짝 고백 등 다양한 내용을 다룬다. 라디오나 텔레비전 진행자들이 고별 방송이라고 말해 수많은 시청자들을 '이노센떼'로 만들기도 한다.

08 새해

멕시코인들은 새해에 복을 많이 받기 위해 각종 의식을 거행한다. 12월31일엔 집 청소를 깨끗이 하고 송년 만찬 준비를 한다. 송년 만찬은 대부분 성탄절 요리를 준비할 때 양을 많이 해서 냉장고에 얼려놓은 것을 해동하여 상을 차린다. 늦은 저녁을 먹고 정담을 나누다가 제야의 종이 12번 울리면 식탁에 마련해둔 포도알 12개를 한 알씩 입에 넣으면서 12가지 소원을 빈다. 이 풍습은 스페인에서 온 것이다. 포도가 비싸서 가난한 사람들은 건포도로 대신하기도 한다. 부자들은 샴페인을, 서민들은 '시드라'라는 사과술을 터뜨리고 축배를 든다. 젊은이들은 동네 광장에 나가서 폭죽을 터뜨린다.

제야의 종이 12번 울리는 순간이 중요하다. 이때 어떤 동작을 하는가에 따라 새해 운수가 다르기 때문이다. 젊은이들은 재빨리 빨간 팬티를 입는다. 포도를 종소리에 맞춰서 먹으랴, 속옷도 입으랴 바쁜 나머지 입은 옷 위에 그대로 걸치는 경우도 있어서 모인 이들의 웃음을 자아낸다. 이 순간을 놓치지 말고 입어야 새해에 애인이 생긴다고 한다. 그래서 연말이 되면 붉은 속옷 매출이 증가한다. 동네 시장이나 고급 백화점을 막론하고 붉은 속옷이 일제히 깔리는데, 주로 선물용으로 팔린다. 자기 돈 주고 산 것은 효력이 없다고 하기 때문이다. 주로 팬티를 많이 선물한다.

라디오나 TV를 통해서 제야의 종을 들으며 동전 12개를 대문 밖에 둥글게 붙이기도 한다. 발행연도와 액수가 다 같아야 한다. 지갑에 동전 12개를 종소리에 맞춰 하나씩 넣는 사람도 있다. 새해에 돈 많이 벌게 해달라는 뜻이다. 또한 금전운을 위해 노란 장미를 심장과 머리에 대고 비비고, 노란 팬티를 입기도 한다. 베개 밑에 최고액권 지폐를 넣고 자는 사람도 있다.

새해가 되면 눈물 흘릴 일이 없게 해달라고 물 한 잔을 창 밖에 쏟아버린다. 빗자루로 대문 앞을 쓸면서, 액운을 쓸어버리기도 한다. 어떤 이들은 오밤중에 큰 여행 가방을 들고 집 밖에 나갔다오며 법석을 떤다. 새해에 여행을 많이 하게 해달라는 뜻이다. 아예 동네 한 바퀴를 돌고 오는 사람도 있다. 더 멀리 갔다 올수록 여행을 더 많이 한단다. 축복의 빛이 집안으로 들어오라고 촛불을 켜기도 한다. 새해 첫날엔 쌀 요리를 듬뿍 먹는다. 쌀알이 수가 많듯이 새해에 풍족한 생활을 하게 된다고 한다.

36

지역주의

멕시코에도 지역주의가 있나요?

멕시코에도 다른 나라와 마찬가지로 지역주의가 존재한다. 멕시코의 경우 수도 멕시코시티 사람들이 주로 타 지역 사람들의 미움을 받는다. 멕시코시티 사람은 '칠랑고(chilango)'라고 불린다. 칠랑고의 어원은 아직 확실하지 않은데, 특히 북부 지방 사람들이 이 칠랑고들에게 배타적이다. 이 현상의 원인에 대하여 여러 추측이 있는데, 수도출신들이 지방에 가서 잘난 체하고 무시해서 그렇다, 정부의 돈이 수도로 몰려서 지방은 찬밥 신세라 그렇다, 진짜 토박이 칠랑고는 잘못이 없는데 지방에서 상경한 이들이 고향에 내려가 거들먹거려 그렇다는 등 여러 설이 분분하다. 멕시코시티의 인구 중 23%는 타지에서 온 사람들이라는 통계가 있다. 북쪽에서는 "애국을 하려면 칠랑고를 죽여라(Haz patria, mata un chilango)"는 끔찍한 구호까지 있다.

북부에 가본 적 있는 칠랑고들에게 물어보면 하나같이 자신이 당한 억울한 일을 줄줄 늘어놓는다. 각종 언론 매체에 소개된 실화를 살펴보자. 멕시코 출신의 한 사업가가 사업 일로 북부에 차를 몰고 갔다. 일을 마친 뒤 차 세워둔 곳으로 가보니 유리창이 박살났다고 했다. 그는 "멕시코시티 번호판 때문이었다. 이런 일은 비일비재하다"고 말했다.

주유소에서 기름 넣는 순서에서도 따돌림을 받는다. 북부 도로를 달려가다 도로변 주유소에 들렀던 한 칠랑고는 자기 차례가 되었는데도 종업원이 뒷차에 기름을 넣으려는 것을 보았다. 그는 이를 보고 능청스레 유창한 북쪽 사투리로 따졌다. 그러자 종업원은 번호판 때문에 칠랑고인 줄 알았다고 사과한 뒤 기름을 넣어주었다고 하였다. 이 아저씨는 한술 더 떠 "칠랑고들 정말 질색이다. 칠랑고들 다 죽어버려라, 차를 칠랑고한테 빌리는 게 아니었다"라고 연극을 했다고 한다.

수도로 시집왔다가 오랜만에 친정을 방문한 북부 태생 할머니는 과일장수에게 "얼마냐"고 물어보았다. 멕시코시티의 깍쟁이 말씨가 나오자 대뜸 "고향이 어디냐"고 물었다. 이곳이 내 고향이요 하고 답하니 거짓말 말라며 터무니없는 가격을 부르더라고 했다.

또한 멕시코의 주요 라디오 방송국 중의 하나인 XEW사의 국장 이그나시오 마르띤 델 깜뽀(Ignacio Martín del Campo)는 다음과 같이 증언하였다. 과달라하라 시 출신인 그는 몇 십 년 동안 수도 멕시코시티에서 일하다가 고향으로 돌아가기로 했다. 그러나 오랫동안의 멕시코시티에서 생활한 결과로 말투나 행동이 칠랑고와 비슷하다는 이유로 고향사람들에게 차별과 거부의 장벽을 피부에 느꼈다고 했다. 집을 임대하려고 집주인과 전화통화를 하다가 멕시코시티에서 살다가 왔다는 것을 언급했더니 주인이 단번에 거절하며 세를 줄 수 없다고 했다.

이렇게 반칠랑고 의식이 팽배하던 과달라하라에 1982년부터 1988년까지 재임했던 미겔 데 라 마드리드 대통령이 방문을 했다. 길거리 담벼락에 "애국을 하려면 칠랑고를 죽여라"라는 낙서를 보고 분노한 대통령이 주지사를 문책하며 반(反)칠랑고(antichilanguismo)를 없애지 않으면 멕시코시티에 사는 할리스꼬 사람들(과달라하라가 속한 주)을 죄다 돌려보내겠다고 불편한 심기를 드러냈다는 기록도 있다.

일반에 퍼져있는 우스갯소리에도 멕시코시티 출신에 대한 반감을 나타낸 것이 많은데 그중 하나를 예로 들어보면 다음과 같다. 배경은 북부 도시 몬떼레이이다. 몬떼레이의 한 놀이터에서 어린이 두 명이 축구를 하던 중 사나운 개가 달려들어 한 아이를 물려했다. 다른 한 아이는 신속하게 주위에 있던 나무토막을 집어 들어 개를 때려죽이고 친구를 구했다. 때마침 그곳을 지나가던 기자가 이것을 보고 수첩을 꺼내서 기사 제목을 이렇게 적었다. '용감한 라야도스(몬떼레이 프로축구팀)팬 어린이가 친구를 무서운 개로부터 구해내다'. 이를 본 꼬마가 자신이 라야도스 팬이 아니라고 했다. 그러자 기자는 그곳이 몬떼레이라서 자동적으로 그 꼬마가 라야도스 팬인 줄 알았다며 사과하고, 글을 수정했다. “용감한 띠그레스(몬떼레이의 다른 축구팀) 팬 어린이가 친구를 무서운 개의 공격으로부터 구해내다.” 꼬마는 또 아니라고 했다. 그러자 기자는 모든 몬떼레이 사람은 라야도스 아니면 띠그레스 팬이기 마련인데, 둘 다 아니라면 도대체 어느 팀을 좋아하냐고 물었다. 그러자 꼬마가 자신은 아메리카(멕시코시티 축구팀) 팬이라고 했다. 이를 들은 기자는 제목을 다음과 같이 수정했다. “미치광이 칠랑고가 사회에 증오심을 품고 몬떼레이의 불쌍한 애완동물을 살해하다”.

이와 같은 차별 때문에 칠랑고들은 북쪽에서 종종 고향을 속인다. 사소한 일에서 푸대접을 받기도 하고 일자리도 못 구하는 등 크고 작은 불이익을 당하기 때문이다. 멕시코시티 사람들이 타지에 나갔을 때 어디서 왔냐고 누가 물으면 멕시코시티 출신이라고 대답하지 않고 여러 가지 다른 말로 대답하는 경우도 있다. 멕시코시티는 보통 ‘데 에페(D.F: Distrito Federal. 연방 특별행정구)’라고 칭하는데, ‘데 에페’ 출신이라고 답하는 대신 D와 F가 들어가는 단어를 이용해 “부족함 출신이요(Soy del deficiente)”하고 대답하는 사람도 있고 “결함이 많은 사람(defectuoso)”, 심지어 “대변을 보는 사람(defecante)”이라고 하는 이들도 있다. 스스로를 낮추어 불이익을 피해보려는 궁여지책이다.

1999년 멕시코 대선 선거전 당시 제도혁명당 후보 프란시스꼬 라바스띠다 오초아(Francisco Labastida Ochoa)의 부인 마리아 떼레사 우리아르떼(María Teresa Uriarte)는 멕시코시티에 거주하는 시날로아(북부의 한 주) 향우회를 찾아 지원연설을 하다가 자신을 낮춘답시고 이렇게 말했다. “저는 칠랑가(chilanga: 칠랑고의 여성형)입니다. 완벽한 사람은 없잖아요.” 언론에 이 사실이 보도되자 비난이 빗발쳤고 결국 우리아르떼는 공개 사과를 해야 했다.

왜 이렇게 칠랑고를 적대시할까. 반칠랑고의 근본적인 이유는 수도만 혜택을 주는 중앙집권주의에 대한 반발 때문이다. 또 다른 이유는 인종차별주의이다. 남부는 원주민이 많고 혼혈이 많으며 기후가 좋아 기질이 너그러운 데 비해 북부는 원주민이 거의 없고 백인이 더 많으며 기후가 메말라 그럴 것이라고 한다. 게다가 북부 사람들은 자신들이 백인이므로 키도 더 크고 더 잘 생겼으며 더 부지런하다는 우월감이 있다. 따라서 북부 지역에서 멕시코시티뿐 아니라 남부출신 사람들을 차별하는 경우도 빈번하게 일어난다. 이때 '구아초(guacho)'라는 경멸사로 남부사람들을 지칭한다.

반칠랑고주의가 본격적으로 퍼져나간 것은 1980년대 후반이다. 많은 전문가들은 1985년 멕시코시티에 있었던 대지진과 관계가 있다고 분석한다. 3만여 명의 사망자가 발생한 이 전대미문의 대지진 이후 많은 멕시코시티 주민이 지진에 대한 공포감 때문에 지진 피해가 없는 북부지역으로 다수 이주했다. 갑자기 수도에서 몰려든 칠랑고들을 지역 주민들은 고운 눈으로 보지 않았다. 보수적 가톨릭 정서를 가진 이들에게 자유분방한 생활방식의 칠랑고들은 거만하고 잘난 체하며 자신들의 고유한 생활방식에 위협이 된다고 느끼게 되었다.

멕시코시티 출신들에 대한 반감이 퍼져나간 배경에는 북부 지역 언론에서 부추겼기 때문이라는 설도 있다. 대표적인 반칠랑고주의 선동가는 미국 쪽 국경 도시 띠후아나 시의 '세따(Zeta)'의 기자 엑또르 펠릭스 미란다(Hector Félix Miranda)이다. "신은 불완전하다. 칠랑고를 창조했으니까" 등의 반칠랑고 발언을 공공연하게 하던 그는 매주 금요일이 신문의 칼럼에 띠후아나에서 점점 세력을 넓히는 멕시코시티 출신들을 비판하는 글을 써서 지역 주민의 인기를 끌었다. 또한 북부에 위치한 소노라 주의 에르모시요에서 활동하는 기자 호세 떼란(José Teran)은 신문에 '구아초(칠랑고를 포함한 남부사람) 사냥'이라는 칼럼을 연재해 높은 인기를 얻게 되자 이 칼럼들을 책으로 출간하기까지 했다.

37

음식

멕시코 음식의 특징은 무엇인가요?

멕시코는 음식문화가 매우 발달한 나라다. 속담만 봐도 알 수 있다. 음식과 관련된 멕시코 속담이 기록된 것 만 해도 375개나 된다고 한다. 방대한 국토의 다양한 기후대에서 생산되는 무궁무진한 산물을 재료로 하여 구대륙과 신대륙의 맛을 통합한 멕시코 음식문화는 그 특징을 한마디로 요약할 수 없을 정도로 복잡다양하면서도 세련된 발달상을 보여 왔다. 자국의 식문화에 자부심이 많은 멕시코 정부는 2005년 유네스코에 멕시코 음식문화를 무형문화유산 등재 신청을 하기도 했다. 결국 최종심사에서 탈락하였지만 멕시코 음식문화의 우수성에 관하여 국제적으로 넓은 공감대가 형성되어있다는 점은 부인할 수 없다.

스페인이 아메리카를 무력 정복, 식민지화한 후 원주민 문제와 같이 몇 세기가 흘러도 아물지 않는 상처를 남겼다. 그러나 긍정적 결과가 있다면 새로운 음식문화가 탄생한 것이다. 수 세기 동안 서서히 혼혈문화가 형성돼 스페인인과 원주민의 피가 섞이면서 동시에 구대륙과 신대륙의 맛도 함께 어우러져 다양하고 풍부한 음식문화가 탄생했다. 남부로 갈수록 재료도 다양하고 향신료를 더 많이 쓰며, 북부 음식은 간이 단순하고 양념을 적게 쓰는 소박한 맛이 특징이다.

예로부터 멕시코인의 주식은 옥수수였다. 오늘날도 옥수수를 가공해서 만든 납작한 전병 '또르띠야'가 밥 구실을 한다. 옥수수가 멕시코인들의 삶에서 차지하는 비중을 알아보려면 옥수수에서 파생된 어휘 수를 조사해 보면 된다. 그중 몇 가지를 예로 들어 본다.

다음 표에서 보듯이 옥수수는 멕시코 음식의 주식이자 부식이다. 여기서 한 가지 중요한 사실을 알아 두어야 한다. 옥수수는 그냥 익혀 먹으면 영양결핍이 되어 주식이 되기에 적합하지 않다는 의견이 있어왔

원어	뜻
maíz	밭에 심어진 옥수수
mazorca	옥수수 열매
jilote	덜 여문 옥수수 열매
cholote	연한 옥수수 열매
elote	삶은 옥수수 열매
totomostle	옥수수 열매 껍질
olote	옥수수 속
milpa	옥수수 밭
esquites	옥수수 낱알을 소금물에 삶은 것. 간식으로 먹음.
tortilla	석회물에 삶은 마른 옥수수 알을 갈아 반죽하여 납작하게 구운 것. 주식
tostada	마른 또르띠야를 통째로 튀긴 것. 크고 둥근 콘칩
totopo	마른 또르띠야를 잘라서 튀긴 것. 조각 콘칩

다. 옥수수를 밥대용으로 먹으면 특히 니아신 부족으로 뻴리그라 병에 걸릴 위험이 있다는 설이다. 그렇다면 옥수수가 멕시코를 비롯한 중미 각국에서 주식이 될 수 있었던 이유는 무엇일까? 그 비밀은 닉스따말(nixtamal) 과정에 있다.

'닉스'는 원주민 어의 하나인 나우아뜰 어로 '석회'라는 뜻이고, '따말'은 '익은 옥수수 가루 반죽'을 의미한다. 석회를 섞은 물에 옥수수 알을 하룻밤 동안 담가 불려서 겉껍질이 벗겨지며 화학 반응이 일어나게 하는 작업이다. 이를 헹궈서 삶은 다음 방앗간에서 빻아서 가루로 만들면 익은 옥수수 가루 반죽이 되는데 이 반죽이 멕시코인이 주식으로 먹는 옥수수 전병인 '또르띠야'를 비롯해서 수많은 옥수수 요리의 원재료가 된다.

닉스따말 과정을 통하여 옥수수는 석회물과 접촉하여 화학 반응을 일으키는데 이로써 옥수수알이 부드러워져서 반죽이 잘 될 뿐 아니라 니아신, 철분, 인 등 각종 미네랄과 아미노산이 인체에 흡수되기 쉬워진다. 천여 년 전부터 내려오는 이 비결 덕분에 옥수수는 멕시코를 포함한 메소아메리카의 주식으로 자리 잡을 수 있었다.

또르띠야는 멕시코인의 주식이며 탄수화물의 주요 공급원이다. 예전에는 가정에서 주부들이 말린 옥수수 알을 석회물에 담갔다가 삶아서 맷돌에 갈아서 반죽한 후 일일이 둥그렇게 빚어서 납작하게 누른 뒤 구워서 만들었다. 현대에 와서는 동네 마다 기계로 또르띠야를 만들어서 팔기 때문에 주부들의 수고가 대폭 줄었다. 하지만 사람들은 손으로 만든 또르띠야 맛이 더 좋다는 데 의견이 일치한다.

멕시코를 대표하는 요리는 따꼬(taco)라고 할 수 있다. 따꼬란 따뜻하게 데운 또르띠야에 각종 요리를 넣고 싸먹는 방법을 말한다. 고기나 채소 어떤 요리라도 상관없다. 따꼬와 비슷한 요리로 '께사디야(quesadilla)'가 있는데 또르띠야에 요리를 넣은 후 반 접어서 프라이팬에 데워서 먹는 것이다. 치즈를 곁들이기도 한다.

옥수수를 가지고 만든 음식을 논할 때 빼놓을 수 없는 것이 따말이다. 따말을 먹어보지 않고는 멕시코를 안다고 말할 수 없다. 한 뼘 길이의 옥수수떡인데 닉스따말 반죽을 옥수수 껍질이나 바나나 잎으로 겉을 싸서 찜통에 쪄 먹는다. 멕시코뿐 아니라 중남미 인들은 대체로 이 따말을 즐겨 먹는다. 따말은 지역에 따라 맛과 모양이 다양하다. 예를 들어서 멕시코시티에서는 '라하스(rajas: 토마토와 매운 고추 소스로 간한 쫄깃한 치즈를 넣음)', '베르데(verde: 초록 토마토 소스와 돼지고기로 속을 채움)', '몰레(mole: 고추 카카오 소스와 닭고기)' 등 세 가지가 주류다. 우유, 파인애플, 그리고 건포도가 들어 달콤한 '둘세(dulce)' 따말도 있다.

접시에 얹은 따말의 껍질을 손으로 벗기고 숟가락으로 떠먹는다. 둥근 빵을 반 갈라서 햄버거처럼 따말을 끼워먹기도 한다. 따말에 반드시 곁들이는 음료는 아똘레인데 옥수수 녹말을 뜨거운 우유에 타 끓여서 과일즙이나 초콜릿, 캐러멜로 맛을 낸 것이다.

따말은 전문 가게에서도 팔지만 노점에서도 많이 판다. 아침마다 큰 알루미늄 찜통 여러 개를 화로에 올려놓고 손님을 맞는 노점 따말 장수들이 여기 저기 눈에 띈다. 출근길이 바쁜 직장인들은 선 채로 따말을 먹는다. 아침 준비가 바쁜 가정에서도 따말은 유용한 땟거리다. 저녁에 사 가지고 들어가 아침에 쪄 먹는다. 하루 중 점심을 제일 잘 먹고 저녁은 밤늦게 간단히 때우는 게 멕시코 풍습이어서 저녁식사 해결에도 따말이 적당하다. 따말과 아똘레는 크고 작은 모임이나 잔치 때에도 즐겨 먹는다.

따말을 만드는 과정이 복잡하고 힘들기 때문에 여러 명이 모여서 이야기꽃을 피우고 같이 만들면서 친목을 도모하기도 한다. 민간속설에는 따말을 만드는 사람이 슬프면 따말이 맛있게 쪄지지 않는다고 하며 혹시라도 기분이 좋지 않은 사람이 있으면 위로하여 기쁘게 하려고 애를 쓴다.

멕시코 사람들은 우스갯소리로 멕시코 요리에 비타민 T가 많다고 한다. 그 이유는 옥수수를 재료로 한 주식 또르띠야, 따꼬, 따말 등이 모두 'T'로 시작되기 때문이다.

이 밖에도 닉스따말된 옥수수 반죽을 이용해서 속을 채우거나 위에 고명을 얹거나 해서 굽거나 튀긴 군것질이 상당수 발달했는데 이를 통틀어서 '안또히또'라고 부른다. 평상시에 길가에서 안또히또 노점을 많이 볼 수 있다. 축제 때도 임시장터에 안또히또는 인기이다. 위에 언급한 옥수수를 주로 한 요리인 따꼬, 께사디야, 안또히또를 먹을 때 빠질 수 없는 것이 '살사(salsa)'이다. 살사는 음식에 뿌려먹는 소스의 일종인데, 주재료는 고추나 토마토이다. 지역마다 고유의 살사가 있다.

고추와 토마토는 멕시코 요리 양념의 기본이 된다. 고추는 종류가 다양하여 100여 종에 이른다. 고추의 종주국답게 멕시코 사람들은 매운 요리를 즐겨먹는다. 심지어 과일을 먹을 때도 고춧가루와 레몬즙을 뿌려서 먹어야 제맛이라고 한다. 고추는 단순한 식재료를 넘어서 멕시코인들의 정체성을 형성한다. 1986년 멕시코에서 월드컵 경기가 열렸을 때 멕시코의 마스코트는 멕시코 고유 차로 모자를 쓴 초록 고추였다. 이름은 '삐께(Pique)'인데 맵다는 의미의 'picar'에서 온 것이다.

이 밖에 콩류, 호박, 카카오, 아보카도, 칠면조, 생선도 전통요리에 자주 쓰이는 식재료들이었다. 또한 각종 나물, 곡물과 과일을 곁들였다. 이 밖에도 원주민들은 메뚜기를 비롯해 여러 곤충을 먹을 줄 알았다. 요즘도 시장에는 볶은 메뚜기를 소금과 레몬즙으로 간을 해서 파는 별미가 있다. 그리고 '솔로잇츠꾸인뜰리(xoloitzcuintli)'라는 토종 개고기를 먹었는데 이 풍습은 오래 전에 없어졌다. 16세기부터 스페인을 통해 밀, 쌀, 소, 돼지, 닭, 유제품, 감귤류 등이 배를 타고 대서양을 건너온 후 퓨전요리가 무수히 창조되었다. 19세기 말 프랑스의 멕시코 침입 후에는 프랑스 요리문화가 멕시코 요리를 더욱 풍부하게 했다.

38 멕시코 지역의 고대 문학

식민시대 이전의 문학적 특징과 『뽀뽈 부』란 무엇인가요?

01 개요

스페인 사람들의 발길이 닿기 수세기 전, 아메리카 대륙에는 이미 고도로 문명화된 원주민 부족들(마야족, 아스떼까족, 잉까족)과 최고는 아니지만 중급 정도 수준의 문화를 지닌 원주민 부족들(따이노족, 아라우까족, 구아라니족, 차루아족, 빰빠족)이 살고 있었다. 이들 부족들이 지닌 다양한 선진 문화 속에서 위대한 세 가지 문명이 태동하였으니, 바로 과테말라와 유까딴에서 꽃핀 마야 문명, 멕시코를 무대로 한 아스떼까 문명, 그리고 페루에서 발달한 잉까 문명이 그것이다. 이들 3대 문명은 신전, 왕궁, 도자기, 조상, 그림, 직물, 금·은 세공품, 목공예품 등 예술성 높은 문화유산을 남겼다.

이 위대한 3대 문명의 공통된 특징을 살펴보면 다음과 같다.

- 과학의 발달과 왕성한 예술 활동
- 매우 선진화된 사회구조
- 경작술의 발달, 특히 원주민 경제의 기반이 되는 옥수수 경작술의 발달
- 제례극·서사시·서정시·산문의 발달

유럽인들에 의해 기록된 원주민 성전이나 신화를 토대로 살펴보면, 소위 '인디오의 혼(espíritu indígena)'이라 불리는 원주민들의 정신세계에서 아메리카 대륙 초기 원주민들의 사고방식을 읽을 수 있다.

그들은 주술적이고 비논리적인 사고를 가지고 있었기 때문에 세상이

인간에게 적대적이라 믿었고, 그들을 둘러싼 자연은 그런 세상 속에서 인간의 삶을 안전하게 해주는 주체인 동시에 다양한 신적 존재에 대한 경외심을 불러일으키는 존재였다. 이들 원주민들이 지닌 감성의 주요 특징은 세계와 역사를 '재앙과 파국'이라는 개념으로 인식하고 있었다는 점이다.

"서구식 진보 개념과는 다른, 원주민식 사고를 잘 나타내는 부분이다. 아스떼까 신들의 기원에 나와 있는 태양들에 대한 무서운 전설에 따르면, 우주는 이미 호랑이들과 바람, 불, 비 그리고 물에 의해 네 번이나 파괴되었다고 한다."

원주민들의 관념 속에는, 자신들의 종교관과 신관에 있어서 가장 핵심적인 개념이라 할 수 있는 '재앙'과 '희생'이라는 상관관계로 이루어진 개념이 존재하고 있었다. 즉 인간이 삶을 영위하기 위해서는 숭배할 신들이 절실하며, 그 신들을 존속시키기 위해서는 인간이라는 제물이 반드시 필요하다는 것이다.

(1) 문학 작품

1492년에 즈음하여 라틴아메리카 문학에 소위 '원주민' 문학이라는 형태가 등장하기 전까지만 해도 아메리카 대륙에서는 문학적 발전이나 훌륭한 문학 작품의 탄생을 볼 수 없었다.

그 이유는 다음과 같이 설명할 수 있다. (1) 통일된 언어와 문체의 부재 및 15세기 신대륙 발견 당시의 스페인어나 포르투갈어와 같은 완전한 문자 체계의 부재, (2) 상위문화와 하위문화, 그리고 소규모 부족 단위의 문화라 부를 수 없을 정도의 문화 공존, (3) 문자로 기록된 문학에 비해 구전 문학의 우세, (4) 자신의 이름을 내걸고 작품 활동을 하는 작가의 부재. 따라서 당시의 시나 서술문학, 그리고 희곡은 모두 익명으로 되어 있다.

단지 하나의 예외가 있다면, 정복시대 초기에 활동했던 잉까 빠차꾸떽

(Inca Pachacutec)과 목떼수마 1세의 동맹자였던 떼스꾸꼬(Tezcuco)의 네싸우알꼬요뜰(Netzahualcóyotl) 왕을 들 수 있는데, 이들 두 사람은 후세의 역사가들에게 알려진 유일한 당대의 시인들이었다. 이러한 여건 하에서도 상위 문화권에서는 비록 통상적인 '장르'와는 형식이나 내용에 차이가 있긴 했으나, 나름대로의 틀을 갖춘 작품이 등장했다. 이런 작품들은 일반적으로 시, 서사시, 그리고 극으로 분류된다.

시에서는 시가와 운율이 한데 어우러진 서정시가 대표적이다. 서사시는 주로 역사적·종교적인 사실들을 묘사하고 있는데, 특히 잉까 제국의 창시자이자 그 발전의 주인공인 비라꼬차(Viracocha), 또는 아스떼까 제국의 창시자인 께찰꼬아뜰과 같은 영웅적인 시조들과 관련된 신화와 전설들이 주요 소재가 되었다. 극의 기원은 제례 의식으로 거슬러 올라갈 수 있는데, 잉까 가르실라소 데 라 베가(Inca Garcilaso de la Vega: 1539 ~ 1616)는 자신의 작품 『황실 주해(Comentarios reales)』에서 극에 대해 이렇게 묘사하고 있다.

> 아마우따인들은 희·비극을 만들어내는 솜씨가 매우 훌륭하여, 경축일이면 궁정에 모인 왕들과 영주들 앞에서 공연을 펼치곤 했다.

탁월한 극작품으로는 마야-끼체(maya-quiché) 인들이 끼체어로 쓴 『라비날-아치(Rabinal-Achi)』와 『오얀따이(Ollantay)』가 있다.

02 서정시

아메리카 원주민의 신비한 정서는 다음과 같은 아름다운 시작품을 통해 나타나고 있다.

> 이토록 아름다운 꽃들과 아름다운 노래들을 두고
> 떠나가야 한다 생각하니,

눈물이 솟아나며 슬픔에 잠기네.
…… 두 번 다시 잉태될 수 없고,
두 번 다시 자식으로 태어날 수 없고,
이제 이 땅에서 떠나는 날만 남았구나 ……
서글픈 내 영혼은 어디서 살아가야 하나?
나 살 곳 그 어디인가? 나 영원히 살 수 있는 곳은 그 어디에?
아, 나는 이 땅에서 좌절하고 괴로워하고 있네.

상위문화를 보유한 이들은, 은유와 상징 기법을 사용하여 삶과 죽음 가운데서의 투쟁을 표현하고 있다. 그리고 인간들의 삶 속에는 그 기원이 완전히 베일에 가려져 있는 신들이 존재하고 있었다.

신대륙 발견 이전의 아메리카 역사는 세계의 변천과정을 세 단계, 즉 신비시대, 종교시대, 역사시대로 나누어 설명하고 있다.

고고학자들은 멕시코 지역에 신대륙 발견 직전까지 약 3000년을 이어 내려온 고대 문명이 존재했었다고 주장한다. 당시의 사람들은 소규모의 농경 사회를 이루고 살았으며, 자연의 힘에 굴복하며, 주술의 지배를 받는 생활을 영위했다. 이 시기의 주술사들은 그들이 숭배하는 신성한 힘에 의해 선택된 자들로서, 제례 의식에 사용되는 그들만의 언어 속에는 즉흥적이고 계시적인 시적 요소들이 담겨 있다.

정복기에 들어서면서 이러한 상징적이고 종교적인 그들의 언어는, 서정적인 애절한 어조로 변하여 정복자들의 손에 파괴되어 가는 그들의 문화를 기록하는 데 사용되었다. 그 예로, 정복 이후 나우아뜰어로 쓰여진 다음과 같은 시를 예로 들 수 있다.

이 모든 일이 우리에게 일어났다. 우리는 모든 것을 보았고, 놀라버렸다. 불행하게도 우리는 두려움에 떨어야 했다. 거리에는 부러진 투창들이 널려 있었고, 머리칼들이 어지러이 흩어져 있었다. 집집마다 지붕이 벗겨져 나가 있었고, 담벼락은 벌겋게 물들어 있었다.

03 『뽀뽈 부』

신대륙 발견 이전의 고대인들에 대한 옛 이야기들은, 사람들의 입을 통해 구전 형식으로 전해 내려왔다. 정복 이후 작성된 옛 종교 의식에 관한 고문서들은, 당시의 문학을 연구하는 데 필요한 귀중한 자료가 되고 있다.

가장 완벽하고 널리 알려져 있는 작품으로는 『뽀뽈 부(Popol Vuh)』를 들 수 있는데, 이 책은 께추아족의 기원을 기록하고 있다. 또한 유까떼꼬(yucateco)의 기원을 기록한 『칠람 발람의 책(Libro de Chilam Balam)』과, 마야인 이주의 역사가 담긴 『띠찌민 칠람 발람의 책(Libro de Chilam Balam de Tizimín)』, 『추마의 칠람 발람의 책(Libro de Chilam Balam de Chuma)』도 알려져 있다.

『뽀뽈 부』 또는 끼체 원주민들의 『조언서('뽀뽈'은 사회 혹은 조언을 뜻하며, '부'는 책을 의미한다)』라 불리는 이 책은 16세기 중반까지 구전되던 내용을 옮겨 적은 것으로 한 원주민이 끼체어 발음을 라틴어식 표기로 기록한 것이다. 그 후 이 필사본은 과테말라 산또 또마스 추일라(Santo Tomás Chuilá) 성당의 신부인 프란시스꼬 히메네스(Francisco Jiménez)에 의해 까스띠야어로 번역되었다. 히메네스 신부의 번역본은 그에 의해 치아빠스와 과테말라 지역 연대기 첫 권에 실렸다. 또한 그 후에는 아메리카 원주민 문화의 근원을 연구하는 학자들에 의해 유럽 각국 언어로도 번역되었다.

(1) 내용

이 대작은 모두 3부로 나누어진다. 제1부는 천지창조와 인간의 창조 과정을 그리고 있다. 제2부는 전설적 인물들(우나뿌 Hunahpú, 익스발랑께 Ixbalanqué, 익스끽 Ixquic)의 모험담, 그리고 히발바(Xibalbá)의 지배자인 악의 신들과의 투쟁담을 담고 있다. 이 옛이야기 속에는 위대한 신들, 예언자들, 현자들과 잡신들이 온갖 동물들과 나무들, 그리고 자연의 힘과 더불어 존재한다. 이야기 속에서는 인간들이 천상의 신들, 그리고 지상의 신들과 어우러져 살며 원시 민속놀이들을 즐겼던 것으로 묘사되어 있는데, 이런 방법을 통하여 원시 공동체의 생활방식, 부족들의 변천사, 그리고 내분 상황 등을 상징적으로 드러내고 있는 것이다. 끼체어와 깍치껠(cakchiquel) 언어에 대한 연구가 활발히 이루어지면서, 보다 많이 그리고 정확하게 번역할 수 있게 되었다.

예를 들어보자.

> 곧이어 힉(Xic)과 빠딴(Patán)이라고 불리는 또 다른 신들이 내려왔는데, 그들은 사람들을 객사토록 만드는 신이었다. 즉 돌연사를 일으키는 것인데, 주로 사람들에게 피를 입으로 솟구치게 만들어 피를 토하며 죽게 만드는 것이다. 이 신들은 각자의 임무를 손수 수행하는데, 길을 가는 사람들의 목구멍과 가슴을 짓눌러, 피가 목구멍으로 솟구치게 만들어 결국 객사하게 만드는 것이다(제2부).

끼체족이 이 이야기를 얼마나 신용하는지는 '빠딴'이라는 어휘의 의미를 분석해보면 알 수 있는데, 끼체어의 '빠딴'은 원주민들이 항상 머리에 두르고 다니던 가죽 끈으로, 등짐을 지고 다닐 때면 짐 보따리를 이 끈에 매달고 다녔으며, 오늘날 멕시코에서는 이를 메까빨(mecapal)이라 부른다.

제3부에는 옛 마야 제국의 멸망 이후 끼체족이 정착할 때까지, 탈출과 이주를 계획하고 실행하였던 민족들, 그 민족의 왕들 혹은 사제들의 이름이 열거되어 있다.

『뽀뽈 부』에서는 인간의 창조 역사를 다음과 같이 설명한다.

> 첫 번째 창조
>
> 신들은 우선 땅을 창조한 뒤, 다양한 동물들에게 제각각의 언어를 부여

하여 그곳에 살게 하였으나, 그 동물들은 신들의 이름을 발음할 능력이 없었기 때문에 모두 없애 버렸다.

두 번째 창조

신들은 진흙으로 말하는 인간을 창조했으나, 그들은 생각할 줄을 몰랐다. "흙으로 몸을 빚었다. 그러나 제대로 만들어지지 않아 곧잘 넘어지고, 뒤엉키고, 물러지고, 젖고, 흙덩어리로 화하거나, 무너져 내렸으며, 머리는 제대로 돌아가지 않아, 거꾸로 달린 얼굴은 계속 한쪽만 바라보고 있었다." 신들(원본에서 이르기를 '창조자' 혹은 '조물주'라 했다)은 이러한 인간의 형상을 제거하기로 했다.

세 번째 창조

이번에는 인간의 형상을 한 나무 인형을 만들게 되었다. 이 인형들은 말을 하고 자손들도 갖게 되었으나 몸속을 흐르는 피가 없었기 때문에 말라버렸다. 이것은 단지 땅 위에 인류의 존재를 위한 첫 시도였을 뿐이다. 조리 기구와 가축들이 이러한 나무 인형들에 대항하여 반란을 일으켰고, 하늘에서는 폭우가 쏟아져 내려 결국 모두 파괴되었고, 겨우 살아남은 것들은 원숭이로 변해 숲으로 도망쳤다.

네 번째 창조

새로운 교훈을 얻은 후에야 마침내 최종적인 인간의 창조가 이루어지는데, 인류의 첫 조상들의 육체는 하얀 옥수수로 만들어졌다. 이들은 우주의 비밀을 이해할 수 있을 만큼 지혜로웠고, 지상의 곳곳을 둘러본 후, 자신들을 창조해 준 신들에게 감사드렸다.

(2) 『뽀뽈 부』 속에 나타나는 4단계 시대 변천

『뽀뽈 부』는 매우 상징적인 작품으로 그 안에 기록되어 있는 신화들을 통해, 원시시대부터 문명시대에 이르는 께추아족의 체계적인 역사를 읽을 수 있다. 따라서 『뽀뽈 부』는 아메리카 토착민들의 원시적 사고방식과 그들의 관념, 예술, 과학 및 총체적인 문화의 발전이 어떻게 이루어졌는지를 파악하게 해주는 귀중한 자료가 되고 있다.

4단계의 시대 변천을 차례로 보면, 우선 원시시대에는 상이한 언어집단이 존재하지 않았고, 인간은 사냥과 과실 채집을 하며 살았다. 2기에는 농경 생활과 도기 제작(진흙 인형)을 시작하였다. 3기에는 농업에 종사하는 씨족 사회가 형성, 발달하였으며, 4기에는 옥수수가 주요 양식이자 모든 경제의 기반을 이루고 있는 사회 내에서의 정치, 사회, 종교 기관의 발달이 이루어졌다.

"아메리카 원주민들의 뛰어난 재능으로 빚어낸 이 작품은 마야-께추아족들의 민족혼과 역사를 요약하여 서술하고 있으며, 그들의 생활상과 생활방식, 그리고 혈거 생활을 하는 그들의 심리를 마치 우리들의 눈 앞에 직접 펼쳐 보이듯이 생생하게 묘사하고 있다." 『뽀뽈 부』는 신대륙 발견 이전 문화를 연구하는 데 기념비적인 작품으로, 인도의 베다 경전과 페르시아의 젠트 아베스타(Zend Avesta) 보다 훨씬 앞선 인류 역사 연구의 자료다.

원주민들은 자신들의 기원에 대해 어떻게 설명하고 있을까?

원주민 자신들이 말하는 그들의 기원에 대한 이야기들은 별로 중요치 않다. 왜냐하면 그것은 역사라기보다는 마치 꿈에 가까운 이야기들이기 때문이다. 이런 이야기 중에는 공통적으로 홍수에 관한 부분이 있는데, 실제로 그들이 말하는 홍수가 성서에 나와있는 홍수와 같은 것인지, 아니면 그들이 거주하던 특정 지역만의 홍수나 침수인지는 확인할 수 없다.

(…중략…)

내가 그들의 선조가 누구이며, 어느 곳에서 처음 태어나 이곳까지 왔는지를 심혈을 기울여 연구하는 동안, 어느덧 그들은 자신들이 살고 있는 신대륙에서 최초의 선조에 의해 그 기원이 시작됐다는 것을 차차 잊어

가고 있는 것이 발견되었다. 스페인 사람들이 그들에게 모든 인간은 태초의 한 인간으로부터 파생됐다고 믿도록 하였기 때문이다.

— 호셉 데 아꼬스따(Joseph de Acosta), 『인디아스 자연사와 도덕사(Historia natural y moral de las Indias)』

39

문학작품속의 신대륙

신대륙 발견 당시 문학작품 속에서 묘사된 신대륙은 어떠했나요?

01 신대륙 발견 당시의 역사적 배경(15세기)

가톨릭 양왕(兩王), 즉 아라곤의 페르난도와 까스띠야의 이사벨 여왕이 연합함으로써 더욱 공고해진 스페인 왕국에서, 굵직굵직한 역사적 사건들이 발생한 1492년은 스페인 왕국 역사상 가장 위대한 시기로 기록되고 있다.

정치적으로는 가톨릭 양왕이 그라나다로 입성하여 스페인에 있던 무어인들을 추방하는데, 이로써 8세기에 이베리아 반도로 침범해 들어왔던 아랍인들의 점령시대는 끝을 맺게 됐다.

학계에서는, 인문학자 안또니오 데 네브리하(Antonio de Nebrija)가 최초의 문법서 『까스띠야어 문법(Arte de la lengua castellana)』을 펴냄으로써 언어적 통합이 이루어졌다.

한편, 콜럼부스의 탐험으로 스페인 중상주의가 더욱 강화되었고, 사상 최대의 대륙 정복 사업의 깃발을 올리게 되었다. 그는 구아라니섬에 도달하여 십자가와 스페인 왕실 깃발을 꽂고 통치권을 장악했다. 그런데 콜럼부스가 점령한 신대륙의 이름은 똘로메오(Ptolomeo) 혹은 마르꼬 폴로(Marco Polo)에 의해 기록된 바 있는데, '칸 대왕(Gran Kan)의 땅'이라 불렀던 것으로 보아 콜럼부스는 신대륙 발견 시 자신이 지금껏 세간에 미처 알려지지 않고 있던 아시아나 혹은 인도의 한 귀퉁이를 발견했다고 생각했던 것으로 보인다.

1493년 4월 중순, 가톨릭 양왕은 개선장군을 맞이하듯이 콜럼부스를 궁중으로 맞이했다. 원주민 여인들과 서인도 제도 포로들을 거느리고 등장한 콜럼부스는 크나큰 명예를 누렸으며, 그의 명성은 전 유럽으로 퍼져 나갔다.

당시 신대륙에 신 왕국을 세워나가는 일은 곧 왕실의 확대를 의미했던 바, 이를 통해 스페인 제국의 권력도 커져갔다. 정복지의 통치·행정을 위해 1503년에는 '통상원'을 세웠고, 무역과 해운을 비롯해 신대륙 발견 및 정복 사업과 관련되는 모든 업무를 관장하는 '인디아스 왕실 자문위원회의(Real Consejo de Indias)'가 1524년에 세워졌다.

02 아메리꼬 베스뿌치의 서신 속에 묘사된 신대륙

아메리카라는 명칭은 플로렌스 출신의 유명한 우주진화론자인 아메리꼬 베스뿌치(Américo Vespucci: 1454 ~ 1512)의 이름에서 따온 것으로, 그는 여행 중에 쓴 서신들을 통해, 새로이 발견된 땅이 아시아와는 또 다른 곳으로, 신대륙일 것이라는 주장을 처음으로 제시하였다. 베로나 출신의 건축가 프라이 후안 지오꼰도(Fray Juan Giocondo)는 베스뿌치의 서신들을 모아 라틴어로 번역하고 『신세계(Mundus Novus)』라는 제목을 붙였다. 로렌 지방의 인문학자들과 지리학자들의 동호회인 〈짐나시오 보스겐세(Gimnasio Vosgense)〉는 베스뿌치에 의해 알려진 새로운 사실들을 기반으로 똘로메오의 지리학 서적을 개정 출판할 것을 제의하였고, 플로렌스 출신의 지리학자 아메리꼬 베스뿌치를 기념하는 뜻에서 신대륙을 '아메리카(América)'로 명명하였다.

〈짐나시오 보스겐세〉는 아메리꼬 베스뿌치에게 신대륙에 자신의 이름을 붙이는 영광을 안겨 준 두 작품들을 출판하였는데, 하나는 『우주진화론 개론(Cosmographiae Introductio)』이었고, 또 하나는 그 속에 삽입되어 있는 지도였다.

그를 유명인으로 만들어 준 편지들은 1503년에 출판되었는데, 그 내용은 이렇게 시작하고 있다.

내가 포르투갈 국왕 폐하의 분부를 받들어 무장한 군인들과 함께 새로운 땅을 발견하고 돌아온 사실을 이미 일전에 자네에게 알린 바 있네. 우리가 그 땅을 신대륙이라 부르는 것은 정당하다고 보네. 왜냐하면 우리가 그곳을 발견하기 이전에는 그 누구도 그곳에 대해 전혀 아는 바가 없었고, 또한 그 땅에 관한 이야기들은 듣는 사람 모두에게 전혀 새로운 것이기 때문이라네.

아메리카와의 첫 접촉

우리가 보유해온 개념들이 점차 증대되고, 의외로 많은 새로운 것들이 이 땅에서 속출하는 그러한 행운이 우리에게 일어났다.

– 뻬드로 마르띠르 데 앙글레리아(Pedro Mártir de Anglería)

유럽 사람들에게는—신대륙 발견 후 수세기가 지난 뒤, 훔볼트(Humboldt)는 이렇게 기록했다—마치 천지 창조의 작업이 또 한 번 이루어진 것 같은 생각이 들었다. 서양의 땅을 지나 동양의 끝에 다다를 수 있다는 사실은 그 시대 사람들에게는 최초의 경이로움이었을 것이다.

한편 속속 도착하는 소식들을 접하면서, 당대 과학자들의 이론은 더할 나위 없이 불안정한 입지에 처하게 되었다. 모든 사물들과 관련된 중세적 개념들 속에 수많은 새로운 신 사고를 어떻게 주입시킬 수 있다는 말인가?

– 프란시스꼬 에스떼베 바르바(Francisco Esteve Barba), 『문화사(Historia de la Cultura)』

03 역사 그리고 상상력

라틴아메리카 문학은 콜럼부스의 『항해 일지(Diario de viaje)』로부터 시작됐다. 그 일지 속에는 아메리카의 자연과 그곳 사람들에 대한 최초의 묘사가 담겨 있다.

여기에서부터, 새롭게 발견한 신대륙에 대한 묘사들로 유럽의 독자들을 깜짝 놀라게 한 신대륙 연대기 작가들의 시대가 시작된 것이다.

이 연대기들을 통하여, '먼 옛날의 우화와 꿈결같은 이야기'를 탄생시킨 상상력이, 성서 속의 전설이나 환상적 이야기, 고전시대 혹은 중세시대의 이야기 등 정통성을 지닌 역사, 즉 진리와 한데 어우러진다. 이런 현상은 연대기 작가들이 옛 전통에서 이어져 내려온 아마존의 전설에서 그 영향을 받았듯이 상상에 기반을 둔 전설들로부터도 영향을 받았기 때문에 일어난다고 볼 수 있다. 그들은 미지의 오묘함을 간직한 이 거대하고 신비스런 땅을 묘사하고자 노력하였으며, 직접 원주민들에게서 얻어낸 자료들을 자신이 알고 있던 사실들에 접목시켰다.

연대기 속에 깃든 현실과 환상의 어우러짐은 15세기경, 역사적 사실과 허구적 문학 사이에 공존하고 있던 상호 작용의 실체를 반영하고 있다. 지도상에는 아마존의 여전사들, 거인족 또는 식인종들이 사는 것으로 알려진 미지의 지역들이 나타나 있다. 콜럼부스는 또한 인어를 보았다고 그의 항해 일지에 기록하고 있다. 인어는 모두 세 명이었으며, "그들은 바다 수면 위로 펄쩍 뛰어올랐는데, 알려져 있던 것만큼 아름답지는 않았다"라고 썼다. 베르날 디아스 델 까스띠요는 아스떼까의 도시를 기사소설 속에 등장하는 상상의 세계에 비유했다.

239

아메리카의 경이

아마디스의 책에 씌어 있는 것들은 우리를 놀라게 하였고, 우리는 그것들이 매우 매혹적이라고 느꼈다. 우리의 군사들 중에 몇몇은, 눈에 보이는 것들이 꿈만 같다며, 내가 이런 식으로 이곳을 설명하는 것도 놀라울게 없다고 말했다. 왜냐하면 도대체 어떻게 말로 형언해야 할지 모를 이 모든 것들과 지금껏 전혀 듣지도, 보지도, 꿈꿔보지도 못했던 것들에 대해 과장해야 할 점들이 너무 많았기 때문이다.

— 베르날 디아스 델 까스띠요, 『누에바 에스빠냐 정복의 진정한 역사(Historia verdadera de la conquista de la Nueva España)』

타르시스(Tarsis)와 오피르(Ofir), 그리고 솔로몬 왕의 금광

콜럼부스와 에르난도 데 마가야네스(Hernando de Magallanes)로부터 세바스띠안 가보또(Sebastián Gaboto)에 이르기까지, 모든 항해자들은 성서 속에 나오는 이 땅의 존재를 믿어 왔었다. 솔로몬 왕은 히람(Hiram)과 함께, 3년마다 타르시스로 배를 출항시켜, 그곳으로부터 금과 은, 상아, 원숭이 그리고 공작새들을 들여왔다. 그 다음에는 타르시스에서 오피르로 건너갔는데, 그곳은 성서의 곳곳에 나와 있듯이 굉장한 보물이 있는 곳이었다. 이 두 지방의 풍족함은, 꿈을 지닌 사람들의 상상력을 자극하였으며, 그로부터 수세기 후에는 교회의 비호 하에 솔로몬 왕의 보물을 찾으려는 순례의 행렬이 끊이지 않았다. 신앙심이 매우 두텁고 신비로운 영혼의 소유자인 콜럼부스는, 자신이 믿고 있는 신앙과 교리의 중요성을 굳게 믿었을 뿐 아니라 성서에 나와 있는 장소를 확신하면서 여행을 시작하였다. 그는 항해를 계속 하면, '인도의 어느 곳에라도' 도착할 수 있을 것이라고 생각하며, "용기있는 자는 이 금보다 더욱 귀하게 될 것이며, 사나이는 오피르의 금보다도 귀할 것이로다"라는 예언을 몸소 실천하려 하였다.

– 디에고 루이스 몰리나리(Diego Luis Molinari) 『아메리카 발견과 정복(Descubrimiento y conquista de América)』

04 전설과 신화

연대기 속에는 중세의 전설과 고전의 신화, 그리고 환상의 나라에 대한 여러 가지 상상의 흔적이 남아 있다. 신대륙의 발견은 정당성을 부여받기 위해 성서 속에서 그 당위성을 찾고 있다. 즉 중세적 세계관을 깨뜨린 것이다. 그러나 문학적인 관점에서 보았을 때, 연대기 속에는 여전히 신화적 혹은 우화적 요소의 잔재가 남아 있었다.

호셉 데 아꼬스따 신부(1539 ~ 1600)는 1590년에 『인디아스 자연사와 도덕사』를 썼다. 이 책에서는 '원소 / 금속 / 동식물 / 의식과 제사

/ 원주민들의 법률과 통치제도'에 대해 기록하고 있는데, 천지의 출현을 설명하기 위해 옛 과거를 되짚으며, 아리스토텔레스, 플리니오로부터 파르메니데스까지 거슬러 올라간다. 세네카의 예언도 인용했고, 이 원주민들의 땅이, 플라톤이 그의 책 『티메오(Timeo)』에서 언급한 바 있는 아틀란티스(Atlantis) 섬의 한 부분이라고도 생각하였다.

신대륙과의 만남은 환상적인 문학을 탄생시켰다. 한편 연대기 작가들은 신대륙의 발견을 설명하기 위해 그리스 작가들의 손을 빌게 되었고, 그 결과 아마존의 여전사들, 엘 도라도(El Dorado), 거인족, 영원한 젊음의 샘물, 그리고 식인종 이야기 등 정복과 관련된 신화들이 연대기 속에 수록되게 되었다.

아마존의 여전사들

우리가 보고따(Bogotá) 계곡 한 가운데에 이르렀을 때, 그곳에는 원주민 남성은 하나도 섞이지 않은 채 오로지 여자들끼리만 살아가는 나라가 있었다. 우리는 그 여인들을 아마존의 여전사들이라 불렀다. ……

— 페르난데스 데 오비에도(Fernández de Oviedo), 『총사(Historia general)』

우리는 그곳에 4일 동안 머물렀는데, 그 나라의 왕은 선장에게 우리가 그곳에 온 의도가 무엇인지 물었고, 우리의 선장은 헤루스(Jerús) 족의 왕에게 금과 은을 찾으러 왔다고 대답했다. 그러자 왕은 1마르크 반 정도 나가는 은으로 된 왕관과 대략 길이가 한 뼘 반, 너비가 반 뼘 정도 되는 금판, 1아르네스(arnés) 정도의 팔찌와 기타 은으로 된 여러 가지 물건들을 내주었다. 그러면서 왕은 우리 선장에게 더 이상의 금이나 은은 없다고 하였다. 내가 위에 언급한 금과 은은 그가 예전에 아마존에서 전쟁을 일으키고 정복하였거나 약탈했을 때 얻은 것이라고 하였다. 그러나 그가 귀띔해 준 아마존의 거대한 보물들은 우리를 매우 기쁘게 하였다. …… 그리하여 위에서 언급한 아마존으로 향해 떠났다. 그곳의 여자들은 가슴이 하나만 달려 있었고, 1년에 3~4번 그의 남편들에게로 돌아와 임신을 한 후, 아들이 태어나면 남편에게 아이를 보냈고, 여자아이가 태어나면 그녀들이 데려갔다. ……

— 울리꼬 슈미들(Ulrico Schmidl), 『스페인과 인디아스로의 여로(Derrotero y viaje a España y las Indias)』

엘 도라도

…… 그리고 한 원주민이 말하기를 그물로 금을 건질 수 있는 강이 있다고 하여, 대행자들은 그가 왕에게 직접 아뢰도록 하기 위해 그 원주민을 까스띠야에 데려갔다.

— 프라이 바르똘로메 데 라스 까사스, 『인디아스 역사(Historia de las Indias)』

거인족

…… 그리고 이렇게 있는 동안, 우리가 술을 마시고 있던 집안으로 36명의 남자들이 들어왔는데, 그들은 모두 키가 어찌나 크던지, 그들이 무릎 꿇고 있는 키가, 내가 서있는 키보다 더 컸다. 결론적으로 그들은 신체의 크기와 균형을 봐서 거인들이었다. 여자들은 각각 뻰떼실레아(Pentesilea) 같았고 남자들은 안떼오스(Anteos)의 남자들 같았다.

— 아메리꼬 베스뿌치, 『서신(Cartas)』

영원한 젊음의 샘물

그중에 325레구아 떨어진 곳에 섬이 하나 있었다. 그 섬은 보유까(Boyuca) 혹은 아나네오(Ananeo)라고도 불렸는데, 그곳에 있는 샘물은 그 물을 마시면 늙은 사람이 젊어진다 하여 매우 유명했다.

— 마르띠르 데 앙글레리아(Martir de Angleriá), 『신세계 역사(Historia del Nuevo Mundo)』

식인종

섬이 매우 큰 곳이라 하였고, 그곳 사람들은 얼굴에 눈 하나만 달려 있었다. 다른 사람들은 그들을 식인종이라고 불렀는데, 모두 그들을 두려워하였다. 길 가다가 그들을 마주치면 아무 말도 할 수 없었다고 한다. 왜냐면 그들은 사람을 잡아먹었고, 철저하게 무장을 하고 다녔기 때문이다.

– 콜럼부스, 『항해 일지』

콜럼부스와 마술문화

콜럼부스는 그의 여행 속에 깊이 내포되어 있는 위대한 과학적 발견을 설명하기 위해 마술과 같은 환상들을 사용했다. 콜럼부스는 사회학과 인류학의 선구자다. 그는 여행 중에 산 헤로니모파의 수도사인 로만 빠네(Román Pane)를 동행시켰는데, 그에게 원시 사회의 연구를 부탁하였다.

대륙의 정복, 그리고 기사소설

과학 관련 서적들과 시집들이 콜럼부스와 베스뿌치의 여행과 이론들에 영향을 주었다면, 완전한 상상력의 산물인 기사소설은 정복자들로 하여금 그 시대의 유명한 소설책에만 있을 법한 놀라운 왕국을 찾아 떠나게 하였다. 그들은 마술문학을 읽었기에, 중세시대의 저편에서 끌어내온 엄청난 지리적 사실들을 알고 있었다. 후에 그들은 아마존을 찾아 나섰고, 또한 캘리포니아 왕국, 엘 도라도의 땅, 영원한 젊음의 샘을 찾아 나섰다.

– 아르시니에가스(Arciniegas), 『책 속에서 탄생한 아메리카(América nació entre libros)』

05 아메리카의 식물과 동물

미지의 대륙, 아메리카는 정복자들에게 새로운 세계관을 보여준다. 예를 들어 께짤새나 악어새 같은 조류들, 어류, 야생 동물들, 진기한 나무들, 피로를 없애주고 극심한 노동으로 인한 피곤함을 잊기 위해 원주민들이 씹어먹는 나뭇잎, 그리고 연대기 작가들이 마법의 힘이 있다고 믿었던 나무들이 정복자들에게는 생소한 것이었다.

프라이 바르똘로메 데 라스 까사스는 처음으로 원주민들이 사용하는 따바꼬(tabaco: 담배) 잎의 사용법에 대해 서술하였다. 곤살로 페르난데스 데 오비에도(1478 ~ 1557)는 다음과 같이 언급했다. "원주민들의 여러 악습들 가운데서도 가장 나쁜 것은 '따바꼬'라고 부르는 것의 연기를 마시는 것이었다. 내가 보기에는 일종의 싸리풀잎으로 연기를 피우는 것 같았다."

40 아메리카 정복에 대한 증언

연대기의 문학적 특징은 무엇인가요?

01 개요

신대륙으로 건너온 사람들은, 많은 연대기 작가들이 인정하는 대륙의 발견과 정복이라는 빛나는 공로를 세우기 시작하였다. 이 정복사업은 스페인 정복자들이 상당한 가치를 두고 있던 세 가지 관념의 결과라고 설명할 수 있는데, 그것은 다름 아닌 '금, 영광 그리고 복음'이었다.

금은 경제의 확장 및 14세기부터 시작된, 해양 통로를 통해 성장한 스페인과 포르투갈의 상업혁명과 관련되었다고 할 수 있다. 왕과 중상주의를 신봉하던 계층은 원활한 상업, 무역과 신용을 얻기 위한 방편으로 금이 필요했다. 따라서 정복자들은 금을 하나의 긴박한 탐욕의 대상으로 인식하고 있었다.

영광은 정복자들의 두 번째 기본적인 가치인데, 밀접하게는 유럽의 우월시대와 그 이후의 기간 동안에도 지속적으로 스페인 사람들의 내면적 특성으로 자리잡은 자만심이나 우월감과 긴밀한 관계가 있다.

그리고 세 번째 관념은 스페인이 회교도 침략기 이후 줄곧 시행해 온, 회교에 대항하는 기독교의 수호에 그 뿌리를 두고 있다. 스페인 땅에서 무어인들이 추방됨으로써 하느님 율법의 계승자임을 자처하는 강력한 스페인 왕국의 신앙심은 더욱 강화되었다. 그 결과 정복자들은 그들의 신앙을 신대륙으로 가져갔고, 정복을 전도의 과정으로 승화시켰다.

이러한 정복자들은 신대륙의 땅에서 상상할 수 없을 만큼 먼 길을 돌아다녔고, 가장 잔인한 싸움의 위험 속에서 살아갔으며, 한 걸음 한 걸음 내디딜 때마다 만나게 되는 새로운 동·식물들, 그리고 그 기원조차 알 수 없는 토착민들을 보면서 놀라워했는데, 이들 가운데 전문작가는 아니지만 아메리카에서 글을 쓰기 시작한 최초의 작가들이 포함되어 있었다. 그들의 작품들은 총연대기나 각 지방의 지역연대기, 여행일지나 탐사일지, 목격자들의 진술이나 혹은 항해를 마친 자들이 건네준 자료를 수집해 기록한 인류학자들의 저술 등을 바탕으로 쓰여진 것들이다.

라틴아메리카 문학은 정복에 관해 직접적 증언을 제시해 주고 있는 신대륙 연대기 작가들의 작품에서 시작된다. 유럽 문화의 이식이 시작되었고, 아메리카 대륙 발견 이전 문명들에 대한 파괴작업도 시작되었으며, 혼혈의 가능성을 제시하면서 식민시대를 풍미할 새로운 사회도 탄생하였다. 현실과 환상, 역사와 공상은 문학을 연구하는 사람들과 역사가들의 관심을 끄는 많은 작품들 속에 뒤섞인 채 공존하고 있다. 아메리카적인 서사시가 선을 보였는데, 이 장르의 등장과 더불어 라틴아메리카 문학의 가장 핵심적인 양대 주제가 그 모습을 드러내는데, 그것이 바로 '풍경'과 '자연'이었다.

연대기 속에는 실화들이 우화나 신화 등과 서로 뒤섞여 있다. 20세기 소설 속에 재등장하는 환상적 현실(lo real fantástico)은 바로 이 민족적 서사시에 그 뿌리를 두고 있다.

당시의 역사가들, 그리고 연대기 작가들은, 베르날 디아스 델 까스띠요와 같은 군인이거나, 프라이 바르똘로메 데 라스 까사스와 같은 가톨릭 교육을 받은 성직자이거나, 『신대륙과 대양 위의 대륙·섬들의 역사와 자연사(Historia general y natural de las Indias, islas y Tierra Firme del mar océano)』의 저자인 곤살로 페르난데스 데 오비에도와 같은 르네상스시대의 지식인, 그리고 아메리카 원주민들의 관습과 문화에 대한 최초의 증언집이라 할 수 있는 『누에바 에스빠냐 풍물 총사』를 쓴 베르나르디노 데 사아군 같은 사람이었다.

결국 아메리카인 자신들의 연대기를 만들어갈 사람들은 다름 아닌 아메리카에서 태어난 사람들이었던 것이다. 그 가운데 가장 대표적 인물로는 꾸스꼬(Cuzco) 왕가의 자손이자, 식민 아메리카 최고의 산문작가인 잉까 가르실라소 데 라 베가를 들 수 있다.

금을 찾아 헤매는 정복자들

정복자들이 길을 떠난 것은 다름 아닌 보석을 찾기 위해서였다. (…중략…) 1520년대까지 스페인 식민의 중심지는 안띠야스 제도였지만, 약 20년 후에는 정복사업의 중심이 내륙의 고원지대로 옮겨갔다. 즉 멕시코에서부터 페루에 이르는 지역이 2세기 반에 걸친 스페인 제국의 심장부 역할을 하게 된 것이다. 이미 16세기 중반 이전에 발생한 안띠야스 주민 수의 급격한 감소는 안띠야스 제도의 금 발굴에 종지부를 찍게 만들었다. 이 무렵, 스페인으로 수송되는 보석의 양을 보면 금보다 은의 양이 훨씬 많은 상태였고, 16세기 말엽에는 양뿐만 아니라 환산한 가치에서도 은이 금을 훨씬 능가하게 되었다.

— 뚤리오 알뻬린 동기(Tulio Halperin Donghi), 『라틴아메리카 현대사(Historia Contemporánea de América Latina)』

(1) 역사적·문학적 장르의 연대기

스페인의 역사 편찬은 현왕 알폰소 10세에 의해 그의 통치 기간(13세기) 동안 공식화된 연대기 편찬 작업, 즉 중세적 장르의 계승 속에서 시작되었다. 군주의 주위에는 광대들과 음유시인들, 법률가들, 성모 마리아를 찬양하는 노래 및 가곡을 편집하는 역사가들과 지식인들이 모여들었으며, 7부 법전(Siete Partidas)으로 이루어져 있는 법률서적들, 『제1차 총연대기(Primera crónica general)』라는 제목의 스페인 역사책, 그리고 세계 역사를 다루는 일반 역사, 천문학, 광물학, 점성학 서적들을 비롯하여, 놀이와 오락 서적, 그리고 번역서 등 수많은 서적들이 있었다.

그들은 이러한 연대기를 통하여 왕실인들의 행동거지와 기독교인으로서의 활동을 기록하고 이를 물려주고자 하였는데, 이는 이런 기록을 통하여 후손들로 하여금 "선한 행동을 하면 그 선행으로 말미암아 그 이름이 빛날 것이며, 악한 일을 한 이들은 그 악행으로 인해 죄과를 받게 된다"는 사실을 깨닫게 만들고자 하였던 것이다. 이로 미루어 보아

까스띠야 왕국에서 연대기가 쓰여진 것은 도덕적·교훈적 목적과 올바른 통치를 유도하고자 함에 그 목적이 있었음을 알 수 있다. 이러한 의도는 15세기 이후, 신대륙 정사를 기록한 연대기가 출현하는 계기를 마련해 주었다.

연대기에는 세 가지 유형이 있다. 1) 모든 시대의 통사를 기록하는 종합적 연대기, 2) 한 통치 시기의 역사를 기록하는 연대기, 3) 특정한 사건만을 다룬 연대기가 그것인데, 신대륙 발견에 관한 연대기는 이 가운데 마지막 유형에 해당된다.

신대륙 발견 이후, 콜럼부스의 항해 일지나, 아메리꼬 베스뿌치가 자신의 항해를 후원한 군주에게 보냈던 서신집, 또는 바르똘로메 데 라스 까사스가 작성한 부정을 고발하는 문서들은 급속히 전 유럽으로, 특히 정복 과정에 대해 궁금해 하면서 그에 대한 비판에 굶주려 있던 독자들에게 퍼져 나갔다.

현실과 상상이 뒤섞여 있는 이 자료들을 토대로 하여, 정치·종교적인 이유로 스페인을 맹비난하던 유럽 각국의 왕실에서는 뜨거운 논쟁이 불붙었다. 이 논쟁들은 양대 노선 확립의 시금석이 되었던 바, 그 하나는 정복 사업 자체를 기독교 복음을 전파하기 위한 성스러운 전쟁으로 해석하는 노선이었고, 다른 하나는 힘을 과시하려는 스페인 왕국에 대항하는 아메리카 원주민들의 인권을 보호해야 한다는 노선이었다.

펠리뻬(Felipe) 2세는 스페인 왕국의 불명예를 방지하기 위해 법률적 성격을 띤 『신대륙 대연대기(Crónica Mayor de las Indias)』를 편찬하여, 그 속에 대륙의 발견이나 정복, 전쟁에 관한 이야기들, 원주민들의 의식, 관습 혹은 아메리카 대륙의 자연에 대한 언급이 있는 서적이나 편지를 담았다. 특히 1573년 칙허장에는 '땅과 바다에 속한 것, 자연적 요소와 도덕적 면모, 영속적인 것과 일시적인 것, 성직자들과 민간인들, 과거와 현재에 관한 모든 것'이 기록되어야 하며, 여기에 덧붙여 모든 기록들은 최대한 정밀하게 묘사되어야 하고, 가능한 한 진실만이 담겨 있어야 한다고 지적하고 있다.

1571년에는 지리학자 로뻬스 데 벨라스꼬(López de Velazco)를 스페인 최초의 최고 연대기 학자로 지명하여 『인디아스 지리 총람(Geografía Universal de las Indias)』을 쓰도록 하였다.

후에 법률제정에서는 이 방대한 편찬 작업을 4개 부문, 즉 지리사, 자연사, 시민사, 그리고 종교사 등으로 나누었다.

그 해에 페루의 부왕 프란시스꼬 똘레도(Francisco Toledo)는 역사가 뻬드로 사르미엔또 데 감보아(Pedro Sarmiento de Gamboa)에게 잉까인들에 관한 징사를 쓰라고 위임하였고, 1588년에는 프란시스꼬 세르반떼스 데 살라사르(Francisco Cervantes de Zalazar)가 멕시코의 누에바 에스빠냐에 관한 연대기를 편집하라는 명을 받게 된다. 이 두 작품은 펠리뻬 2세의 치세 하에서 공식적으로 인정된 역사서로, 신대륙 부왕 통치령을 다룬 최초의 역사서로 남게 되었다.

이처럼 정치적 의도에서 연대기 편찬에 제한을 가했음에도 불구하고, 자신들이 신대륙에서 목격한 사실들을 방대한 책 속에 기록해야 할 필요성을 절감한 발견자들과 정복자들에 의한 진실 혹은 허구의 증언들로 가득 메워진 서적들이 날로 늘어만 갔다.

이러한 연대기에 등장하는 모험담이나 위대한 서사적 인물들을 담은 그림 속에서도 문학적 요소들이 발견된다. 뿐만 아니라, 이 작품들 속에는 원주민 본래의 역사 개념과는 다른 개념이 깔려 있는 것을 볼 수 있다. 두 문화, 즉 스페인 문화와 신대륙의 원주민 문화 속에는 각자의 연대기 작가들과 역사가들이 있었다. 그런데 스페인 작가의 작품에서는 진보적 성향의 르네상스 정신, 신학문에 대한 낙관적인 태도, 그리고 수학, 화학, 자연에 있어서 위대한 발견에 대한 열망들이 꽃피었던 반면, 원주민들의 연대기 속에는 역사 속에서 위협받는 신대륙의 불길한 예언들이 가득 차 있었다. 스페인 연대기 작가들에게 있어서 신대륙 발견은, 인류의 역사에 위대한 전망을 가져다주는 것이었던 반면, 원주민 연대기 작가들은 똑같은 발견의 역사를 하나의 재난으로 보면서 모든 자연현상들이 그들 시대의 종말을 의미하는 것으로 해석했다.

정복된 자들에 대한 예언

- **첫 번째 불길한 징조:** 까스띠야인들이 처음으로 이 땅을 밟기 10년 전, 첫 번째 불길한 징조가 하늘에 나타났다. 하나는 마치 불씨같이, 또 하나는 불꽃의 모양으로, 또 하나는 오로라처럼 나타났다. 마치 물방울이 떨어지는 모습 같기도 했고, 하늘에서 쏟아져 내리는 것 같기도 했다. 그 현상은 일 년 동안이나 계속되었다. 이런 현상이 시작된 것은 12-Casa 해(고대 멕시코에서 사용하던 방식으로 12-Casa 해는 현재의 기독교력으로 서기 1517년에 해당된다)였다. 이런 현상이 나타나자 굉장한 소요가 발생했다. 사람들은 연신 손바닥으로 입을 막아댔고, 공포에 휩싸였으며, 무수한 풍문들이 떠돌았다.
- **여덟 번째 불길한 징조:** 수차례 이상하게 생긴 사람들, 마치 괴물 같은 사람들이 주민들 앞에 나타났다. 그들은 몸은 하나인데 얼굴은 두 개였다. 암흑의 집(Casa de lo Negro)으로 그들을 데려갔다. 그리고 목떼수마에게 그들을 보였다. 목떼수마가 그들을 보고 나면 그들은 없어졌다.

—『사아군의 보고서(Informantes de Sahagún)』

(2) 연대기의 분류

다음과 같은 방법으로 좀 더 광범위하게 연대기를 정리할 수 있다.

신대륙 발견시대의 연대기 (15세기)
정복시대의 연대기 (16세기)
총 연대기
특정 연대기
공식 연대기
개인 연대기
스페인인들이 기록한 연대기

아메리카인들이 기록한 연대기

성직자들이 기록한 연대기

민간인들이 기록한 연대기

직접적인 목격담을 토대로 기록된 연대기

간접적인 증언들을 토대로 기록된 연대기

신대륙 발견시대의 연대기로는 1492년에서 1504년 사이에 쓰여진 콜럼부스의 편시를 꼽을 수 있다.

정복시대의 연대기로는 1519년에서 1526년 사이에 에르난 꼬르떼스에 의해 쓰여진, 까를로스 5세 왕에게 바치는 『누에바 에스빠냐 발견과 정복에 관한 편지들(Cartas de relación sobre el descubrimiento y la conquista de la Nueva España)』을 꼽을 수 있다.

종합 연대기에서는 호셉 데 아꼬스따 신부가 쓴 『인디아스 자연사와 도덕사』를 꼽을 수 있는데, 이는 1590년에 출판되어 각광을 받은 훌륭한 작품으로, 아메리카인들과 신대륙 자연을 철학적·사회학적·과학적 시각에서 풀어낸 현실적 해석을 담고 있다.

특정 연대기에는 페루 잉까왕국 정복의 산 증인인 뻬드로 시에사 데 레온(Pedro Cieza de León: 1520 ~ 1554)의 연대기가 있다.

아메리카에서 태어난 연대기 작가로는 1605년에 쓰여진 『찬란한 잉까 또는 에르난도 데 소또 총독의 역사(La Florida del Inca o Historia del Adelantado Hernando de Soto)』와 1609년에 쓰여진 잉까들의 관습과 그들의 왕조를 다룬 『황실 주해』의 저자인 잉까 가르실라소 데 라 베가를 들 수 있다.

스페인 왕실의 공식 연대기 작가들 가운데서는 까를로스 5세에 의해 임명된 공식적인 연대기 작가 곤살로 페르난데스 데 오비에도가 있는데, 그의 『총사』는 1535년에 출간되었다.

개인적인 연대기 작가들 가운데서 가장 중요한 인물로는 꼬르떼스 휘하에서 군생활을 했던 베르날 디아스 델 까스띠요를 들 수 있는데, 그는

1568년 스페인 문학사상 가장 위대한 작품들 가운데 하나로 꼽히는 『누에바 에스빠냐 정복의 진정한 역사』를 썼다.

성직자 신분의 연대기 작가들 가운데는, 가장 논쟁적인 성향의 작가이며, 아메리카 원주민의 수호자였던 안달루시아 출신 프라이 바르똘로메 데 라스 까사스(1474 ~ 1566)를 꼽을 수 있다.

15세기 말과 16세기 전반부의 첫 정복세대들은, 또한 자신들의 경험을 다룬 연대기의 작가군이기도 하다. 그들은 자신들의 눈으로 직접 목격한 사실들과 유럽인들이 모르는 미지의 신대륙에서 접할 수 있으리라 상상되는 점들을 글로 써서 남겨놓고자 하는 열정에 자극받아 글을 썼다. 그렇기 때문에 연대기 중에 어떤 부분들은 역사적이기보다는 소설적인 요소들이 많이 가미되어 있다. 이 세대들은, 또한 유럽 문화와 아메리카 문화라는 두 개 문화 사이에 충돌을 촉발시킨, 대륙 정복을 완수한 세대였다. 유럽 문화와 아메리카 문화의 충돌 문제는 연대기에 기록된 원주민 문제를 통해서도 알 수 있고, 들끓는 찬·반 양론의 대립에서도 보여지는데, 프라이 바르똘로메 데 라스 까사스는 이 문제를 '신대륙 파괴'라고 규정했다.

41 바로크 문학

신대륙 바로크 문학의 주요 특징은 무엇인가요?

01 바로크의 개념

'바로크'라는 단어는 라틴어 '베루까(verruca)'에서 유래하여 '베루에꼬(berrueco)'라는 형태를 거쳐 '바로꼬(barroco)'라는 단어로 굳어졌는데, 원래의 의미는 '이그러진 진주'를 뜻한다. 초기에 이 단어는 르네상스시대 이후 건축 부문에 나타난 과장된 장식을 지적하기 위해 쓰였다. 바로크는 활동성과 역동성을 지향하며, 예술사적으로는 르네상스 예술을 거부하는 반작용의 원칙으로 해석된다.

하인리히 뵐플린(Heinrich Wölfflin)은 르네상스 예술과 바로크 예술을 다음과 같이 이항대립적으로 설명하고 있다.

르네상스 예술	바로크 예술
선적(線的)인 관점	회화적 관점
피 상 성	심 원 성
통 일 성	다 양 성
명 확 성	모 호 함
복 잡 성	응 축 성

● 선적(線的)인 관점－회화적 관점

르네상스 회화를 선적 특성을 지닌 것으로 규정하는 것은 사물의 형성과 그 배경을 명확히 구분하고 있기 때문이다. 이에 비해 바로크 회화는 색상을 보다 중시하면서, 단순한 선이 사라지고, 혼합, 명암, 그리고 빛과 그림자의 훌륭한 대조를 통해 아름다움을 이끌어내고 있다.

● 피상성–심원성

르네상스의 예술이 서로 다른 평면적 요소들을 원근법에 의거해 하나의 표면 위에 배치하는데 비해, 바로크 예술은 투시적 방식으로 다양한 구성요소들을 겹쳐 놓는다.

● 통일성–다양성

바로크는 다양성을 단일화하며 완벽한 조화를 추구하던 르네상스를 대체하여 등장했다. 르네상스는 다양한 부분들을 하나의 원칙하에 종속시킴으로써 단 하나의 명분에 모든 것을 통일시킨다.

● 명확성–모호함

앞서 언급한 상반되는 여러 성격의 결과, 예술적 표현에 있어서 선적인 특성을 배제한 바로크 예술에서는 모든 사물이 르네상스적 명확성을 포기한다. 빛과 색, 그리고 구성이 화폭 속에서 모호하게 뒤섞이는 것이다.

● 복잡성–응축성

이러한 구분은, 예술창작의 태도가 폐쇄적이냐(르네상스), 아니면 개방적이냐(바로크)에 관련된다.

르네상스 예술 작품은 라파엘 산시오(Rafael Sanzio)의 작품에서 보이듯이 균형에 치중하여 폐쇄적인 형태로 나타나는 반면, 바로크 예술 작품은 엘 그레꼬(El Greco)의 경우처럼 구성관점이 비대칭적이고 불안정한 개방적인 형태를 취한다. 다양한 중심축을 인정하는 열린 작품이야말로 현대 예술이 추구하는 바이며, 이는 바로크 예술(또는 신바로크)이 20세기 라틴아메리카 문학과 예술에서 여전히 의미를 지니고 있음을 설명하는 것이다.

02 신대륙에서의 바로크 건축

신대륙의 대규모 성당들은 르네상스 양식과 바로크 양식 사이에 존재하는 과도기적 양식을 보여준다. 쁠라떼레스꼬(Plateresco) 양식으로 된 신대륙 최초의 건축물은 건축가 로드리고 힐 데 리엔도(Rodrigo Gil de Liendo)가 설계한 산또 도밍고(Santo Domingo) 성당이다. 1563년에서 1572년 사이에 착공된 멕시코와 페루 같은 대도시의 성당들은 르네상스의 임격함과 바로크의 다양성이 어우러진 건축미를 보여주고 있다. 18세기 식민시대의 종교 건축물에서는 라틴아메리카 고유의 특성을 지닌, 유럽식 바로크와는 차별화된 바로크 양식이 등장하는데, 이를 멕시코식 바로크(산 마르띤 떼뽀소뜰란의 예수회 수도원 건물과 사까떼스 대성당), 중앙아메리카식 바로크(과테말라의 산따 끌라라 성당), 끼또식 바로크, 누에바 그라나다식 바로크(콜롬비아 뚱하(Tunja)의 산또 도밍고 성당) 또는 페루식 바로크(리마의 라 메르셋 성당) 양식 등의 이름으로 부른다.

제단과 금 장식, 성상의 색조, 재질의 질감, 기후적·지리적 특성의 흔적 등은 범우주적 예술이면서 동시에 라틴아메리카 안의 지역적인 특성이 지니고 있는 신대륙 바로크 예술을 잘 설명하는 부분이다. 식민시대 신대륙의 예술은, 바로크 양식을 통해 마침내 유럽에서 이식된 예술 양식과 신대륙 고유의 독자적인 표현 양식 사이에 존재하는 변별성을 갖게 된다. 조형예술 부문에서도 바로크는 르네상스 예술에서와 같이 정적이고 질서정연한 아름다움 대신에 자연과 인간의 생명력과 활기를 표현하고자 하였다. 조형예술에서 나타나기 시작한 이러한 현상은 점차 건축, 문학을 비롯한 17세기 예술 전반으로 확산된다. 삶에 대해 환멸을 느끼는 신인류(新人類)의 고뇌와 회의주의가 르네상스의 이성적 낙관주의에 반기를 든 것이다.

> 르네상스와 바로크
>
> 16세기에 회화의 모든 요소들은 하나의 중심축을 중심으로 질서정연하게 배치되어 있었다. 만약 중심축이 없다고 하더라도 그림 전체가 양분되어 각각의 절반이 완벽한 균형을 유지하고 있음을 알 수 있다. 이러한 대칭에서는 한마디로 규정짓기는 어렵지만 대조를 감지할 수 있다. 즉, 완벽한 균형과 불안정한 균형을 기계적으로 배열함으로써 느껴지는 대조를 감지할 수 있는 것이다. 그러나 바로크 예술은 중심축의 고정에 반대한다. 단순한 대칭은 사라지거나 감소한다.
>
> – 하인리히 뵐플린, 『예술사의 근본 개념(Conceptos fundamentales de la historia del arte)』

03 스페인의 바로크 문학

스페인 바로크는 스페인 국민의 정신, 도덕, 그리고 종교적 타락이라는 국가적 위기의식을 반영하는 양식인 동시에, 역사라는 무대 위에서 펠리뻬 2세 사망 때까지 지속되었던 스페인의 권위와 정치적 패권이 상실되었음을 표현하는 예술 양식이기도 하다.

바로크 예술은 트렌토 종교회의(Concilio de Trento: 1545) 이후, 르네상스의 인문주의적 시각을 수정하고 종교적 위기를 표현하는 것으로써 반종교 개혁운동(Contrareforma)과 밀접한 연관을 갖게 된다.

펠리뻬 3세(1598 ~ 1621)가 등극할 무렵, 이미 스페인은 더 이상 유럽 최강국이 아니었고, 경제적 몰락이 시작되고 있었다. 예술은 요란하고 장식적인 꾸밈 이면에 감추어진 정신적 환멸이라는 불균형을 반영하고 있는데, 이런 예술형태는 진지한 것과 통속적인 것, 아름다운 것과 추한 것, 이상적인 것과 현실적인 것들 간의 대조를 추구하는 역동적이고 복잡한 양식이다.

오직 교육받은 소수의 사람만이 이해할 수 있는 뒤틀린 문학양식으로 여겨지는 루이스 데 공고라(Luis de Góngora)의 과식주의(culteranismo)

가 생겨나게 된 것도 이런 상황 속에서였다. 께베도(Quevedo)는 삶에 대한 깊은 환멸을 풍자기법을 통해 나타내는 기지주의(conceptismo)를 주창하고, 기교를 다양화한다. 공고라와 께베도는 시에서 웅변술까지, 그리고 산문에서 연극에 이르기까지, 그들의 과식주의와 기지주의를 구사한 당대 최고의 문인들이다. 이 두 작가에서 드러나는 경향은 회피와 모호함, 과식과 과장, 현실에 대한 르네상스의 정적인 균형에 대한 반발을 이면에 숨기고 있는 복잡한 형식의 추구다. 바로크와 더불어 가르실라소(Garcilaso)의 『갈라떼아(Galatea)』에서 드러난 균형잡힌 평온한 세계는 공고라의 『고독(Soledades)』에서 엿보이는 복잡하고 장식적인 세계로 변화한다.

공고라의 시는 르네상스 시의 균형을 파괴하고 있으며, 그의 바로크는 미사여구와 모호성에서 비롯된 복잡한 형식으로 치장되어 있다.

공고라는 평범한 이상적 현실 묘사를 회피하기라도 하는 듯 은유적 언어로 대치하는 기법을 사용한다. 따라서 그의 작품 속에서 통속적 현실은 신화적 암시 또는 비유를 통해 미화되고, 유려해진다. 예를 들어, 암탉을 직접적으로 지칭하지 않기 위해, 공고라는 문학적으로 우회적인 표현을 사용하여 다음과 같이 표현했다.

…… 볏을 가진 새
그녀의 집의 호색한 파수꾼 남편은
턱수염 목걸이 한
태양이 보낸 고귀한 사자
금빛 아닌 자줏빛 터번을 두른다.

내가 보는 건 그림자뿐
나의 조부모께서 나를 보호하신다.
뼈 끝으로 치신다.
가죽과 나무로 만들어진 탬버린을

나의 할아버지는 흑인

넓은 목에 갑옷 목받이
전쟁의 회색 갑옷
나의 할머니는 백인

— 니꼴라스 기옌(Nicolás Guillén), 『조부모의 노래(Balada de los dos abuelos)』

바로크 언어는 직접적인 표현은 지양하고, 새롭고 재치있고 풍부한 언어 세계를 추구한다. 과식주의(culteranismo 또는 cultismo)는 다음과 같은 특성을 띤다.

- 라틴어에서 비롯된 신조어를 사용함으로써 어휘가 풍성해진다.
- 전치법(hipérbaton)의 빈번한 사용으로 구문은 변형된다.
- 대담하고 복잡한 은유와 신화적 인물이 지속적으로 등장한다.

04 신대륙의 바로크 문학

17세기, 바로크 양식은 시대적 표현의 수단으로서 아메리카 식민지에 등장하여, 건축과 베르나르도 데 발부에나(Bernardo de Balbuena) 또는 소르 후아나 이네스 데 라 끄루스의 시, 후안 루이스 데 알라르꼰의 희곡 등에 반영된다. 독일 바로크, 이탈리아 바로크, 스페인 바로크처럼 각 지역 고유의 바로크 양식이 있듯이 신대륙 바로크 역시 존재했는데, 이는 스페인 문화와 원주민 사회의 순수하고 고유한 문화의 통합과 공존을 의미하는 것이다. 아메리카주의는 바로크 양식을 표방하면서 시작되었는데, 이런 아메리카적 요소들은 예술뿐만 아니라 가식적인 궁정생활, 사람들의 옷차림, 대화, 그리고 당시의 사회생활 전반에서 포착된다. 멕시코와 페루에서 세워진 식민시대 교회들은 양대 문화혼합의 전형적인 예다. 긍정적이며 현학적인 바로크 예술은 부왕제도 하에서 라틴아메리카 최초의 위대한 예술적 표현 수단으로 자리잡는다.

아메리카 바로크 예술의 특징을 정리하면 다음과 같다.

(1) 특징

① 부왕제도 하의 사회적 측면

귀족적이며, 기지 넘치는 궁정예술을 통해 엿볼 수 있다. 궁정예술은 그 발생 초기부터 궁정에서 비롯되었기 때문에, 심지어 귀족들이 지키던 예절까지도 흔적이 남아 있다. 감동과 놀라움을 추구하며, 이를 위해 마치 인생과 예술은 연극의 한 장면에 불과하다는 듯이 언어의 외적 특성만을 강조한다. 문학을 살펴보면, 이러한 특성은 무수한 연회나 부왕이나 귀족에 대한 충성의 맹세 속에서 뿐 아니라, 독자가 이중적 의미를 가진 언어적 유희에 익숙하지 못한 경우, 독자를 현혹시키고 지적 미로를 헤매게 할 수 있는 모호한 비유에 치중한 형식을 통해서도 잘 드러난다.

② 문학적 측면

당시의 문학은 열린 형식의 예술이라 하겠는데, 이는 한 편의 시라도 르네상스 예술의 특성인 중심축의 붕괴를 야기하는 여러 축들의 중첩과 교차에 의해 형성되기 때문이다. 따라서 공고라의 시 세계와 소르 후아나 이네스 데 라 끄루스의 『첫 번째 꿈(Primero sueño)』에서 보여지는 바와 같이 하부축들의 세부적인 내용과 구성은 표층으로 부각된다. 이런 열린 형식 속에서, 다각적 감성과 주제의 뒤틀림을 야기하는 풍자적 혼란을 특징으로 하는 역동주의(dinamismo: 바로크를 정의하는 또 하나의 이름)가 설명된다. 역동주의의 생동력은 바로크의 힘있는 문체, 수사, 반어, 대조, 과장, 비유 등을 사용한 다양한 형식을 통해 명백히 드러난다.

③ 문체적 측면

자연스러운 예술을 추구하는 르네상스 예술과 '인위적인' 예술을 지양하는 바로크 예술은 추구하는 '미'의 개념이 달랐던 만큼 서로 상치하고 있다. 바로크 시기의 자연과 예술 사이의 균형은 예술에 무게가 더 실리면서 깨지고 만다. 뻬드로 데 에스삐노사(Pedro de Espinoza)는 작품 『헤닐의 우화(Fábula del Genil)』에서 "물질을 초월하는 예술……"이라는 말로 예술의 절대가치를 예찬한다. 특히, 그러한 예술은 자연과의 경쟁을 위하여, 형식을 그의 출발점으로 삼는다. 그리고 거기로부터 모든 문체상의 가능성을 최대한으로 활용하여, 시나 산문에서 문학의 화음을 이루어낼 수 있게 하는 언어 이미지가 충만한 아름다운 세계를 창조한다. 신랄함, 언어유희, 미사여구, 전후치 구문 등은 바로크 문학의 모체적 특성이라 할 수 있다.

오감(시각, 후각, 촉각, 청각, 미각)의 동원으로 인위적 묘사의 효과도 배가된다. 이마는 '매끄러운 상아', 얼굴은 '복숭아빛 꽃병', 몸은 '대리석', 손가락은 '설화석고로 된 대추야자'로 표현되는 것이다. 또한 값진 보석에 비유함으로써 은유적 표현이 더욱 풍요로워진다. 머리카락은 '금실', 눈은 '다이아몬드', 입술은 '산호'로 표현된다. 소르 후아나 이네스 데 라 끄루스에게서 바로크 문학의 가장 특징적인 면들을 보다 상세히 엿볼 수 있다.

● 어휘

기지주의적 언어 사용이 두드러진다. 높고 아름다운(canoro), 파란 하늘색의(cerúleo), 오목한(cóncavo), 상아같이 흰(ebúrneo), 싹(embrión), 불길한(funesto), 두려운(horrendo), 화려한(pompa) 등.

● 전치법

"Éste, que ves, engaño colorido / que del arte ostentando sus primores."

● 암시와 인용

"Y aquella del calor más competente / científica oficina, / próvida de los miembros despensera ……"(el estómago, 위)

● 형식의 반복

"A si no B (B가 아니라면 A)". 다마소 알론소(Damaso Alonso)의 정의에 의하면, 이러한 기법은 공고라에서 비롯된 것으로, 논리적으로 모순일 수도 있고 아닐 수도 있는 두 용어 사이의 대립적 의미를 내포한다.

Repetido latir, si no vecino B
distinto A, oyó de can siempre despierto.

"si no"로 시작되는 단어 B는 용어 A의 반어가 아닌 경우도 있다. 이 경우 시인은 독자에게 선택 가능한 두 개의 대안을 제시하는 것처럼 B와 A를 함께 배치한다.

소르 후아나 이네스 데 라 끄루스는 이런 방식으로 바로크 기법을 사용한다.

Si privados B no, al menos A suspendidos

● 신화적 암시

"¿Ves caminante? En esta triste pira / la potencia de Jove está postrada; aquí Marte rindió la fuerte espada / aquí Apolo rompió la dulce lira".

● 재치있는 언어유희

"갈베 백작부인(Excelentísima Señora Condesa de Galve)이 남편인

백작(excelentísimo Señor Conde)의 생일을 축하하기 위해 보낸 11음절 시구의 미로", "처음에서부터 또는 순서대로 두 곳 가운데 어느 곳에서부터 읽기 시작하더라도 세 번 읽혀지는 소네트." 시의 도입부에서는 언제나 하나의 인명, 혹은 개념을 우선 배치한다.

● 대구

"펠리시아노(Feliciano)는 나를 숭배하고, 나는 그를 증오한다. / 리사르도(Lizardo)는 나를 증오하고, 나는 그를 숭배한다."

(2) 아메리카 바로크 문학의 장르

① 서사시와 종교시

서사시가 주로 펠리뻬 2세 통치시기(1556 ~ 1598) 동안 유행했다고는 하지만, 위대하고 교양있는 천재 베르나르도 데 발부에나가 쓴 환상적 일화가 가미된 『엘 베르나르도 또는 론세스바예스의 승리(El Bernardo o Victoria de Roncesvalles)』(1624)를 비롯한 기사적 서사시는 스페인은 물론 이후 신대륙에서도 지속적인 발전을 구가했다. 이 장르의 또 다른 갈래인 종교적 서사시에서는 신부 디에고 데 오헤다(Diego de Ojeda)의 작품으로 그리스도의 삶, 열정, 죽음에 관한 가장 아름다운 바로크적 시로 불리우는 『라 끄리스띠아다(La Cristiada)』가 두드러진다.

② 서정시와 신비주의 시

과식주의 또는 공고라주의는 이 장르의 흐름을 주도하면서 통속적인 사랑을 신성한 사랑으로 승화시킨다. 신성한 사랑을 표현하는 일인자로는 '까스띠야의 어머니(La Madre Castillo)'로 불리는, 보야까(Boyacá)의 뚱하 태생 시인 소르 프란시스까 호세파 델 까스띠요 이 게바라(Sor Francisca Josefa del Castillo y Guevara)가 손꼽힌다. 신비주의적 시

『영적인 서정 또는 감성 (Afectos o sentimientos espirituales)』에서 그녀의 종교심이 표현되기도 하지만, 그녀는 산문으로 소르 후아나 이네스 데 라 끄루스와 함께 저명한 바로크 여류문인의 반열에 서게 된다. 이들 이외의 다른 여류 작가로, 『로뻬 데 베가에게 보내는 시(詩)형식의 서간문(Epístola en silvas a Lope de Vega)』의 저자 아마릴리스 인디아나(Amarilis Indiana)와 『시를 찬양하는 담론(Discurso en loor de la poesía)』의 저자로 끌라린다(Clarinda)라고만 알려진 익명의 페루의 여류 작가가 주목을 끈다. 그리고 최초의 에콰도르 서정시인인 하신또 데 에비아(Jacinto de Evia)는 뒤늦게 소네트와 로만세를 지었던 콜롬비아의 도밍게스 까르마르고(Domínguez Carmargo)의 시와 자기 자신의 시를 담고 있는 시집 『청춘시절에 만들어지고 정선된 시선집(Ramillete de varias flores poéticas recogidas y cultivadas en los primeros abriles de sus años)』을 남겼다. 1960년에는 그의 전집이 보고따의 까로 이 꾸에르보 연구소(Instituto Caro y Cuervo de Bogotá)에서 출판된 라파엘 또레스 낀떼로(Rafael Torres Quintero)의 비평서에 실렸다.

③ 풍자시

식민시대 시(詩)의 풍자적인 흐름은 천재시인 께베도의 영향으로 활기를 되찾았고, 대중적이고 근원을 알 수 없는 영감에서 비롯된 공격적이고 과격한 빗대기로 변모해간다. 이 장르에서는 『빠르나소의 이(El diente del Parnaso)』로 유명한 후안 델 바예 까비에데스(Juan del Valle Caviedes: 1652 ~ 1697)가 최고의 위치를 차지한다.

④ 현학적인 상상의 산문

이 장르에는 신대륙 발견자와 정복자에 의해 시작되고 이어져 내려온 역사 연대기물이 해당된다. 그러나 박학다식을 선호하는 이 시기의 경향은 초기 연대기 작가들에 의해 기록된 생생한 양식의 기록들을 대체하게 되었으며, 산문의 성격은 인간의 경험과 역사에 철학적 해석을 덧붙인 예술작품으로 변화된다. 잉까 가르실라소 데 라 베가의 『황실 주해』에 필적할 만한 작가로는 『신 왕국 그라나다 정복사(Historia de las conquistas del Nuevo Reino de Granada)』(1688)의 저자인 콜롬비아의 루까스 페르난데스 데 삐에드라이따(Lucas Fernández de Piedrahita: 1624 ~ 1688)를 들 수 있는데, 그는 보고따의 또미스띠까 대학(Universidad Tomística)에서 수학한 재원이었다.

또한 누에바 그라나다(Nueva Granada)의 부왕령에는 후안 로드리게스 프레일레(Juan Rodríguez Freile: 1566 ~ 1640)가 쓴 『양고기(El carnero)』라는 역사 연대기물이 있는데, 이 작품 속에는 서로 다른 장르의 요소인 우화, 풍자, 동화, 일화, 악자의 모험 등에 유머와 사회비판까지 가미되어 모두 포함되어 있다. 바로크시대의 지역적인 연대기물로서는, 단순한 역사서의 수준을 넘어 남방의 도시와 풍경까지 묘사하고 편집하여, 1646년 로마에서 출판된, 예수회 수사 알론소 데 오바예(Alonso de Ovalle: 1601 ~ 1651)의 작품 『칠레 왕국의 역사(Historia relación del Reino de Chile)』를 빼놓을 수 없다.

현학적 산문은 '루나레호(Lunarejo: 사마귀가 많은 사람)'라는 별칭을 가진 후안 데 에스삐노사 메드라노(Juan de Espinosa Medrano: 페루, 1640 ~ 1688)의 작품을 통해 더욱 풍성해진다. 그는 17세기 문학 비평가이자, 최초의 수필가였고 꾸스꼬 대학에서 박사학위를 받은 신학 교수였다. 그의 가장 유명한 저서인 『스페인 서정시의 황태자 루이스 데 공고라 예찬(El apologético en favor de Don Luis de Góngora, príncipe de los poetas líricos de España)』(1662)에 나타난 바로크적 산문은 공고라 시의 구문과 음운 분석을 위한 지침서 역할을 하고 있다. 이 책에서 메드라노는 공고라 시를 극찬하고 있을 뿐 아니라 아메리카 대륙에 미친 공고라의 영향과 그의 바로크적 문체에 대해 기술하고 있다.

바로크 산문 양식의 한 부분으로서의 신비주의 산문은, 앞에서도 언급했듯이 식민시기의 주요한 작가 가운데 한 사람인 소르 프란시스까 호세파 델 까스띠야 이 게바라(Sor Francisca Josefa del Castilla y Guevara)의 작품으로서 더욱 풍성해진다. 그러나 순수 교양 산문 부문에서는 수준 높은 표현을 구사하는 아메리카의 두 귀재 뻬드로 데 뻬랄따 바르누에보(Pedro de Peralta Barnuevo: 페루, 1663 ~ 1743)와 까를로스 데 시구엔사 이 공고라(Carlos de Sigüenza y Gongora: 멕시코, 1645 ~ 1700)가 양대산맥을 이루고 있다고 볼 수 있다. 백과사전적 문화를 호흡하며 수학, 천문학, 인종학, 지리학 등 방대한 지식을 소유한 두 사람은, 신대륙에서의 지식인의 역할과 아메리카 대륙 내 대학에서의 스콜라 철학교육과 관련하여 식민시대 절정기에 태동한 크나큰 변혁을 보여주는 예다.

⑤ 연극

17세기 이래로 스페인 연극은 신대륙에서 대중의 엄청난 호응 속에 공연되었다. 로뻬 데 베가(Lope de Vega), 띠르소 데 몰리나(Tirso de Molina), 깔데론(Calderón), 그리고 모레또(Moreto)의 작품들이 식민기에 '노천극장(corrales)'과 연극 공연장에서 널리 소개되었고, 찬미극, 단막극과 일종의 희극인 사이네떼(sainete) 등도 공연되었다. 최초의 콜로세움이 세워진 것은 1662년 리마에서였다. 아메리카에 설립된 최초의 연극 공연장은 멕시코에 있는 돈 프란시스꼬 데 레온 연극 공연장(Casa de Comedias de Don Francisco de León)이었으며, 1760년경, 이 콜로세움에서 끄리오요 출신의 여배우 뻬리촐리(Perricholi)가 공연하기도 했는데, 그녀는 부왕관구에서 극단들을 만들어 활동하는 스페인 연극계 사람들과 함께 활동하고 있었다. 아메리카 연극사상 가장 중요한 인물은 후안 루이스 데 알라르꼰이다. 한편, 소르 후아나 이네스 데 라 끄루스의 극작품들은 주로 깔데론(Calderón)적이며, 희극과 성찬 신비극들이다. 식민시기 말엽의 뻬드로 데 뻬랄따(Pedro de Peralta)와 바르누에보(Barnuevo)의 희곡 작품에는 스페인 연극의 영향이 쇠퇴하고, 몰리에르(Moliére), 꼬르네이유(Corneille), 라신느(Racine)와 같은 프랑스적인 경향이 드러나기 시작한다.

⑥ **저널리즘**

신대륙 주요 서적들의 대부분은 스페인에서 출판되었다. 그러나 16세기 이후 많은 어려움이 있었던 가운데에서도 아메리카에서의 언론 출현으로 종교서적과 교리문답서의 출판을 가능케 만들었다. 이미 1594년 리마에서는 현존하는 최고의 인쇄물인 식민지의 정기 신문이 출판되고, 1722년에는 식민지의 정기 간행물인 『멕시코 관보와 누에바 그라나다 소식지(La Gaceta de México y Noticias de Nueva Granada)』도 나왔다. 신문을 발간한 아메리카의 두 번째 도시는 과테말라였다. 실제로, 1729년 11월에 창간되어 2년 동안 발행되었던 『과테말라 소식지(Gazeta de Guatemala)』는 1974년에 주간지로 다시 태어나기도 했다. 1790년 리마에서는 『리마일보(Diario de Lima)』가 창간되었고, 1년 뒤에는 『페루 머큐리(Mercurio Peruano)』지의 발행이 시작되어 경제 통상 부문 관련 소식을 비롯하여, 관 주도의 토목공사와 정책·사건 속보 등을 정기적으로 보도하게 되었다.

42 라틴아메리카 소설

라틴아메리카 소설의 기원이 되는 작품은 무엇인가요?

1531년 4월 4일 이사벨 여왕은, 16세기 스페인에서도 기사도 소설이나 허무맹랑한 이야기 등 허구를 바탕으로 하는 소설이 널리 유행하고 있었음에도 불구하고, 이러한 소설들이 신대륙 내에서 읽혀지는 것을 금지하는 칙령을 선포했다. 칙령의 내용은 다음과 같다.

> 짐은 아마디스(Amadís)를 비롯하여 그와 유사한 종류의 무익하고 신성모독적인 소설책들이 수없이 신대륙으로 유입되고 있다는 사실을 보고받았다. 이런 책들은 인디오들에게 이야기하기에도, 읽기에도 좋지 않은 바, 앞으로는 그 누구도 종교적인 것을 제외한 이야기와 신성모독적인 책들을 신대륙 내로 반입할 수 없음을 명하는 바다.

라틴아메리카에서 최초로 간행된 소설은 1816년 멕시코인 호세 호아낀 페르난데스 데 리사르디(José Joaquín Fernández de Lizardi)의 『엘 빼리끼요 사르니엔또(El Periquillo Sarniento)』였는데, 이 소설의 등장을 계기로 16 ~ 18세기 동안 라틴아메리카에서는 소설이 부재했었다는 다양한 이론들이 등장한다.

식민시대 소설의 부재는 첫째, 1531년의 칙령과 그에 따른 후속 조치들에 기인하는데, 비록 원주민들에게 세르반떼스의 『돈끼호떼(El Quijote)』와 같은 책을 반입하는 것까지 막지는 않았지만, 신세계 내에서 발행되는 작품에 한해서는 철저히 칙령을 준수하도록 했기 때문이었다. 그 어떤 시대라도 엄격하게 구분되는 문학장르에 포함시킬 수 없는, 그런 류의 작품들이 있는 것은 당연한 일이며, 그런 이유로 뻬드로 엔리께스 우레냐(Pedro Henríquez Ureña)는 식민시대의 소설적 경향을 띤 작품들에 대해 연구해왔다. 이런 류의 이야기나 소설의 전신들로는 바르똘로메 데 라스 까사스의 『누에바 에스빠냐 정복의 진정한 역사』, 잉까 가르실라소 데 라 베가의 『황실 주해』 혹은 꼰꼴로 꼬르보(Concolo-corvo)의 『걸어가는 장님들의 라사리요(El lazarillo de ciegos caminantes)』와 같이 회화적 혹은 묘사적 에피소드를 곁들인 소설적 성격의 전기류나 연대기류를 들 수 있다.

두 번째 이유는 식민지 문학의 성격이 독자에게 즐거움을 주는데 그 목적을 두기보다는 정보 전달에 목적을 둔 교훈적 혹은 교육적 성격을 띠고 있다는 점이다.

세 번째 이유는 보다 광범위한 것으로, 단지 아메리카의 범주에 국한되는 것이 아니라 문학 양식으로서의 소설 및 유럽 문학사에 있어서의 소설의 발전과 관련이 있다. 소설은 언제나 다른 장르보다 뒤늦게 발생하는 장르인데, 이는 소설이 사회와 개인의 탐구이고 반영이며, 또한 봉건시대 이후 서구사회의 진보가 무르익어 가던 시점에 도시에 집중적으로 운집했던 부르주아 계층의 독자들의 참여를 필요로 하는 장르였기 때문이다. 16세기 이후 유럽 소설은 중세시대에 만들어진 소설적 형태의 작품에서 유래된다.

이러한 맥락에서 볼 때, 3세기 동안의 식민 문학기를 거친 후 19세기에 이르러서야 라틴아메리카 소설이 출현하게 된 것은 다음과 같은 이유로 설명이 가능하다.

그것은 바로 라틴아메리카 국가들의 독립 이후 도시 집중화가 일어나던 초창기에 이미 주변인들의 사회적 모험에 관심 있는 독자가 존재하고 있었기 때문인 것이다. 19세기 최초의 중요한 두 소설인 리사르디의 『엘 뻬리끼요 사르니엔또』와 마르몰(Mármol)의 『아말리아(Amalia)』가 소개된 부에노스 아이레스와 멕시코시티 등지에서는 이미 소설이라는 장르를 통해 가공의 인물들 간의 갈등이나 국가 개념이 형성되기 시작했던 당시 사회의 문제점들을 보고 관찰하길 원하는 독자들 가슴 속에 소설이 반향을 일으킬 수 있는 최소한의 여건이 형성되어 있었던 것이다.

근대소설 속에 나타나고 있는 이러한 개인 간 또는 사회 간의 대립이야말로 라틴아메리카에서 소설이라는 장르가 탄생하게 된 계기가 되었는데, 특히 라틴아메리카 소설은 과거 수세기에 걸쳐 유럽사회에서 그랬던 것처럼 부르주아 계층의 오락 혹은 여가 문학적 성격을 띤 것이 아니라, 마치 끝없는 갈등을 겪고 있는 현실에 대한 고백과 분석을 하는 듯한 고발적 성격이 강하다. 당시의 소설이 식민시대에서 독립시기로 넘어가는 과도기적 사회를 반영함에 있어서 일반적인 소재에서 탈피하여 매우 다양한 서술적 재료들을 사용하고 있는 것도 결국 이러한 성격에서 비롯되었다 하겠다. 그러한 예는『아말리아』라는 소설에서 찾아볼 수 있는데, 이 소설은 역사소설이자 동시에 정치소설이기도 하며, 감상적 요소가 다분한 소설이면서 동시에 현실주의적 요소가 가미된 낭만주의 소설이기도 한 것이다. 이러한 성격은『엘 뻬리끼요 사르니엔또』에서도 잘 나타나는데, 이 소설은 스페인 악자소설 형태로 서술된 한 악동의 이야기이며 동시에 19세기 초 멕시코 사실주의 모델의 전형이라고도 할 수 있다.

소설(La novela)

소설이란 단어는 16세기 스페인어에는 존재하지 않았기에 허구적 서술은 '이야기' 혹은 '우화'라 불렀다. 1605년『돈 끼호떼』의 제1부에 삽입된「무모한 호기심 이야기(El curioso impertinente)」와 1613년『모범소설집(Novelas ejemplares)』에서 세르반떼스가 '소설'이라는 어휘를 최초로 사용했는데, 원래는 이탈리아어에서 들여온 말로, 당시만 해도 장편의 서술을 칭하지 않았으며 오늘날과 마찬가지로 그때에도 '소설(novela)'이라는 어휘의 원산지인 이탈리아, 독일, 프랑스(nouvelle) 등지에서 그랬듯이 중편 정도 길이의 이야기를 의미했다.

– 뻬드로 엔리께스 우레냐(Pedro Henríquez Ureña),『우리들의 표현을 찾기 위한 수필(Ensayos en busca de nuestra expresión)』

01 호세 호아낀 페르난데스 데 리사르디

리사르디는 1777년 멕시코시티에서 태어나 떼뽀초뜰란(Tepotzotlán) 마을에서 초·중등교육을 마쳤으며, 뒤이어 산 일데폰소 대학(Máximo Colegio de San Ildefonso)에서 철학과 라틴어를 공부한다. 중산층 가정 출신이며 의사의 아들인 그는 비록 학업을 끝까지 마치지는 못했지만, 라틴 고전과 서반아 작가들의 작품, 그리고 계몽주의 작가들의 작품들을 많이 읽어 작가로서의 기반을 튼튼히 한 것으로 보인다. '돌로레스의 절규(El Grito de Dolores)' 이후 유명한 멕시코 일간지에 풍자를 실으면서 작가로서의 경력을 시작한다. 『사색하는 멕시코(El Pensador México)』의 발행을 시작하였고, 여기에서 그는 시인, 소책자의 저자, 우화작가, 그리고 소설가로서의 문학적 재능을 발휘하였는데, 그로부터 4년 뒤, 두 권으로 된 그의 첫 기념비적 소설인 『엘 뻬리끼요 사르니엔또』가 발간된다.

같은 해인 1816년, 이 작품은 제3권까지 발행되었으나, 제4권 발행시에는 노예제도에 관한 그의 사상이 문제가 되어 교회 당국에 의해서 판금된다. 1818년, 그는 소설작가로서 활동을 계속하여 『슬픈 밤들과 즐거운 낮(Noches tristes y día alegre)』과 『끼호띠따와 그녀의 사촌(La Quijotita y su prima)』의 1부를 발간하게 되는데 이 두 작품은 공히 도덕가적 목소리를 내고 있으며, 반쪽의 멕시코 피가 흐르고 있는 혼혈 인물들을 통해서 삶, 종교, 사회, 그리고 교육의 문제점들을 보여주고 있다. 1832년에 발간된 『저명한 기사 돈 까르띤 데 라 파첸다의 삶과 업적(Vida y hechos del famoso caballero Don Cartín de la Fachenda)』이라는 사실주의적 시각에서 관찰된, 부왕시대의 모습을 충실하게 묘사하고 있는 소설을 통해 독자들에게 읽는 즐거움을 선사한 것을 고려해 보면, 소설가의 기교라는 측면에서 이 작품은 그의 모든 작품 가운데 최고의 걸작으로 평가될 수 있겠다.

언론인이자 다양한 정보지와 비평지의 발행자이기도 했던 그는 독립에 대한 남다른 애착으로 인해서 자주 감옥에 투옥되게 된다. 1827년 6월 27일, 『유언과 작별(Testamento y despedida)』이라는 유명한 소책자를 유작으로 남겨 놓은 채 사망하는데, 그 작품은 당시의 사회적·정치적 폐단의 개혁을 주장했던 그의 사상의 정점을 보여주고 있다.

(1) 『엘 뻬리끼요 사르니엔또

① 아메리카의 악자(惡子) 이야기

뻬드로 사르니엔또(Pedro Sarniento)는 친구들 사이에서 '뻬리끼요 사르니엔또'라는 별명으로 불렸는데, 그는 나이가 들자 자식들이 자신의 이야기를 통해 무언가 배웠으면 하는 '건전한 목적'으로 그의 경험담을 기술하기 시작한다. 주인공의 이야기는 18세기 후반부터 19세기 초반, 즉 식민시대부터 공화국 체제로 넘어가는 시기의 멕시코를 무대로 시작된다. 악자소설 양식의 전통에 따라 1인칭으로 쓰여졌으며, 뻬리끼요는 라사리요처럼 여러 주인들을 섬기고 다양한 모험을 하면서 사회의 가장 더럽고 천박한 곳을 떠돈다. 작가는 이런 삶과 계속된 여행들을 통하여 감옥생활부터 강의실에서 이루어지는 교육의 실상에서 드러나는 식민지 내의 다양한 모습들을 보여주게 하는데, 그러한 모습을 통해 스페인 사람들과 메스띠소 간의 차별을 야기하는 사회악과 윤리의식의 해이, 새로이 등장한 계몽주의 사상에 대항하기 위해 더욱 엄격해지는 스콜라 철학 등을 고발하고 있다. 리사르디가 만들어낸 악자의 모습은 스페인식 악자들과는 다른 모습을 하고 있다. 뻬리끼요 사르니엔또는 정직하고 근면한 가정 출신으로 부친은 윤리관이 매우 투철한 사람이었는데, 이런 점들은 스페인의 고전 악자들에게서는 발견되지 않는 면이었다.

② 사회와 공간

주인공은 계속해서 이동할 때마다 사회를 구성하는 중요한 요소들에 대한 비판을 제기하고 있으며 가정과 아버지와 어머니의 존재에 대한 그의 생각을 분명하게 드러낸다. 그는 적성과는 상관없이 사회에 도움이 될 만한 일을 배우라는 아버지의 끈질긴 소망에 따라 학교와 예술원, 수도원과 같은 여러 기관에서 교육을 받았다. 부모님과 교사들, 그리고 주인들은 그로 하여금 여행을 떠나게 했고, 그 여행 속에서 그는 부정한 재판관들, 범법자인 법원의 서기들, 일을 더 복잡하게만 만들어 가는 변호사들, 돌팔이 의사들, 혹은 비정한 부모들을 만났으며, 그 과정을 통해 뻬리끼요라는 인간이 형성된 것이다. 우리는 그가 세상을 향해 홀로 던져진 순간부터 마리아나(Mariana)를 만나 결혼하게 될 때까지의 사이에 존재하는 시간적 공백을 보게 되는데, 그 공백기 동안 그는 결국 자신을 감옥으로 이끌고 간 불량배들과, 소매치기들, 노름꾼들을 알게 되는 등 악자의 무절제한 삶을 살아간다. 또 다른 형태의 여행도 이루어졌는데, 그것은 다양한 지리적 공간으로의 여행이었다. 그는 멕시코시티와 그 주변지역(꾸아우띠뜰란 Cuautitlan과 익스따깔꼬 Ixtacalco)을 거쳐 뚤라(Tula)와 아까뿔꼬(Acapulco), 필리핀을 거치고, 신비적 유토피아 같은 작은 섬까지도 섭렵한다. 그리고 마침내 온 가족이 모인 가운데 자신의 집에서 명예롭게 죽음을 맞이하는데, 그는 결국 죽음을 맞이하면서 '사회'라는 무대와 지리적 공간이라는 이중의 공간 속에서 행했던 여행에도 종지부를 찍은 것이다.

③ 독서를 통한 경험의 축적

소설이 지나치게 설교조로 이루어져 있다며 비판을 가하는 비평가들에 맞서, 작가는 머리말에서부터 뻬리끼요라는 인물이 살아온 시대의 사회와 문화적 현상을 명확히 하는 데 도움을 주었던 작가들과 그들의 작품명을 밝히고 있다. 또한 작품의 수많은 페이지 하단의 주석으로 그 시대의 교육, 신학, 자연철학, 물리학 실험, 의학, 약학에 대한 지식을 제공해 줌으로써 자신의 소설을 더욱 풍요롭게 만들어 준 학자들의 저서를 명기하고 있다. 이처럼 수많은 책을 탐독한 결과 그의 작품은 사실주의적 성격을 갖게 되었으며 한 개인의 인생유전 묘사, 구어체적 묘사, 근대성을 지향하며 식민지로부터 벗어나고 있는 멕시코라는 나라에 대한 묘사가 매우 사실적 성격을 띠게 되었다.

> 라틴아메리카 최초의 소설 『엘 뻬리끼요 사르니엔또』
>
> 이 작품은 기본적으로 세 가지 성향을 보여준다. 첫째, 직업과 사회에 대해 중산층의 윤리관을 창조하고자 하는 의도가 있었음을 보여주고 있으며, 둘째, 중산층은 자신들이 사회에 필요한 인물임을 드러내고자 노력했음을 보여주고 있는데, 이런 점들이 리사르디가 계몽주의 사상을 가지고 있었음을 증명하고 있다. 그는 멕시코가 처해 있는 현실을 비판하고 훈계하고자 개혁경제론자들이 내세우던 사상이며 18세기 합리주의를 바탕으로 당시 유럽 전역에서 유행하던 사조를 반영하였다. 셋째, 멕시코와 멕시코 국민의 실생활을 독자들에게 심도 있게 묘사해주고 있는데, 이런 점이 그의 작품의 또 다른 특징이라 하겠다. 작가는 주인공이 관련된 끊임없이 발생하는 일련의 사건들을 통해 멕시코시티가 지닌 사회적 문제점들을 우리에게 보여주고 있는데, 이는 이 소설의 또 다른 특성임과 동시에, 이 작품으로 하여금 멕시코주의적 성격을 띠게 만들고 있다.
>
> – 세사르 다빗 린꼰(César David Rincón), 『전국 문화 잡지(Revista nacional de cultura)』

43 독립과 문학

라틴아메리카의 독립과 관련하여 당시 문학이 표방하는 기본사상은 무엇이었나요?

01 독립기 문학의 기본 사상

라틴아메리카 독립기 문학의 공통적인 특징으로는, a) 자유사상(sentimiento de libertad), b) 국가의식(conciencia de nacionalidad), c) 세계주의(teturismo), d) 대도시주의(megalopolitismo), e) 인종 융합(yuxtaposiciÓn racial) 등을 들 수 있다.

스페인 점령 하에 있었던 300여 년의 기간 동안 자유사상은 시와 산문 작품에서 아주 잘 드러난다. 낭만주의는 가까운 미래에 꿈같이 안락한 생활을 할 것만 같은 희망을 품게 함으로써 자유사상을 심화시켰지만, 그 후 현실은 이러한 꿈에 대해 좌절감을 맛보게 했고 문학은 이러한 좌절감을 잘 반영하게 된다. 유토피아적 이상으로 인해 분리주의적 열정과 낭만주의적 혼란이 있었고, 1879년에서 1900년 사이에는 실증주의와 현실과의 접촉 – 라틴 문화와 색슨족 문화 간의 충돌과 경제력 약화 등 – 은 이전의 장밋빛 꿈들을 소멸시켰다. 그리고 세 번째로, 이상으로의 회귀를 통해, 사람들은 정신적으로 한 차원 성숙한 새로운 희망을 갖게 되었는데, 이러한 모든 것은 있는 그대로 문학 속에 반영되었다.

대륙 통일을 향한 의식이 형성될 즈음, 라틴아메리카 각국에서는 각 국가 나름의 통일의식이 출현하게 되는데, 이들 각 국가는 어느 정도 독립된 형태로 나름대로의 삶의 모습을 갖게 되었지만, 그렇다고 해서 그것만을 열망하지는 않았다. 즉 새로운 공화국들은 저마다 스페인계 라틴족의 지배를 받으면서 그들의 삶의 방식을 수용한 것이다. 멕시코는 북아메리카의 강력한 이웃들로부터 계속적으로 문화적 요소들을 흡수함으로써 멕시코적인 것을 찾아볼 수조차 없게 되었고, 또한 우루과

이에도 유럽 문화가 흡수되었으며, 그 외에도 각 나라는 각기 다른 조건과 기후를 통해 문학 양식에 있어서도 다양성을 꽃피우게 되었다.

이 부분에서 사람들과 그들이 살고 있는 땅과의 특별한 관계를 세계주의적 관점에서 이해할 수 있다. 이 관계는 아메리카에서 뿐 아니라 유럽에서도 마찬가지인데, 사람들이 많이 살고 있는 유럽에서는 사람이 땅을 통제하고 지배하는 반면, 아메리카에서는 멕시코에서 빠따고니아까지, 거의 예외 없이, 사람이 거의 살고 있지 않는 거대한 대지가 사람을 위압하고 종속시킨다. 이런 이유로 신대륙에서는 유럽과는 다른 행동양식이 파생되어 나오는데, 그것은 거의 원시에 가까운 자연 속의 자유로운 존재로서의 행동양식이다. 들판은 작가와 서정시를 매개하는 요소로 작용하며, 대초원과 평원, 강줄기와 산맥은 소설과 시 속에서 마치 인물들처럼 형상화되어 소개되고 있다. 또한 이러한 현상에 대응하여 대도시주의와 인종적 융합이 나타난다. 사람이 살지 않는 들판과 대조되는 부에노스 아이레스, 멕시코시티, 몬떼비데오, 산띠아고 같은 대도시가 등장하는 등 다른 세계와 다른 사고방식, 다른 세계관이 나타나는 것이다. 그러나 때때로 들판이 도시 속에 끼어들어 동등한 목소리를 낼 때도 있는데, 예를 들어 아르헨티나에서는 이런 현상이 세기말엽에 가우초 시의 형태로 등장했다.

영감과 다양성의 원천으로는 인종적 융합을 들 수 있다. 이스빠노 아메리카에는 원래 부족의 근본이 두말 할 것 없이 원주민이었지만, 멕시코나 몇몇 안데스 지방에서는 여전히 원주민이 힘있는 존재로 남아 있는 반면에 다른 대부분의 나라에서는 원주민들이 이미 사라졌거나 아니면 사라져 가는 추세다. 원주민들에 대한 이러한 존재적 침입은 상당히 평화롭게 이루어져서 스페인 사람들은 그들의 피를 원주민들과 나누었고, 라틴족은 이탈리아인들을 통해 신대륙 남쪽에 정착하게 되었다. 그리고 쿠바에서는 '아프로꾸바나(afrocubana)'라고 불리는, 시 속에 등장하는 흑인들도 빼놓을 수 없다. 특히 부에노스 아이레스는 다양한 인종과 언어가 혼합된 도시였기에 문학은 새로운 영감을 가질 수 있게 되었다.

02 라틴아메리카 신고전주의의 일반적인 특징

1800년에서 1830년 사이의 라틴아메리카 문학은 신고전주의 문학이라 할 수 있다. 이 신고전주의는 프랑스와 스페인에서 유래된 유럽 고전주의로부터 비롯되었으며, 고전주의에는 문학과 예술 활동에 있어서 나름대로의 기준이 있는데, 그 가운데 특기할 만한 것은 다음과 같다.

(1) 합리주의

이성, 반성, 균형을 지향하며, 여기에서 균형이라 함은 바로크 예술의 불균형에 대한 반동으로 태동한 개념을 의미한다. 고전주의는 이성과 명확한 분석을 통한 세계 이해를 기초로 하고 있으며, 감정과 감각은 상상의 충동과 마찬가지로 지성을 통해 분석되고 이해된다고 본다. 그래서 데카르트와 볼테르의 시대도 소위 '이성의 시대'라 명명된 것이다.

(2) 과거 속의 보편성(세계성)

신고전주의 문학은 과거의 예술에서 순간성, 특별성과 대립되는 보편적이고 영원한 모델을 추구하는데, 고대 그리스, 라틴계의 고전을 모방하는 것은 예술행위가 다양한 영감의 길을 따르는 것이 아니라 이미 정립된 법칙을 엄격히 준수하는 것을 의미한다.

(3) 예술 규범 또는 법칙 존중

희곡의 3요소(시간, 장소, 행위)는 브알로(Boileau)가 『시학(L'art poétique)』에서 표명한 바와 같이 조화로운 균형예술을 형성한다.

(4) 예술과 윤리

예술은 교훈적·교육적으로 고양된 도덕심의 총체로 생각할 수 있다. 고대시대에 예술작품은 교육적 목적을 수행함으로써 완성되었으므로, 도덕적 교훈을 지녀야만 완성된 작품이라 할 수 있었다. 호머(Homero), 오비디우스(Ovidio), 비르길리우스(Virgilio)처럼 문학을 통해 인간을 훈계하고 교육하며, 사람들을 가르치고 독자들에게 무언가를 제공해야 한다고 생각했던 개념은 후기 낭만주의가 내세우는 소위 '예술을 위한 예술' 개념과는 대립되는 개념이다.

03 라틴아메리카의 신고전주의

바로크주의가 아메리카 대륙에 유입될 당시 그랬던 것처럼, 유럽의 고전주의도 아메리카 정착을 위해서는 일련의 적응과정을 거쳐야만 했다. 즉 기본적인 골격은 유지했다고 하나, 원래의 형태에서 변화된 형태로 뿌리내렸는데, 이를 라틴아메리카 신고전주의라 한다.

18세기 중반 라틴아메리카에서의 스페인 문화의 위기는, 부르봉 왕가의 정치적 몰락과 유럽식 사고, 특히 프랑스에 기원을 둔 자유기류의 침투로 인해 더욱 심각해졌다. 이런 연유로 계몽주의와 신고전주의는 '독립투쟁의 전주곡'이라 일컬어졌다.

시기적으로 볼 때, 라틴아메리카 문학에 신고전주의가 도입된 것은 비교적 늦은 감이 있지만, 그 내용 면에서는 라틴아메리카 신고전주의만의 독창적인 특징을 지니게 되었음을 알 수 있다.

(1) 정치성이 내포된 문학

이로 인해 문학은 군사문학, 선전문학으로 변모하는데, 1814년 라 쁠라따강에서 프라이 까예따노 로드리게스(Fray Cayetano Rodríguez)는 독립투쟁을 기념하는 축시·애국시에 대하여 "조국은 훌륭하게 감응시키는 새로운 영감이다"라는 말로 정의했다.

(2) 끄리오요 작가들의 사회적 의도가 내포된 문학

이런 의도로 인해 새로운 작품들에는 규율과 법칙을 초월하는, 식민 봉건주의에서 근대주의로 넘어가는 사회 정신이 표현되고 있다. 바르똘로메 이달고(Bartolomé Hidalgo)의 대중적 어조로 쓰여진 가우초시, 멕시코 작가 호세 호아낀 페르난데스 데 리사르디의 소설, 에콰도르의 라파엘 가르시아 고예나(Rafael García Goyena)의 우화, 귀화한 페루인 에스떼반 데 떼라야 이 란다(Esteban de Terralla y Landa)의 풍자 문학 등은 차별적이고 독창적인 아메리카 문학의 한 본보기다.

(3) 아메리카인들의 인종적 재평가(가치 회복)를 추구하는 문학

이런 태도는 자연스럽게 유럽 고전주의와는 다른, 매우 이질적인 요소를 도입시켰는데, 그 결과 시·연극·영웅적 서정시에 담겨 있던 고대 그리스·로마적 요소들은 신대륙의 고대 원주민적 요소들로 대체되었다. 예를 들어, 국가(國歌) 속에는 그리스 올림푸스의 신들과 콜럼부스의 아메리카 발견 이전에 존재했던 아메리카 문명의 선조들이 공존하고 있는 것이다.

> 새로운 전사(우승자)의 얼굴에
> 전투의 신 마르떼(Marte)가 원기를 불어넣는 듯하구나.
> 그들의 가슴 속에 위대한 정신이 자리하노니,
> 그들의 행진에 만물이 떠는구나.
> 잉까의 무덤이 뒤흔들리고
> 그들의 뼈에는 홍분이 새롭게 살아나네.
> 그들의 자식들에게 있어서 새로워진 것은

조국의 옛 광채로다.

(4) 아메리카 자연과 인간의 관계가 설정된 문학

사회에 맞서는 문학의 실용적 태도는, 안드레스 베요(Andrés Bello)가 시에서 언급했듯이 진보에 도움이 될 만한 풍경의 이미지만을 추구했다. 신고전주의자들은 풍요로운 자연을 묘사하고 아메리카 경제 혁명을 지석하는 네 헌신하였는데, 예를 들어 마누엘 호세 데 라바르덴(Manuel José de Lavardén)의 찬가『알 빠라나(Al Paraná)』(1801)에서는 다음과 같이 강물을 노래하고 있다. "광대하게 넓히라. 넘쳐 흐를지라. / 메마른 들판을 구제하면서 / 너의 위대성을 만천하에 알릴지라." 비르길리우스의 전원시는 라틴아메리카 신고전주의 시의 원형으로 여겨졌으며, 이런 풍의 시는 농토의 경작과 신세계의 장엄한 강물, 인간에 의해서 지배되고 있는 자연의 힘 등을 노래하고 있다.

04 신고전주의의 문체적 특징

신고전주의의 문체적 특징은 산문보다는 시에서 명확하게 드러나며, 산문 분야는 여전히 바로크적 형태를 답습하고 있었던 반면, 낀따나(Quintana), 가예고스(Gallegos), 호베야노스(Jovellanos)와 같은 스페인 작가들의 영향으로 인해 시인들은 즉각 고전주의적 작시법을 도입하여 사용하였다. 위의 스페인 작가들의 찬가는 위대한 아메리카 시인들의 풍요로운 창조적 역량을 자극하였다.

신고전주의 작가들이 선호하는 운율 가운데 하나는 실바(silva)로, 7음절과 11음절이 번갈아가며 나타나는데, 이런 형태는 고전주의 작품에서는 발견되지 않는, 스페인 르네상스에서 비롯된 형태다. 시구에서는 라틴어식 표현과 일반적 묘사(서술) 기능을 수행하는 전치 형용사가 많이 쓰였고, 고전 신화의 신들을 등장시킨 비유적 표현들이 많다.

44 모데르니스모 문학

루벤 다리오가 주도한 모데르니스모 문학이란 무엇인가요?

01 모데르니스모의 일반적 성향

모데르니스모(Modernismo)의 시작과 끝이 언제인지를 명확히 밝히기도 힘들 뿐 아니라 이때에 발표된 시와 산문의 성향도 매우 다양하여, 그 사조를 한 마디로 규정하기에는 많은 모순이 뒤따른다.

따라서 모데르니스모를 하나의 문예사조라기보다는 오히려 '하나의 시대적 양상'으로 부르는 것이다. 모데르니스모는 크게 두 시기, 즉 고품격주의(preciosista) 시기와 신세계주의(mundonovista) 시기로 다시 나눌 수 있다.

고품격주의 시기에는 이국적 주제와 상징들이 지배적이었으나, 신세계주의 시기에는 모데르니스따(modernista)들이 라틴아메리카 현실에 눈을 돌리고 민족적인 주제를 노래하기 시작하였다.

두 시기에 나타나는 상반되는 양상으로는 다음과 같은 것들을 지적할 수 있다.

고품격주의 시기의 모데르니스모는 공주들, 머나먼 이국땅의 도시들, 베르사이유풍의 분위기, 고대의 상징들로 가득한 도피의 예술이었다.

반면에, 신세계주의 시기의 모데르니스모는 아메리카 예술의 라틴아메리카적 뿌리를 발견하기 시작하면서 시작되어 당시의 사회적·정치적 문제에 대한 접근을 시도한다.

즉 비록 작가들이 저널리즘과 정치를 통해 광범위한 공적 활동을 수행하기는 했지만, 궁극적으로 모데르니스모는 귀족적인 예술이었고 현대성을 지닌 예술이지만 동시에 주제는 과거 문화와의 융합 속에서 차용한 것이었다.

결국 모데르니스모는 현실과 현실도피, 라틴아메리카적인 것과 유럽적인 것, 그리고 세련된 형식과 단순함 사이의 모순 속에 위치한다고 할 수 있다.

02 루벤 다리오(Rubén Darío)

(1) 여러 나라로의 여행

20세기의 문학계에서 펠릭스 루벤 가르시아 사르미엔또(Félix Rubén García Sarmiento: 루벤 다리오의 본명, 1867 ~ 1916)만큼 삶과 작품에 대해 많은 연구와 전기가 나온 작가는 드물다. 그의 삶을 한 마디로 종합해 본다면, 여러 나라를 두루 여행하고, 광범위하고 빛나는 삶의 자취를 남긴 후, 최초의 출발점인 조국 니카라과로 돌아와서 흙으로 돌아간 사람이라고 말할 수 있을 것이다.

그에 대해서는 무수한 전기들과, 그의 삶에 대한 셀 수 없을 정도로 많은 글들이 발표되었지만, 여기에 또 다른 두 편의 전기를 반드시 포함시켜야 한다. 그 가운데 하나는 그가 죽기 1년 전에 스페인에서 출간된 말 그대로 그의 『자서전(Autobiografía)』이며, 또 다른 하나는 그의 모든 시작품의 저변에 깔려 있는 그의 삶이다.

그가 후일 조국으로 받아들인 여러 나라들을 향한 강렬한 충동의 총체라고 할 수 있는 그의 삶은 크게 아메리카적 삶과 유럽적 삶, 이렇게 두 시기로 나눌 수 있다. 그는 1898년까지는 칠레, 아르헨티나, 중앙아메리카 등지에 거주하면서 작품 활동을 하였으나, 그해에 부에노스 아이레스의 신문 『라 나시온(La Nación)』의 특파원 자격으로 스페인을 방문하면서, 프랑스를 비롯한 구대륙 여러 나라에서의 삶이 시작된다. 그리고 니카라과로 돌아온 바로 그해에 사망한다.

다리오는 니카라과의 시인이라기보다는 아메리카의 시인이며, 그의 작품에는 하나의 대륙이라는 깃발 아래 각국의 색채가 녹아있다.

나는 어렸을 적부터, 파리에 가보기 전에는 제발 나를 죽게 내버려두지 말 것을 신께 기도하면서, 파리를 꿈꿔 왔다. 나에게 있어서 파리는 대지의 행복의 본질이 살아 숨쉬는, 그런 낙원과도 같은 곳이었다.

— 루벤 다리오, 『자서전』

다리오의 조국

나는 치열한 현실의 땅 칠레에서 살았다. 그리고 나에게는 어머니와도 같은 땅인 아르헨티나 공화국에서도 살았는데, 흰색과 파랑으로 된 아르헨티나의 국기로 인해 향수 어린 애국적 환상을 새로이 체험하곤 했다. 마지막으로 나는 나의 모태라 할 수 있는, 스페인에서 살았으며, 세계의 조국인 프랑스에서도 살았다.

— 루벤 다리오, 『자서전』

(2) 다리오와 모데르니스모

1896년, 다리오는 라틴아메리카 문학에 있어서 모데르니스모의 승리를 의미하는, 『세속적 산문』을 발표하면서 재능의 절정에 달한다. 이 작품은 두 세대, 즉 죽음과 함께 작품 활동을 마감했던 작가들 세대와 루고네스, 하이메스 프레이레, 아마도 네르보, 에레라 이 레이식 등이 계속해서 이어가는 세대의 사이에 위치하는 작품이다.

다리오는 모데르니스모의 창시자는 아니었지만 이전 시대 문학과 투쟁을 서전으로 장식하며 모데르니스모의 승리를 이끌어 낸, 모데르니스모 작가이자 비평가였다. 1888년에서 1916년까지 그의 작품은 이 사조의 절정과 쇠퇴에 흐름을 같이 한다.

1888년의 『푸름(Azul)』, 1896년의 『세속적 산문』, 1905년의 『삶과 희망의 노래』를 통해서 독자들은 모데르니스모가 무엇인지 밝혀낼 수 있다.

(3) 『푸름』

『푸름』은 모데르니스모가 무엇인지를 규정해주는 작품이다. 청년 다리오는 그 당시 프랑스 시의 모든 영향을 그대로 수용한 이 책을 칠레에서 출간했다. 이 책에는 단편소설과 시가 번갈아 가며 나온다. 단편소설 가운데에는 「맙 여왕의 베일(El velo de la reina Mab)」과 「부르주아 왕(El rey burgués)」이 있는데 환상적 비유와 새로운 시적 산문으로 꾸며진 파리풍의 이야기들이며, 책의 말미에는 르꽁뜨 드 리즐(Leconte de Lisle), 까뛸르 망데(Catulle Mendés), 월트 휘트먼(Walt Whitman), 빨마(J. J. Palma), 살바도르 디아스 미론(Salvador Díaz Mirón)에게 바치는 다섯 편의 소네트가 실려 있는데, 이 시들에서 다리오는 유럽과 아메리카 작가들의 글과 문체와 관련하여 그 당시 그의 개인적인 애호가 어떠했는지를 보여준다.

① 세계주의 정신

"이 작품은 세계주의(cosmopolitismo)로 가득 차 있다." 이 말은 다리오가 『푸름』의 재판에서 서문으로 사용했던 후안 발레라(Juan Valera)의 그 유명한 편지에 들어 있는 말이다.

이 젊은 작가가 단순히 니카라과를 떠난 것이 아니라 칠레로 가려 한다는 것을 알게 되자, 발레라의 감탄은 커져갔다. 이 모든 사실에도 불구하고 『푸름』은 파리에서 유행하게 되었다. 고답파 시인이나 상징주의자들과 같이 다리오도 언어의 예술을 통해 회화적인 배경과 음악적 화음을 실현시킨다. 칠레에서는, 젊은 시절의 광범위한 독서를 통해 문화적 지식의 범위를 넓히고 당시 유럽 문학의 장점을 섭렵하게 된다. 그는 새로운 것 안에서 직접 살지 않고는 근대적이 될 수 없다고 생각한다.

기술의 진보, 통신 수단의 발달과 정보교류의 확충은 그로 하여금 칠레와 부에노스 아이레스를 쉽게 오갈 수 있게 했으며, 유럽 문학, 특히 그 당시 그가 추구했던 모델인 프랑스 문학에 어떠한 변화들이 일어나고 있는지 알 수 있게 해 주었다. 다리오는 그가 읽은 모든 것을 '뇌의 증류기(el alambrique de su cerebro)'에 여과시켜 그 자신만의 독창성을 창조하기 시작했다.

② 푸른 색

『푸름』에는 회화적 특성이 확연하다. 라틴아메리카 문학사상 최초로 순수하고 투명한 언어로 이루어진 한 폭의 그림 같은 작품을 만나게 된 것이다.

발레라는 푸른색을 빅토르 위고(Víctor Hugo)의 "예술은 푸른색(l'arte c'est l'azur)"이라는 시구와 연관지었다. 이 책의 시와 단편소설에서 다리오는 푸른색을 "이상적인 것, 천상의 것, 무한한 것"과 뚜렷이 연관지었다. 단편소설 『파랑 새(El pájaro azul)』에 등장하는 시인 가르신(Garcín)은 그의 머릿속에 늘 푸른빛을 띤 새를 담고 있었으며, 자살로 생을 마감했을 때에야 비로소 그 새는 자유로운 존재가 될 수 있었다. 『뇌의 풍경(Paisaje de un cerebro)』이라는 부제가 붙어 있는 거의 알려지지 않은 『푸른 나라에서 온 편지(Carta del país azul)』는 1886년, 칠레의 일간지 『라 에뽀까(La Época)』에 발표되었는데, 이 작품에서 다리오는 "어제 나는 푸른 나라를 방랑했네"라고 말한다. 다리오의 시 속에서 푸른색은, 모데르니스모 미학에서 뚜렷한 상징적 의미를 지니고 있는 프랑스어에서 도용한 신조어로서, 자연이라는 외계의 현실에 대해서는 전혀 암시하지 않고, 다만 예술적 상상의 문을 열 뿐이다. 신성한 '탑'인 시인은 일상의 현실에서 벗어나 예술가들에 의해 창조된 세계에 우뚝 선다.

『푸름』에 담겨 있는 시와 단편소설은 당면한 현실의 상위에 위치하는 예술적 개념으로 가득 채워져 있다. 「부르주아 왕」은 시인의 다음과 같은 정의를 들으며 감탄한다. "주군이시여, 아폴로와 거위가 있을 때, 비록 아폴로는 진흙으로 만들어져 있고 거위는 상아로 만들어져 있다고 하더라도 부디 아폴로를 선택하소서." 그리고 아울러 "예술은 바지를 입지 않으며, 귀족적인 표현을 사용하지도 않을 뿐더러 모든 'i'에 점을 찍지도 않는다. 그것은 장엄하며, 황금과 불꽃으로 된 망토를 걸치고 다니거나 혹은 벌거벗은 채로 다니며, 열로 점토를 반죽하고, 빛으로 그림을 그린다"는 새로운 미학에 대한 선언도 듣게 된다.

> 푸른색
>
> 푸른색은 내면적이고 정신적인 요소로, 그것이 존재한다는 단순한 사실만으로도 예술가를 사로잡고 지배한다. 그리고 그 누구와도 공유하지 않는 것으로써, 꿈을 꾸고자 하는 자에게는 피난처의 역할을, 작품 창작을 위해서는 적절한 심상을 마련해 주는 채석장 역할을, 그리고 인생이라는 투쟁의 장에서는 휴식을 위한 베개의 역할을 한다.
>
> – 라울 까스뜨로 실바(Raúl Castro Silva), 『루벤 다리오에게 나타난 '푸른 것'의 순환(El ciclo de 'lo azul' en Rubén Darío)』

이 시에는 수사적 표현이나 이국적·신화적인 풍경은 배제되었으며, 다만 감수성과 지성의 환영이 추구하는 듯한 인간의 노골적이고 직접적인 비탄이 표현되어 있다. 다리오는 「숙명적인 것」에서 "나로서는 유감이지만, 뿌리 깊은 나의 신앙심에 대항하여 비탄과 의문의 환영이 마치 검은 그림자와도 같이 솟아오른다"라고 설명했다.

45 옥타비오 빠스와 시

라틴아메리카의 전위주의 시운동가인 옥따비오 빠스의 시세계를 설명해 주세요

01 옥따비오 빠스

(1) 생애와 작품 세계

현대시나 수필분야에서 세계적으로 독자들의 이목을 끌고 있는 옥따비오 빠스(Octavio Paz)는 1914년 멕시코에서 태어났다. 1933년에 『야생의 달(Luna silvestre)』로 시인 활동을 시작한 그는 뒤이어 1937년에 『사람의 뿌리(Raíz del hombre)』를 발표하였으며, 훗날 1949년에 『언어하의 자유(Libertad bajo palabra)』라는 선집 속에 수록된 수많은 글들을 계속해서 발표하였다. 이즈음부터 빠스의 작품세계는 신장되기 시작하며, '회전하는 기호' 혹은 움직이는 기호로서의 시개념에 부합하는 새로운 글쓰기 양식을 개발하기 위해 다양한 시어, 형식, 시적 체험을 실현한다. 그가 산문을 쓰기 시작한 것은 1950년 『고독의 미로(El laberinto de la soledad)』를 발표하면서부터였다. 그는 이 작품을 통하여 사회와 개인이라는 이중적 관계 속에서의 멕시코적인 것에 대한 해석과 분석 작업을 시행한다. 비평가로서의 위치는 1965년에 발표한 『십자로(Cuadrivio)』로 확고해졌으며, 말년에는 번역가로서의 뛰어난 자질을 발휘함으로써 번역가로서도 확고히 자리매김했다. 그의 시학은 시에 대한 역사적 조명이 빼어난 작품 『활과 리라(El arco y la lira)』에 잘 드러나고 있다.

1933년 첫 시집 『야생의 달』을 발표한 이래 1994년 수필집인 『겹 불꽃(La llama doble)』을 출간하기까지 시와 수필을 통해 그가 이룩한 문학세계는 논리적 일관성 아래 지엽적이기보다는 전체적이며, 미래 지

향적이기보다는 현재 중심적이다.

빠스에게 시는 지식이다. 시인은 시로서 태어나기 전에 결코 존재하지 않았던 의미를 현실의 형태인 시로 창출한다. 이렇게 우리가 몸담고 있는 세계를 형성하고 있는 무엇인가를 만들려고 하는 것이 바로 빠스 시학의 출발점이다. 그가 생각하는 지식은 구체화되어 인식론적 은유(La metáfora epistemológica)로 모습을 나타낸다. 물론 이 인식론적 은유는 인간과 그를 에워싸고 있는 현실과의 기본적 관계의 연장선상에 있다. 비트겐슈타인의 언어이론과 하이데거의 실체론의 영향을 받아 빠스는 시가 본질에 접근하는 유일한 수단이라고 생각한다. 아울러 인간을 규정하는 여러 조건들을 이해하는 수단으로서의 은유는 개념을 능가한다. 따라서 우주 현상의 모든 것은 은유를 통해 시가 된다. 원초적인 실체는 은유의 단어에 몸을 실은 채 문학적 의미를 부여받는다. 또 이 은유는 침묵과 짝이 되어 언어 이전의 공간을 메워나간다. 이러한 공간 메우기 과정과 함께 시는 과학에 의해서 강요된 주체와 객체 사이에 존재하는 거리를 좁힌다. 이렇게 시는 현실에 대한 의견을 제시하는 것이기보다는 그 현실에 우리가 담겨져 있는 상황을 형상적으로 표현한다. 다시 말해서 시인은 우리 각자의 경험에 의미를 부여하고 다시 그것을 형상적으로 빚어내는 조물주다.

빠스는 오늘날의 사회가 자본주의의 특징인 물량주의로 인해 획일화 또는 대량화되어 가는 상황을 개탄한다. 우리가 사는 사회가 진정으로 국제화하기 위해서는 구성원인 각 지역 또는 국가들은 자신들이 소유하고 있는 고유의 정신적·문화적 유산을 계승하고 상호 존중하는 가운데 다양성을 유지하며 보편성을 추구해 나가야 한다고 주장한다.

동서고금의 수많은 책을 섭렵하고 꾸준한 삶의 성찰을 통해 이룩한 그의 문학세계는 육체, 시간, 그리고 리듬의 세 주제가 두드러진다.

① 육체

빠스에 의하면, 서양의 기독교에서 인간은 태초 '타락한 자연'이었지만

신의 은총으로 '성스런 육신'으로 승화한다. 그러나 자본주의가 도래함에 따라 인간의 육체가 불경시되기 시작해 인간의 육체는 생산을 하는 힘이고, 인간들은 쾌락의 근원지로서 육체를 경멸하기까지 한다. 쾌락은 낭비요, 관능은 인간의 정신을 교란시킨다는 논리 하에 전개된 인간의 금욕생활은 천당을 가기 위한 것이 아니라 생산을 증대하기 위한 것이다.

이렇게 쾌락을 죄악시하며 육체에 행해진 가혹행위는 인간의 형상화 능력을 위협한다. 왜냐하면 인간의 육체는 관능과 형상의 샘이기 때문이다. 이러한 문제점을 해결하기 위해 시인은 동양으로 눈을 돌린다. 동양의 불교 또는 힌두교의 전통사상에서 정신적 경험은 육체화되어 표현된다. 이것은 바로 인간 본능의 실행적이고 감각적인 면을 뜻한다.

형이상학적이고 도덕적인 개신교와는 달리 불교의 탄트리즘에서는 종교적 경험의 한 요소로서 에로티즘을 볼 수 있다. 대부분의 동양전통에서는 육체의 중요성은 자연, 정신문화의 연장으로서 인정되어 왔다.

빠스는 서구의 전통적인 육체와 정신(cuerpo y alma)으로 나누어 생각하는 병렬적 사고의 틀을 뛰어넘은 문인이다. 육체를 단지 인간 신체를 구성하는 외적 요소로 생각하는 대신에 육체 안에서 정신이 인간 존재의 의미를 부단히 추구하는 하나의 물질적 단위로 이해한다. 그러한 이유로 육체를 정신과 구분해서 생각하지 않고 양자를 포괄적인 범주에서 하나로 바라본다. 따라서 단순한 육체의 언급보다는 나와 주체라고 하는 개념이 들어가 있는 육체를 그의 시세계에 그려낸다. 남녀의 육체적 결합은 차라리 존재의 심오함을 일컫는 계시다.

> 꼼짝할 수 없는 현기증, 맨처음 갈증
> 사랑의 바람결에 우리는 열이 오르며 자유롭다
> 몸뚱아리들은 게으른 평온을 춤추어대고
> 다가올 자신들의 죽음도 춤추어대며
> 한 가지 소리만 내는 칠현금 안에서 웅웅거리는 것은
> 매듭지어진 우리들의 행복한 알몸들.

빠스는 육체를 정신적 경험의 주체와 최고의 상징으로 파악했으며 그의 시에서 일상적인 시적 형상들이 육체적 은유로 나타난다. 더 나아가 육체는 형식적인 은유에 머물지 않고 육체에 은유로 내재하고 있는 열정과 감정이 정신을 고양하는 원동력이 된다. 이러한 연유로 사랑의 포옹은 단순한 육체적 결합으로 끝나지 않고 인간의 양심과 우주가 하나가 되는 결합을 뜻한다.

이 밖에도 육체는 하나의 기호로서 빠스의 문학세계에서 철학적 성찰과 예술 이론을 이어주는 줄이 된다. 그는 육체와 글자가 같은 순간에 두 개의 상징과 감각적 현실이 된다는 이유로 양자 간의 유사성을 제기한다. 예술작품의 기본적인 특성은 관능적인 사건과 육체적 구조성이고 반대로 육체도 하나의 기호로 또는 글자로 이해된다. 육체와 시는 동일하면서 우리가 느낄 수 있는 유일한 현실이다. 빠스의 사고 영역에 있어서 언급되는 기호는 이미 언어학의 개념적 정의의 범주를 넘어서 조형예술과 무대예술을 포괄하는 광의의 기호를 포함한다. 그가 사용하는 기호는 독자적으로 역할을 수행하는 상징과도 구별된다. 시와 육체는 서로 나누고 교환하는 기호들이기 때문에 따로 떨어져서는 의미가 없다. 그래서 시를 사람의 몸으로 보는 시도와 사람의 몸을 시적 기호로 바라보는 과정은 빠스의 작품에서 끊임없이 찾아볼 수 있다.

몸과 그의 언어들
서로 엉겨 붙은 채, 환영들의 매듭
생각에 의해 어루만져지고
그리고 생각에 의해 사라진다.

위에서 본 바와 같이 빠스는 육체를 시와 동일시하며, 시의 육체적 형상화나 육체를 시의 기호를 통해 형상화하는 작업을 그의 전 작품을 통해 추구한다. 결국 육체, 에로티시즘, 우주, 언어는 서로 어우러져 일련의 기호와 형상으로 그의 문학적 세계를 이룬다.

② 시간

빠스는 항상 육체의 중요성을 현재의 개념 속에서 이해한다. 뒤쳐지는 것에 대한 두려움과 항상 전진하려는 필요성은 인간에게 과거의 굴레를 벗고 진보와 새로움을 찾아 나서게 한다. 계몽주의시대의 도래와 함께 인간의 미래는 장밋빛으로 수식되었다. 그러나 진보의 한계성 앞에서 현대인들은 미래에 대한 확신을 잃어버렸고, 관능은 시간을 초월하는 순간들이며 욕구의 형상들은 과거와 미래를 날짜가 없는 현재에 용해시키는 것이라 정의하며 육체와 형상들을 내적·외적 이유들로 현재와 연계시키며 의미를 찾고 있다. 현실을 인식하고 인정할 수 있는 가능성을 던져주는 시간은 '여기—지금'이라는 '순간'이다. 여기서부터 빠스는 시의 '순간'에 숨겨져 있는 율동에 눈을 돌린다. 이 율동은 단순한 단선적인 역사의 시간과 결별을 선언한다. 추상적인 역사성이 구체적이고 현상적인 순간성으로 대치되는 셈이다. 또 다른 한편으로 역사성을 추구하는 인간의 사고에는 사회적·개인적 차원에서 그 역사 안에 안주하며 획일화를 꿈꾸는 심리의식이 자리잡고 있다. 그래서 역사성의 이면에는 항상 그 역사의 흐름에 방향을 달리하는 문화와 개인의 주체적 사고를 말살시키는 일이 일어난다. 유럽 중심 사상의 역사는 유럽의 역사가 전 세계 역사의 규범이라는 것을 강요했고 그 결과 세계의 여타 지역의 역사적 율동은 철저하게 무시되었다. 유럽 이외의 역사적 유산은 중국과 아프리카, 인도 등의 문화에서 보는 바와 같이 너무나도 값진 인류 전체의 보물이다. 따라서 단선적인 역사관에서 파생되는 획일화 현상은 현대인의 의식구조를 배타적으로 만들어 놓았다. 이러한 기계적인 인간의 사고행위는 진보를 신봉하는 철학의 또 다른 숨겨진 얼굴이다. 이 상황을 하비에르 곤살레스(Javier González)는 과거는 실종되고 미래는 지나칠 정도로 미화되어 현재는 방향 없이 표류한다고 표현했다. 빠스는 바로 시간의 표현과 '역사성'을 이해하는 방법을 유연하고 다양하게 할 것을 해결책으로 제시한다. 이 해결책은 사람에게 주어진 규범과 사회에게 주어진 율동의 다양함과 그 맥을 같이 한다. 단선적인 역사성에서 화석화된 시간을 떼어내 우리 인간이 몸담고 사는 현재의 순간으로 바꾸어 놓는다. 역사 속에 갇혀 있던 선적인 시간은 영원히 주기적으로 반복되는 순간의 시간이 된다. 순간의 시간은 늘 변화를 수반하며 빠스의 시 세계에서 육체의 율동으로 나타난다. 이제 육체는 영원한 순간을 무대 삼아 그가 살아가는 다양한 지금－여기의 역사를 만든다. 이렇게 해서 모든 시간은 경이로운 한 점으로 모인다.

내가 꿈꾼 모든 것은 일 분
그리고 일 분은 내가 산 모든 것
그러나 몇 세기와 몇 분이 나에게 중요치 않다
별의 시간 또한 시간이고
핏방울 또는 불이기에 내 눈은 깜빡인다.

인간이 경험하는 매 순간의 현재는 매우 동적이고 새롭게 변신을 추구한다. 따라서 현재의 순간은 동적인 요소를 포착하는 관능이라 해도 과언이 아니다. 역사적인 관점에서 두 개의 사건은 계승이면서 모순이다. 따라서 죽음은 역사의 끝을 의미한다. 그렇지만 순간의 율동적인 관점에서 볼 때 두 개의 사건은 상호 보완적이며 동시적인 것이다. 여기에서 죽음은 삶의 경험을 높이 사주는 현존이다. 시는 형상들에 주목하며 순간을 성스럽게 하는 작업이다. 이 순간은 시를 표현하는 언어 자체를 초월한다. 따라서 '최초의 시간(el tiempo del origen)'은 '옛날의 시간(el tiempo de antes)'이 아니고 '지금의 시간(el tiempo de ahora)'이다. 즉 매 순간의 '지금'은 시작이고 동시에 끝이며, 근원으로의 회귀는 바로 현재로의 회귀를 뜻한다. 그러나 '쾌락'이나 '육체'라는 단어를 수반했다고 '지금의 시학(La poética de ahora)'이 이들 단어에서 풍길 수 있을 법한 저속한 쾌락을 의미하는 것은 결코 아니다.

③ 리듬(율동)

빠스에게 있어서 시는 율동이다. 그는 초기의 작품에서부터 최근의 작품에 이르기까지 일관되게 '언어와 리듬' 또는 '시와 리듬'의 관계를 중요시한다.

리듬이란 언어에서 가장 오래되고 영원한 의미를 가진 요소일 뿐만 아니라 발화 이전의 것이라 해도 어렵지 않게 이해된다. 어떻게 보면 언어는 율동에서 나왔다고 해도 과언이 아니다. 적어도 모든 리듬은 언어를 암시하거나 출현을 예고한다고 볼 수 있을 것이다. 이렇듯 아주 추상적이고 도덕적인 산문을 포함한 모든 언어적 표현은 리듬이다. 그렇다면 어떻게 산문과 시가 구분되는가? 다음과 같이 분류될 수 있다. 즉 리듬은 모든 언어 형태에서 자발적으로 주어지는 것이지만 단지 시에서만 완벽하게 나타난다.

시는 율동의 언어이지만 노래는 율동이 언어에 입혀진 것이며 산문을 포함한 일반적인 발화는 단순한 언어적 율동이다. 다시 말하면 노래에서 나타나는 율동은 외부로부터 언어에 부과되는 일방적인 것이지만 시에서 나타나는 율동은 언어와 율동 사이에서 생성되는 상호 보완적인 것이다. 따라서 시에서 언어가 율동으로 나타나는 사이에 율동은 언어와 단어라는 얼굴로 모습을 드러낸다. 결국 시가 존재하는 이유로 율동은 시각적이며 동시에 청각적인 특징을 보인다. 한 수의 시는 "우리가 낭송할 때 들을 수 있는 기호들의 형상이다." 우리는 눈으로 시를 감상하고 귀로 시를 생각하며 머리로 시를 느낀다. 시는 이와 같이 보면서 듣고, 생각하면서 느끼는 총체적인 것이라고 빠스는 정의한다.

이러한 율동의 개념은 빠스 시 작품 전반에 걸쳐 다양한 형태로 나타나지만 그 중심 개념은 '이합'과 '집산'이다. 이 '이합'과 '집산'은 말 자체에서 보여주듯이 각기 짝을 이루며 이 짝은 '관계' 또는 '상대성'이라는 또 하나의 중요한 의미를 낳는다. 이 '관계'는 '상이성'과 '유사성'에서 기인한다. 하나의 짝을 이루는 관계는 서로 가역적인 성격을 품고 있고 이러한 한 예가 '죽음' 안에서 '진정한 삶'을 보고 읽을 수 있다는 것이다.

한 순간에서 참 삶을 보았네
죽음 빛의 얼굴이었는데
바로 그 얼굴이었지
소진되었고
바로 반짝이는 바로 그 바다에서

—「라데라 에스떼(Ladera este)」

끊임없이 양극을 넘나드는 빠스 시학의 율동성은 흑과 백의 교차성에서 더욱 극명해진다. 하얀 백지 위에 가느다란 몸을 뉘우는 검은 글자를 검은 하늘에서 반짝이는 하얀 별들로 바꾸어 보는 '놀이'는 그 반대의 '놀이'도 가능하게 한다. 검은 하늘이 한 지점을 지정해주면 그 자리에 하얀 별들은 마치 한 줌의 검은 글자인 양 제 몸들을 내던진다. 이렇게 제 몸들을 던지는 행위는 하나의 '창조적 행위'로 연결되어 있음을 알 수 있다. 직접적인 표현을 빌리자면 여인의 '검은 부분'에 사정을 하는 성행위인 것이다. 흑과 백이 만나는 상징적 의미는 두 남녀의 결합이다.

인간 육체에서부터 떠오르는 시상들은 우주의 전체적 율동(ritmo)에 따라 변형되어 시의 형상으로 구체화된다. 율동을 통해 우리는 우주적인 교감을 갖는다. 다시 말하면 이 교감은 다름 아닌 자연 현상에 내재하는 유사성(analogía)이 율동적으로 가시화된 것이다.

현대의 위기는 인간이 인간의 존재를 의식하면서 시작됐다고 전제한 빠스는 예술이란 시를 통해 위기를 넘길 수 있다고 진단한다. 시는 종교에서처럼 죽음이 영생을 의미하지 않고 철학가들이 이야기하는 것처럼 영원한 죽음을 뜻하는 것이 아니라, 죽음을 삶의 다른 한 얼굴로 볼 수 있는 관능적 기분으로 죽음을 극복하는 것이다.

열린 작품

빠스는, 공간이 다차원적이고 움직이고 있듯이 언어 역시 움직이고 있다고 말하고 있다. "시는 의미를 찾아 헤매는 기호들의 총체, 즉 자기 자신과 아직 태어나지도 않은 태양 주위를 회전하고 있는 하나의 상형문자다." 따라서 열린 작품이라는 것은 시의 주제와 구성을 말한다. 정확히 말하자면, 열린 작품은 빠스가 『과녁(Blanco)』(1967)이라는 장시에서 사용한 기법을 말하는데, 이것은 텍스트를 읽는 행위와 물리적인 구조, 즉 활자의 인쇄 형태가 밀접하게 연관된 방식을 뜻한다.

— 기예르모 수끄레(Guillermo Sucre), 「고정과 현기증(La fijeza y el vértigo)」

46 『뻬드로 빠라모』와 『불타는 평원』

멕시코를 상징하는 『뻬드로 빠라모』와 『불타는 평원』은 어떤 작품들인가요?

01 전위주의 단편소설

훌리오 꼬르따사르(Julio Cortázar)의 아르헨티나, 후안 룰포(Juan Rulfo)의 멕시코, 아우구스또 로아 바스또스(Augusto Roa Bastos)의 파라과이 등 특정 국가를 무대로 한 사실주의적 요소로부터 출발하여 '끄리오요주의'의 출현을 계기로, 작가들은 독자들로 하여금 허구적이거나 상상의 세계 속에서 실질적이고 직접적인 참여를 하도록 유도한다. 작가는 등장인물들을 자유롭게 놓아두며, 서로 다른 시간들을 대치시키고, 단선적인 이야기에 다양성을 부여하며, 동시다발적 장면을 창조하고, 국가적인 주제 위에 실험적인 기법을 적용시킨 새로운 구조를 만들어낸다.

20세기 라틴아메리카 단편소설의 성숙은 다른 문학 장르로부터의 독립을 통해, 또한 작가들이 현대소설적 기법의 가능성을 등장인물이나 라틴아메리카 특유의 상황에 적응시킴으로써 드러난다. 그러나 형식적인 혁신이 이루어졌다고 해서 작가들이 현대인들이 처한 사회적·정치적 현실을 개성적이고 비평적인 필치로 그려내는 일을 등한시한 것은 아니었다.

> 네 며느리와 손자들은 너를 그리워할 거다. —나는 그에게 말하며 다가갔다.— 그들은 네 얼굴을 보고서 네가 아니라고 생각할 것이다. 그들이 네게 보냈던 온정만큼이나 그토록 많이 엉망으로 찢기운 너의 얼굴을 보면서, 그들은 아마도 코요테가 너를 뜯어먹은 것으로 생각할 게야.
>
> — 후안 룰포, 「그들에게 나를 죽이지 말라고 말해다오(Diles que no me maten)」

02 후안 룰포

① 지역주의 단편소설에서 마술적 사실주의로

『불타는 평원(El llano en llamas)』(1935)과 그의 유일한 소설 『뻬드로 빠라모(Pedro Páramo)』(1955)에서 보이는, 후안 룰포 단편의 언어와 등장인물은 전원지역 멕시코인의 생활방식을 명확하게 반영한다. 그럼에도 불구하고 지역주의 소설 속의 풍속주의와 자연주의는, 이제 현대인으로서의 고뇌를 지닌 등장인물들을 보편화시키고 이들의 정체성을 규정할 수 있는 보다 주관적인 다른 면모를 지닌 채 나타난다. 잔혹한 죽음, 복수, 죄책감과 운명론 등은 각자의 개별적 인식만을 염두에 두는, 이미 죽은 인물이나 유령 마을에서 나타나게 된다. 지역적인 현실의 한 부분으로서 표현되는 그 세계는 죽음의 공간 위에 펼쳐지며, 그 공간 속을 흐르는 구체적이지 못한 시간 속에서 이야기는 전개된다. 한 예로 『불타는 평원』의 '루비나(Luvina)'와 마찬가지로 『뻬드로 빠라모』의 '꼬말라(Comala)'는 겉으로는 아무 일도 일어나지 않는 평온함을 지닌, 그러나 이미 이 땅 위에서 사라져 버린 사람들이 존재하는 모호한 공간으로 등장한다.

> 이 마을은 메아리로 가득 차 있다. 그 메아리들은 벽 틈새나 돌덩어리 아래에 갇혀 있는 것처럼 보인다. 너는 길을 걸을 때면 발자국들이 너를 밟으며 걸어가고 있음을 느낀다. 너는 찢어질 듯한 소리를 듣게 된다. 웃음소리도. 어떤 웃음소리는 웃는데 지쳐버린 듯 이미 쇠잔해져 있다. 목소리들 역시 너무 많이 써버려 닳아빠져 있다. 나는 이러한 소리들이 사라져 버릴 날이 언젠가는 오리라 생각한다.
>
> – 후안 룰포, 『뻬드로 빠라모』

정확하고 수식을 배제한 문체는 불모의 풍경과 파악하기 어려운 등장인물들의 윤곽을 상세히 그려낸다. 거의 항상 서술되는 이야기의 관찰자 혹은 주인공으로 등장하는 화자는 등장인물의 행동에 대해 심리적 측면에서 해석해주는 것이 아니라, 주관주의와 비현실이 뒤섞여 있는 그들의 행동 그 자체를 우리에게 제시해주는 선에서 그친다. 룰포의 산문에서는 서정성과 표현의 절제미, 등장인물이 사용하는 언어의 간결성이 돋보이며, 줄거리 내에서 순차적으로 흐르는 것이 아니라 서술되는 줄거리 외부에 위치한 듯이 보이는, 과거 또는 현재의 한 시점으로 회귀하는 시간 개념이 나타난다. 등장인물의 의식 뒤편에 위치하는 관찰자적 화자의 개념, 연속성을 지니지 않은 파편화된 시간의 사용, 대화나 신비로운 목소리 등이 이루어내는 시적인 문체 등으로 인해 후안 룰포의 소설들은 특이하면서도 경탄을 자아내는 신사실주의, 혹은 마술적 사실주의(realismo mágico)로 불리게 된다.

> 비관과 낙관의 교차점–꼬말라
>
> 후안 룰포의 작품 속에는 늘 기독교적 시각이 바탕에 깔려 있다. 그리고 이러한 시각이야말로 역사에 대한 비관적인 시각과 미래의 가능성에 대한 희망 사이에 존재하는 팽팽한 긴장감을 결정짓는 요인이 된다. 소설 초입 부분의 묘사는 최후의 순간에 후안 쁘레시아도가 취하는 행위가 드러내는 바와 명백히 구분되고 있다. 그것은 어머니의 한 맺힌 목소리가 아니라, 이 세상이 어머니를 위해 만들어주고 또 그곳으로 가도록 어머니의 등을 떠다미는 '꿈'과 '희망'의 목소리이다. 그것은 현재의 황폐화된 상황을 반전시키는, 즉각적인 약속의 메시지로 작용하는 어머니의 유토피아적 담론를 통해 유지된다.
>
> – 이베떼 히메네스 데 바에스(Yvette Jiménez de Báez), 『후안 룰포, 빠라모에서 희망으로(Juan Rulfo, Del Páramo a la esperanza)』

② 「그들에게 나를 죽이지 말라고 말해다오」

이 단편은 그의 책 『불타는 평원』에 담긴 것으로 사실적이고 객관적인 상황을 제시하고 있는데, 점차 이러한 상황 속에서 룰포 산문의 가장 특징적인 몇 가지 측면, 즉 현재에서 과거로의 시점 이동, 주인공의 위치까지 수용하는 관찰자적 화자의 시점, 극적인 대화 등이 나타나게 된다.

a. 구성 단위

이 단편은 점진적으로 통합되어 하나의 이야기를 이루게 되는 세 개의 기본적인 이야기 단위로 나뉜다. 첫 번째 이야기는, 총살당하기 위해 나무기둥에 묶이는 한 남자의 이야기다. 그는 그의 아들인 후스띠노(Justino)에게 중재를 해서 목숨을 살려줄 것을 간청한다. 두 번째 이야기는 그 남자, 즉 후벤시오 나바(Juvencio Nava)가 총살 전야의 고독 속에서 자신의 생애 중심에 자리잡고 있는 과거의 한 일화를 떠올리는 이야기다. 그 일화는 다름 아닌 자신의 대부(代父) 돈 루뻬 떼레로스(Don Lupe Terreros)의 암살사건이다. 세 번째 이야기는, 네 명의 군인들을 지휘하는 대령이 바로 돈 루뻬의 아들로서, 바야흐로 그가 부친의 죽음을 복수하고 있다는 이야기다.

대부 암살사건에 대한 이야기와, 아버지의 죽음을 복수하는 아들의 이야기는 소설 속에 등장하는 또 다른 아들, 후스띠노가 빨로 데 베나도(Palo de Venado)에서 장례를 위해 부친의 시체를 나귀에 싣고 가는 장면을 그리면서 막을 내린다.

b. 주인공의 정체성

주인공의 정체성과 이름은 그 자신의 고유한 기억, 그리고 죽음으로부터 도피한 이후 40년이 지나도록 암살범을 놓아주지 않고 있는 과거를 통해 드러난다. 그의 의식은 불쾌감과 운명으로부터 헛되이 도망치려는 행동을 유발시킨다. 나무 기둥에 묶인 그는 침착할 수 없다. 그리고 총살 이후, 그는 마침내 평정을 되찾게 된다.

그는 새벽에 잡혀왔다. 그리고 벌써 아침 무렵이 되었는데 아직까지도 그는 여전히 나무기둥에 묶인 채로 총살 시간만을 기다리고 있다. 그는 평온할 수 없었다.

(…중략…)

마침내 그는 평정을 되찾았다. 그는 나무기둥 아래 쓰러진 채로였다.

관찰자적 화자는 주인공과 동일한 지위를 차지하는데, 이런 이중성은 역시 이중적인 시각을 제시함으로써 이야기가 내면으로부터 서술되어 나오는 것인지 아니면 단순히 주인공 외부에서 서술되어지는지를 독자가 명확하게 알아채지 못하게 만든다. 관찰자와 주인공, 양자 모두가 동일한 화자인 것이다.

c. 시간의 통일과 그 모호성

이야기가 구성되는 토대를 바탕으로 한 절제된 표현을 통해, 작가는 우리에게 후벤시노가 감금되어 있던 밤 동안의 몇 시간, 그가 총살당하는 날 새벽과 낮이라는 짧은 시간 사이에 전개되는 세 편의 애절한 장면을 보여준다. 첫 번째 장면에서, 아버지와 아들 사이의 극적인 대화는 주인공적 화자와 혼동되는 관찰자적 화자의 출현으로 더욱 풍성해진다. 이러한 개입을 통해 이야기는 객관적 현실과 내적 현실 사이의 경계를 지워 버린다.

- 객관적 현실 : 후스띠노는 앉아 있던 돌더미에서 일어나 울타리의 문까지 걸어갔다. 그리고 말하기 위해 돌아섰다. ……
- 주관적 현실 : 그것은 그들이 그로 하여금 알리마(Alima)의 것들을 보게 만들려고 했기 때문이 아니라, 그가 이성을 가지고 있었기 때문이었다. 그는 기억을 떠올렸다. ……

외부에서 그려지는 이야기와 등장인물의 의식 내부로부터 그려지는 이야기들을 점진적으로 배치함으로써, 작가는 그의 마지막 서술행위와 더불어 이야기 세계의 정형화를 달성한다. 인용부호의 사용은 1인칭 서술이(예: 그리고 송아지가 나를 죽였다) 과거의 회상을 통해 주인공의 관점을 취하고 있음을 우리에게 보여 준다. a) 후스띠노와 그의 아버지 사이의 대화, b) 관찰자적 화자, c) 자신의 과거를 되돌아보는 주인공적 화자 등을 곳곳에 끼워 넣는 기법을 통해 작가는 실시간(현재)과 회상되는 시간(과거)을 교묘히 연결한다.

두 번째 장면에서는 순차적인 현재의 시간으로 돌아온다. 여기서 화자의 시점은 수형자 후벤시노와 병사들이 존재하고 있는 위치, 즉 외부에 있다. 형장의 안쪽에서 대령은 암살당한 자기 아버지에 관한 이야기와 죄인의 처벌에 관한 이야기를 중얼거린다. 화자는 우리에게 "그곳에서도, 밖에서도, 그가 했던 모든 말들이 매우 명확하게 들렸다"라고 말한다. 다시 한 번 화자 시점의 변화가 있었던 것이다.

마지막 장면에서는 후스띠노는 자기 아버지의 시신을 거두어가면서 대령과 이야기를 나눈다. 그런데 이때 화자는 세 번째로 단정짓기 모호한 화자의 시점을 드러낸다. 이 단편에서 열쇠가 되는 "마침내 그는 평정을 되찾았다"라는 문장을 말하는 화자는 과연 전지전능한 화자인가, 관찰자적 화자인가, 아니면 이제는 이미 죽어 버린 주인공적 화자인가?

이 단편 속에서 보이는 이러한 모호성 또는 불확실성은 독자들에게 현실감과 비현실감을 동시에 부여해준다. 앞서 말한 모호성은 구어체 언어와 멕시코 특유의 어투 사용을 통해 수립되는데, 이런 언어는 다른 산문작가들도 사용하고 있다.

47 까를로스 푸엔떼스의 작품세계

노벨 문학상 후보자로 지목되고 있는 까를로스 푸엔떼스의 작품세계는 어떤가요?

이미 까를로스 푸엔떼스는 〈붐(boom)세대〉의 선구자로서 인정받고 있을 뿐 아니라, 『가장 투명한 지역(La región más transparente)』(1958)을 통하여 이론적 측면에서도 강점을 드러내 보였다. 푸엔떼스는 자신의 이 소설이 북미의 문학, 특히 포크너(Faulkner)와 도스 빠소스(Dos Passos)의 영향을 많이 받은 것을 인정했다. 사실상 외래문화의 유입과 그 영향에 대해 개방적인 태도를 보이는 작가들에 반해, 문예부흥기 유럽의 유산인 독창성에 대한 갈구는 불완전한 사상이라는 믿음을 갖고 있었다.

현실에 과도하게 집착하는 소설가에게 나타나는 위험성에 대한 반발로, 푸엔떼스는 오늘날의 일상이 곧 과거의 표출이기도 한 다문화 국가로서의 멕시코에 대한 그들의 평가에 반대한다. 다시 말하면, 푸엔떼스에게 있어서 과거는 현재라는 형식을 빌려 지속적으로 표현되는 존재다. 따라서 그의 소설 속에는 거의 항상 고대 신들의 완전한 세계가 내재되어 있는 듯이 보인다. 이 점은 그의 소설 속에서, 작품을 매개로 역사의 침묵을 보상하려는 욕구와 결합하는데, 그 역사란 라틴아메리카의 경우, 원주민, 아프리카인과 같은 현재 라틴아메리카의 구성원들과 연관된 단절과 공허로 이루어진 역사를 말한다.

불어라는 언어의 창조적 역량에 대해 불신해온 그는 오래 전부터 라블레(Rable)적 문화와는 동떨어져 지내왔지만, 일찍부터 라틴아메리카의 여러 국가와 미국, 유럽 등지에서 살았던 관계로 세계주의적 시각을 형성할 수 있었다. 따라서 푸엔떼스가 프랑스의 문화적 전통에 대해 얼마나 폭넓은 지식을 지니고 있었는가를 간과해서는 안 된다. 또한 그가 지닌 값진 경험 가운데 하나인 예술 영화에의 관심 역시 지대했음을 알아야 한다.

『가장 투명한 지역』은 1954년 『가려진 나날들(Los días enmascaradas)』이라는 단편집 이후에 발표되는데, 이 단편이 『가장 투명한 지역』의 내용에 상당 부분 영향을 주었음을 예상할 수 있다. 특히 작가는 옛 우신(雨神)이 등장하는 이야기들에 상당한 관심을 보인다. 『착 몰(Chac Mool)』은 20세기의 한 남자를 무력화하고 대체하는 것에 대한 이야기인데, 이는 선조로부터의 권력의 영속에 대한 좋은 증거가 될 수 있다. 『가장 투명한 지역』이란, 멕시코 분지에 대해 훔볼트가 이름 붙이고 알폰소 레이에스(Alfonso Reyes)가 채택한 명칭으로, 소설에서 멕시코시는 50년대에 당면한 현실 속에서 중요한 주인공적 성격을 갖는다. 소설 전체에 등장하는 많은 인물들이 이런 본질적인 사실을 뒷받침하는데, 왜냐하면 근본적으로 전복이 불가능한 결정적인 신화를 갖고 있는 이 도시가 모든 사건을 통제하고 흡수하기 때문이다. 수많은 현대소설 속에서 조이스(Joyce)의 『더블린(Dublín)』이 마치 양피지 글쓰기의 흔적처럼 항상 존재한다고는 하지만, 에르난 꼬르떼스의 『보고서신(Cartas de relación)』으로부터 발부에나, 리사르디, 혁명 소설가들, 그리고 푸엔떼스로부터 작품성을 인정받았던 소설 『낙원 가까이(Casi el paraíso)』(1956)의 작가 루이스 스뽀따(Luis Spota) 등의 문학 작품 속에서 드러나고 있는 '멕시코 시'가 지닌 신화와 역사는 '더블린'에 비할 바 아니다.

이 소설은 사회적·실존적 고뇌의 융합에 대해 언급하고 있는 원형적인 소설이다. "우리는 원주민의 신권정치, 스페인의 반개혁, 스페인 왕실의 전제주의, 혹은 아담 스미스(Adam Smith)나 레닌(Lenin)의 자본주의나 마르크스주의의 생존권과 같은 현실에 더욱 근접해 있다"고 한 작가의 말에 따르면, 멕시코가 현대인들의 대립구조 내에서보다는 과거의 구조적인 무게의 결과로서 파악해야 하는 몇 가지 문제를 갖고 있음을 알 수 있고, 이런 사실을 토대로 할 때, 이와 같은 소설의 고뇌는 아주 당연하다고 할 수 있다. 위와 같은 멕시코의 문제점들은 가설이기는 하지만 그 속에서 소설이 지니는 의미심장함을 엿볼 수 있다. 다시 말해서, 이 소설은 혁명정신의 부패에 대한 고발이며, 그 외에도 유럽화한 일부 상류계층에 의한 지주의 부재와 광란, 비참한 상황에 처한 사람들의 발작, 국가 정체성을 탐구하는 데서 생기는 고통이 고스란히 담겨 있다. 푸엔떼스가 본 것은 하나의 불안한 사회이며, 그 혼란한 전체 속에서 사람들은 잔인한 방법으로 불가능한 지위에 오르려고 하고, 오래 전의 부족적 행위를 복제하는 위장과 위선의 사회를 추구한다. 이런 면을 고려해보면 소설의 제목이 결국 대단히 반어적인 어조를 띠고 있음을 알 수 있다.

익스까 시엔푸에고스(Ixca Cienfuegos)는 멕시코인 특유의 틀에 박힌 콤플렉스를 상징하는 듯한 인물로, 때때로 신적인 화자로서 소설에 개입하여 도시와 인물의 성격을 긴 설명을 통해 매우 빠르게 설명해 나간다. 그는 멕시코 시를 다음과 같이 섬뜩하게 정의했다.

> 분노를 반영하는 도시, 좌절이 예상된 도시, 원형지붕의 대혼란 속의 도시, 태양과 촛불에 질려버린 형제의 굳어진 입을 축이는 곳, 도시, 건망증 속에 짜인 도시, 어린 시절의 부활, 문필의 화신, 극악한 도시, 굶주린 도시, 호화스런 별장, 문둥병이 깊숙이 침투한 격노의 도시, 도시.

그에 비하여 반대로, 마누엘 사마꼬나(Manuel Zamacona)는 라틴아메리카 소설 속에서 흔히 등장하는 우유부단함으로 가득한 박식한 사상가이지만, 구원자 멕시코를 위해 변호할 때만은 강인한 자세를 취하는 모습을 보여준다.

> 왜곡은 대립보다 더한 것인데, 왜곡이야말로 우리를 규정하는 단어가 될 수 있다. 우리는 그것을 배양하고 우리를 성장하게 할 만한, 합리적인 어떤 연관성도 느끼지 않는다. 폐쇄되고 세상을 등진 수도원 생활. 우리의 작품들, 우리의 정신이 이해 가능한 논리적 질서에 침투해 있음을 느끼지 않는다.

사마꼬나는 시엔푸에고스가 제안하고 있는 어제의 마력 속으로 빠져 들어가는 것에 맞서서, "멕시코는 미래를 보면서 그만의 독창성을 획득해야 한다. 과거를 통해서는 그것을 발견하지 못할 것이다"라는 확신을 가지고 있다.

멕시코의 수필문학에서 깊이 다루고 있는 이러한 문제, 즉 멕시코적인 감정과 정체성이라는 주제에 대한 연구는 지성소설이자 수필적 소설의 성격을 띠는 이 작품의 핵심을 형성한다. 이를 중심으로 다른 많은 등장인물들과 그들이 처한 상황들과 연결된 수많은 일화적 형상들이 그 둘레를 순환하고 있다. 그들은 바로, 순수함을 잃지 않은 한 여성의 사랑 속에서 도피처를 찾게 되는 페데리꼬 로블레스(Federico Robles), 그의 욕심 많은 아내 노르마 라라고이띠(Norma Larragoiti), 몰락한 부르주아 계층의 상징으로 헛되이 자신의 신분을 되찾고자 하는 삠삐넬라 데 오반도(Pimpinela de Ovando), 이미 유럽화되어 조국의 현실에는 무관심한 엘리트, 빠블로 네루다(Pablo Neruda)가 『노래들(Cantos general)』에서 "천상의 시인들(poetas celestes)"이라고 부른 소설광들, 그리고 비참한 상황에 처한 하층민들이다. 몇몇을 제외하고 이들 모두는 자기가 쓰고 있는 고유의 가면에 걸맞은 행동을 한다. 이러한 상황을 고려할 때 소설의 제목 속에 얼마나 강도있는 비판의 시선이 풍자적으로 담겨져 있는지 알 수 있다.

작가는 리듬의 생략이라는 방식을 도입하는데, 이런 방식을 통해 멕시코인들 삶에서 늘 언급되는 위대한 최후의 신화, 즉 혁명의 업적들을 빈번히 회상함으로써 각 상황간의 연속성을 부여하지 않고 있다.

푸엔떼스 작품은 초기의 몇몇 작품을 출발점으로 부단히 확장되어 가는데, 마침내는 이런 점이 작가에게 명성을 부여하게 되었다. 그럼에도 불구하고 다음 소설인 『선한 양심(Las buenas conciencias)』(1959)에서는 서술 양식과 관련하여 오히려 놀랄 만큼 후퇴하는 모습이 보이는데, 『가장 투명한 지역』의 실험주의와는 대조적으로 이내 눈에 띌 만큼 전통주의로 회귀한 것이다. 이 작품에서는 더욱 불투명한 환멸이 지배적인 소지방의 삶에 대한 분석이 이루어지고 있다. 곧이어 탄생될 4부극의 첫 번째 부분이기도 한 이 소설은 비평가들의 기대에 부응하는 작품을 지속적으로 발표해온 탓에 푸엔떼스의 혁신적인 공헌을 지나칠 정도로 호평해온 비평가들에게조차도 거의 반응을 불러일으키지 못했다.

1962년에는 『아우라(Aura)』와 『아르떼미오 끄루스의 죽음(La muerte de Artemio Cruz)』이 연이어 출판된다. 그러나 『아르떼미오 끄루스의 죽음』의 거둔 엄청난 성공으로 인하여, 『아우라』가 불러일으킨 문단의 관심은 미미한 것으로 치부되고 만다. 그러나 정작 푸엔떼스는 이인칭 기법과, 빠르게 진행되는 현재형과 미래형 동사 변화를 사용하여 엄밀하게 계산된 배합으로 이루어진 이 작품에 대하여 각별한 애정을 드러냈다. 언론에까지 오르내리게 되는 이중인격의 소유자인 한 여성과 주인공—화자의 관계는 고딕양식 소설의 환상적인 분위기를 형성해 나간다. 멕시코 수도 내 유적지에 자리잡고 있는 한 오래된 성에 거주하는 늙은 귀부인인 꼰수엘로(Consuelo)는 동시에 암시적인 젊은 처녀 아우라(Aura)이기도 한데, 이 여인을 통해 한 남자를 자신의 남편으로 만드는 것을 포함하여 독자를 사로잡는 과정이 전개된다. 즉 푸엔떼스가 "사물의 환각적인 모습 뒤에서 발견할 수 있는 어떤 이차적 현실세계"라고 칭한 곳으로의 접근을 다루고 있는 것이다.

『아르떼미오 끄루스의 죽음』은 구조적으로 매우 복잡한 작품인데, 푸엔떼스의 수준 높은 작품들에서 지각되는 미덕이 창출해 내는 진정한 인간적 가치라는 독창적인 힘을 가지고 있다. 『수단의 복원(El recurso del método)』의 말미에서의 독재자와 같이, 이 소설은 번뇌하는 한 남자의 피폐한 정신상태로부터 시작된다. 즉 죽음에 이른 자기 몸을 보면서 환각적인 질책을 통해 그의 인생을 돌이켜보는 늙은 혁명가 아르떼미오 끄루스를 이야기하고 있는 것이다.

> 이게 나야, 이게 나라구. 크고 작은 유리조각들에 비친 갈라진 이 늙은 이가 나야. 이 눈이 나야. 오랫동안 쌓인, 잊혀진, 항상 들끓고 있는 분노의

뿌리들이 고랑처럼 얽혀 있는 이 눈이 나야. 눈꺼풀 사이에 불룩 솟아있는 푸른 눈이 나야. 눈꺼풀, 기름기 투성이의 눈꺼풀.

이 순간과 소설에서 예상되는 결말 사이에, 죽음에 임박해 고통받는 주인공이 회상하는 공간들과 인물들이 38개의 단편적인 이야기를 따라 등장한다. 이야기의 서술양식은 1인칭으로 된 현재에서부터, 2인칭으로 된 미래, 그리고 3인칭으로 된 과거라는 체계적인 방식을 채택한다. 프란시스꼬 인두라인(Francisco Ynduráin)은 푸엔떼스 바로 이전에 미셸 부토(Michel Butor)가 2인칭을 사용했음을 언급하면서, 푸엔떼스 작품이 지니는 고도의 복합성에 주목한다.

나(yo)로부터 시작하는 흐름은 ……, 아마도 가장 뛰어난 부분으로 현재와 일치하여 현실화되고 있으며, 대부분 내적 독백으로 이루어진다. 너(tú), 그리고 그(él)는 미래로 건너뛰기 위하여 혹은 과거를 회상할 때 사용하는데, 물론 너(tú)는 반성의 부분에 등장한다. 가장 말하기 힘든 사실들인, 그의 인생에서 어두운 부분들은 3인칭의 먼 거리에 둔다.

『아우라』나 『허물벗기(Cambio del Piel)』(1967)에서도 나타나는 모호한 수준의 독자 참여는 2인칭 너(tú)의 특이한 사용을 통해 이루어질 수 있는 것이지만, 이 점은 아마도 작가조차도 인식하지 못한 채 첨가된 부수적 효과일 것이다. 인두라인의 견해에 따르면, 이와 같은 경우에서 너(tú)는 "나(yo)와 반영의식, 혹은 생활경험에서 동떨어진 것의 다양한 객관화 정도를 표현하기 위하여" 필요한 것이다.

변화하는 시점으로 인해 뒤섞이고 단절되는 시간성의 유희 속에서, 아르떼미오 끄루스는 산재된 형상의 누적을 통해서 형상화되는데, 그는 비겁함과 욕심 때문에 숭고한 그의 믿음의 근본을 깨뜨리는 혁명가로서 등장한다. 물질 면에서의 그의 점진적인 상승은 동시에 자신의 내적 몰락과 평행선을 이룬다. 그가 차지하게 된 부는 룰포의 『우리에게 토지를 부여했다』에서의 경우에서처럼, 원주민들에게서 할당된 보잘것없는 불모지마저 빼앗은 데에서 비롯된 것이다. 이후 그는 독재를 펼침으로써 자신의 지위를 공고히 하며, 멕시코 북부에 대한 제국주의적 침투에만 몰두한다. 비겁함이냐, 불명예냐로 간단히 나뉜 세계에서 그의 선택은 비겁함이 아닌 불명예였기 때문에, 그는 어떠한 멸시라도 기꺼이 감수한다. 다만 스페인 내전에 지원병으로 간 그의 아들의 숭고한 죽음만이, "오, 내 인생이 존재할 수 있음을 가르쳐 주어 고맙구나. 내 대신에 그런 세월을 살아주니 고맙구나 ……"라는 그의 말처럼, 자신의 실존을 깨닫게 하는 또 다른 기호로써 존재하고 있을 뿐이다. 그의 흉미로운 결혼생활, 진정한 사랑에 대한 배반은, 그 자신에 대한 가치 있는 무엇인가를 발견할 수 있는 참된 거점으로부터 끄루스를 몰아낸다. 그의 비참한 육신과의 최후의 대면은 한 인간의 비열한 인간사를 고통스럽게 받아들이는 것과도 같은 맥락으로 해석된다.

푸엔떼스는 지주에 의해 자행된 폭행의 결과로서 물라또(백인과 흑인의 혼혈인)인 아르떼미오 끄루스라는 인물을 만들어 내는 데 신중을 기했다. 멕시코인들의 무의식 속에 내재된 폭행이 지닌 신화적 의미에 대한 평가에서도 드러나듯이 말 그대로 근본의 문제가 있기 때문이다. 그렇기 때문에 어떠한 윤리적 타협도 없애고, 문제를 실존적인 면으로 옮기면서 자신의 면죄를 구걸하는 듯한 이 남자의 행동에는, 자연주의적 근원에 대한 운명론과 복수에 대한 막연한 감정이 내재되어 있을 것으로 보인다.

> 너는 그날 네가 요구받았던 두 가지 윤리규범 가운데 어느 하나도 선택하지 않았다. 너 스스로가 그것들에 대해서 책임질 수 없었기 때문이다.

정복하는 공간, 혹은 나(yo)의 비이성적인 상태에 대해 빈번하게 규정하는 소설 언어와 관련하여, 옥따비오 빠스는 이것을 "레사마 리마(Lezama Lima)의 『낙원(Paradiso)』의 바로크주의에서 생각하게 하는 거대하고 즐거우면서도 고통스럽고 흥분을 불러일으키는 언어상의 문제"로 이해했다. 그러나 『아르떼미오 끄루스의 죽음』 속에는 레사마의 언어가 유발시키는 고정된 흥분과는 달리 '변동과 계속되는 돌발상태에 있는' 현실이 반영되고 있다. 그 뿐 아니라 3인칭과 함께 무인칭 서술기법도 등장하는데, 이는 더욱 더 객관적인 화자가 끄루스까지도 포함하는 외부로부터 관찰된 현실을 작품 속에 도입시키고, 이에 따라 감정이 개제된 내적 독백의 상이한 두 가지 흐름과 관련하여 대립 혹은 지지하는 역할을 담당하는 것이다.

이어지는 작품 『장님들의 노래(Cantar de ciegos)』(1964)는 이전 작품에 비하여 매우 고정된 기법으로 씌어진 단편들을 모은 것으로, 이 작품에서는 약간은 보르헤스(Borges)적이고 무미건조한, 이 작가의 가장 특징적인 이야기 가운데 하나가 포함되어 있다. 1967년, 또 다른 소설 『신성한 지역(Zona sagrada)』에서는 냉엄하고 차가운 모호성을 통해 어머니와 아들의 관계를 해석하고 있는데, 그 관계의 바탕에는 의심할 여지없이 어머니와 조국에 대한 멕시코인의 태도의 근간에 자리잡고 있는 즐거움이 내재되어 있다. 이를 포착하기 위해서는 어머니에게 애인이 있다는 것을 알았을 때, 주인공 기예르모(Gillermo)가 보여주는 절망적인 반응을 살펴보는 것만으로도 충분하다. 작가 자신은 소설의 토대를 세계적 차원의 신화인 『율리시스(Ulises)』 신화로 설명하면서, 율리시스와 키르케(Circe) 사이에서 태어난 아들인 주인공 뗄레고도(Telégodo)를 뗄레마꼬(Telémaco)의 초자아로서 존재시키면서도, 동시에 키르케에게서 페넬로페(Penélope)의 자아가 복제된 것으로 자의적 해석과 확장을 하고 있다. 근친상간, 어머니의 소유, 그리고 아버지의 파멸이 작품의 산뜻하면서도 숨막히는 듯한 분위기 속에 고동친다. 모호함으로 가득찬 혼재는 이 소설에 매우 개방적 차원을 제공하는 동시에, 가치 있는 열정이 명백히 드러나고 불안정하고 혼돈스런 결과를 초래하는 초현실주의적·바로크적 언술에 적합한 변화무쌍한 기법은 이야기를 지탱하는 힘이 된다. 그 속에서도, 특히 비인간적 존재로 화한 여배우 끌라우디아(Claudia)라는 등장인물의 매력과 함께, '어머니-여신'의 힘에 의해 결국은 동물성으로 화하고 마는 아들 기예르모의 계속되는 혼란은 핵심적 위치를 차지한다. 문학 작품의 최고 가치를 포괄성에 둘 수는 없지만, 분명히 푸엔떼스는 『신성한 지역』을 통해 최소한의 논리만을 바탕으로 하는 독서를 불가능하게 했고, 동시에 치밀하게 계획된 의도 없이 작업한 결과 지나칠 만큼 방대한 소재를 다룬 그의 능력 때문에 오히려 스스로를 과도하게 현혹시키기도 했다. 따라서 의미심장한 반영이 작품 속에 내재하고 있다는 점은 별도로 치더라도, 이 소설은 "까를로스 푸엔떼스는 대단히 기교적이다"라는 페루의 호세 마리아 아르게다스(José María Arguedas)의 평가가 틀리지 않았음을 입증해주는 역할을 하게 되었다.

『허물벗기』는 촐룰라와 떼노치띠뜰란으로 가는 길에 위치한 뜰락스깔라에 머물고 있던 에르난 꼬르떼스와 그의 부하들에 대한 묘사로 시작되지만, 여기에 곧바로 1965년에 해당하는 현대 상황이 겹친다. 베라끄루스로 가는 4명의 등장인물, 즉 미국인 엘리자베스(Elizabeth)와 그의 남편이며 멕시코인인 하비에르(Javier), 멕시코 여인 이사벨(Isabel)과 그의 남편으로 체코인인 프란츠(Franz)가 같은 장면에 등장하는 것이다. 여기에 또 다른 모호성이 존재하는데, 바로 여성과 남성이 각기 그 자체 내에서 서로 교체 가능하다는 사실이 그것이다. 심지어는 작가는 이런 사실을 창조하는 화자 자신까지도 거기에 포함시키기도 한다. 소설의 본문 속에는 현재 시점이나 회상을 통한 무수히 많은 일화들이 소개되고 있다. 푸엔떼스는 줄거리가 일종의 순환적인 틀로 이해되도록 노력했는데, 그는 이에 대해 "이 소설이 언급하고자 하는 것은 연대기적 진행은 없다는 것이다. 즉 내세는 없으며 단지 순수하고 무한한 현재만이 있을 뿐이고, 존재하는 것은 일련의 의식적인 행동의 반복뿐이다"라고 설명했다. 작가는 늘 그렇듯이 세밀한 분석을 하고, 애초에 상정된 한정된 상황으로부터 거대하게 확장된 영역을 창출하게 되는데, 이런 작업은 매우 다양한 요소들의 도입과 모든 규범 체계를 의도적으로 위반함으로써 이루어진다. 실제로 이 작품 속에는 일부 등장인물들의 피부를 바꾸려는 노력과, 오네띠의 『짧은 인생(La vida breve)』에서처럼 파트너 간의 성적 교감으로부터 시작된, 스스로를 타인들 속에 존재시키고자 하는 욕망이 담겨 있다. 신비감이 감도는 촐룰라 피라미드 안에서 프란츠가 죽고, 정신병원의 한 병실에서 화자를 포함한 나머지 사람들이 뿔뿔이 흩어짐으로써 끝을 맺는 가공할 만한 모든 사건전개를 위해 필요한 시간은 오직 24시간이었다. 이 소설은 방대하고 복잡한 지적 소설이라 할 만하다.

『생일(Cumpleaños)』(1969)은 주지하다시피 푸엔떼스의 산문에서 거의 강박적으로 나타나고 있는 주제인 '분신(doble)'를 다루고 있는 또 다른 소설이다. 18세기의 이단 신학자 시헤르 데 브라반떼(Siger de Brabante)가 현대 영국인 건축가인 조지(George)라는 인물을 통해 부활한다. 이 소설을 중심으로 현대 라틴아메리카 소설을 집중적·구체적으로 연구한 도날드 쇼우(Donald L. Show)는 이 작품 속에 보르헤스의 영향이 매우 분명하게 드러나 있다고 분석한다. '조지의 악몽, 창조적인 조물주, 신학의 난제들, 시간과 공간상의 미로, 개인적인 개별성의 부재' 등 모든 것이 보르헤스의 영향을 드러낸다고 말한다. 그러나 다른 한편으로는, 푸엔떼스가 고딕 양식 계보를 가진 소설의 복잡한 미로를 통해서, 그리고 『생일』에 폭넓게 장치된 지적 분석의 소란스러운 벌집을 통해서 매우 개인적인 기교를 가지고 작품 활동을 한다는 것 역시 증명되고 있다.

푸엔떼스의 무한한 집필력은 1975년에 발표된 대작 『우리들의 땅(Terra nostra)』을 통해 인상적인 원형을 제공한다. 그는 인간의 복합성에 대한 연구를 통해 배경과 등장인물의 계속되는 확장을 달성하기에 이른다. 『우리들의 땅』은 권력에 대한 새로운 시각의 고찰로서 읽혀질 수 있는데, 이 작품에서는 『가장 투명한 지역』에서 이미 멕시코적인 면모에 대한 분석을 통해 다루어진 바 있던, 정적이고 스스로 소외적인 스페인의 상징 펠리뻬 2세라는 인물에게 집중된 권력이 그 중심 소재다. 이 때문에 이 소설을 '독재시대에 관한 소설'이라고 말할 수도 있겠지만, 바로 이런 해석이 이 소설의 특징을 약화시키는 결과를 가져올 수도 있다. 암벽으로 둘러싸인 엘 에스꼬리알(El Escorial)에 유폐된 군주는 단지 역사상 존재하는 특정 인물만은 아니다. 푸엔떼스는 그 인간이 내포하는 구체적인 특성들을 뛰어넘는 소설적 면모에 더 큰 관심을 보였는데, 그것은 바로 라틴아메리카 고유의 자연을 선물받은 국토로서, 그리고 엄격한 기준, 현실을 확고부동한 권력에 예속시키려는 의도, 더 나아가 그 현실의 포괄적인 가치를 의미하는 세계 속의 모든 것에 대한 상징으로서 설명하고 있는 한 국가의 이념을 의인화시키는 작업이었다. 이에 대하여 화자는 그의 이야기를 통해 외견상의 질서 하에 숨겨진 능력들이 관습의 체계를 넘어 널리 퍼지길 바란다. 이러한 작가의 의도는 마지막 부분에서, 즉 '현실의 것과 가상의 것, 존재할 수 있었던 것과 함께 존재했던 것'을 이야기할 것과, 구체적인 시간이 아닌 '우리들이 억제하는 보이지 않는 모든 시간과 공간들'을 묘사할 것, 그리고 선적인 것이 아닌 동시적인 것을 포착할 것을 화자에게 간청하는 등장인물인 프라이 훌리안(Fray Julián)의 말을 통해 드러나고 있다.

'존재했던' 것을 뛰어넘어, 푸엔떼스가 스페인의 역사와 라틴아메리카의 역사를 연구하기 시작하여 발견한 것은 마술적인 힘, 내밀한 것, 전횡하는 것, 몽상으로 인해 침해받은 역사였다. 그것은 과거에 완전성을 부여할 새로운 현실을 제시하기 위한 것이라기보다는, 결론적으로 인식되는 것에 대한 반역을 제안하기 위한 것이며, 또한 〈확실한 것〉의 공허함과 자유의 돌이킬 수 없는 힘을 보여주기 위한 것이다. 『우리들의 땅』은 이런 견해를 표명하기에 알맞은 소설이며, 존재하는 것, 존재했던 것, 그리고 존재할 수 있는 모든 것 사이의 감춰진 연관성의 일부를 폭로할 의도로 만들어진 것이라고 할 수 있다. 펠리뻬 2세는 자신이 미래에 이리가 될 거라는 징후를 느끼며, 스스로를 로물로(Rómulo)와 레모(Remo)를 키워준 암컷과 혼동한다. 마야 샤레르(Maya Scharer)는 "모든 존재가 『우리들의 땅』에서 그들의 그림자에 다시 흡수되고자 한다면, 푸엔떼스에게는 궁극적으로 아무것도 사라지지 않는다는 것 역시 분명하다. 그렇기 때문에 실제로 이 작가에게는 부재가 아니라 휴식이고 중지다. 시간의 흐름에 의해 갑자기 던져져서 다시 소용돌이에 의해 흡수되어 버리는 세계이며, 결코 정체됨 없이 오고가기를 꿈꾸는 사람들이다"라고 말한다.

푸엔떼스는 『히드라의 머리(La cabeza de la hidra)』(1978)에서 직접 현대 멕시코의 문제에 개입하는데, 이 소설은 탐정소설로 기법상의 재치는 발휘하지만 이전의 어느 작품보다도 훨씬 덜 복잡하다. 탐정소설이라는 하위양식 속에 담겨진 일화들을 통해 모두 네 부분으로 나눠어지는 이 소설은 펠릭스 말도나도(Félix Maldonado)라는 관리의 활동과 관련된 이야기를 다루고 있는데, 그는 멕시코 유전에 대한 정보가 담겨있는 반지를 찾아내야 하는 어려운 임무를 맡게 된 인물이다. 이 작품에서도 결국은 푸엔떼스 작품에서 빠질 수 없는 요소인 반제국주의적 논쟁이 다시 다루어지며, 이는 곧 멕시코의 정체성에 대한 분석으로 연결된다.

서문에서 "석유가 마치 히드라처럼, 잘려진 단 하나의 머리에서부터 증식되어 늘어난다"는 말과 "희망과 반역이 공존하는 대지의 검은 씨앗"이라는 표현을 대하다 보면, 『조용한 조국』에 나타나는 로뻬스 벨라르데(Lopéz Velarde)의 "아기예수는 너에게 마구간과 네 유전자 속의 악마성을 보증해 주셨다"라는 시구절을 떠올리게 된다. 사실상 석유는 멕시코의 막대한 재산이지만, 동시에 열강들의 야심을 부추기는 커다란 위험이기도 하다. 이 때문에 현실적인 문제가 발생하게 되었고, 이 문제에 대한 인식은 국가가 겪는 외적인 부담으로 연결된다. 푸엔떼스는, 말린체의 그림자가 항상 자국의 역사 위에 투영된다는 비관주의자다. 지친 주인공이 그의 운명은 '맹목적으로 이용된 것'에 불과하다는 자기 아내의 중얼거림을 들을 때, 그리고 그가 세계를 짓누르는 보이지 않는 힘에 대항하는 아무 소용없는 헛된 반격을 시도할 때, 그는 자국의 자아로서의 역할을 하고 있는 것이다.

소설의 의미는 매우 명확히 드러나지만, 소설의 메커니즘은 단지 단순한 정보를 제공해 주기 위해 작동하지는 않는다. 다시 한 번 사회적인 요소와 실존적인 요소가 서로 합쳐진다. 히드라는 매력적인 석유의 상징으로서도 계속 유지되지만, 동시에 현재의 세계 속에 실제로 존재하는 히드라의 의미도 갖는다. 이중적인 주제는 당연히 이런 측면을 나타내기에 부족함이 없다. 보다 완전한 '나'를 발견하려는 욕구를 가진 주인공은 역설적이게도 그의 가장 진정한 나의 발견이라는 욕구를 끝내 달성하지 못하면서 오히려 부득이하게 변질된 자아의 역할을 감당하게 된다. 라닌 규루코(Lanin A. Gyurko)는 화자자신을 포함한 등장인물에 대해 언급하면서, 동시에 구조적인 측면에서 이중으로 겹쳐진 서술양식의 기능을 자세히 서술했다. 분명히 푸엔떼스는 소설의 어의상의 구조에서 자신이 매우 복잡한 방식을 사용한 것과 관련하여 추론될 수 있는 점들에 대해 이미 경계를 늦추지 않고 있었던 것이다.

푸엔떼스의 마지막 소설 네 편에서는 이미 시험대에 올랐던 의문점들이 확실하게 그 모습을 드러낸다. 특히 『머나먼 가족(Una familia lejana)』(1980)은, 중심인물이자 자기 자신의 유희에 한 번 더 사로잡힌 작가 자신의 모습이기도 한 브랜리(Branly), 우고 에레디아(Hugo Heredia), 그의 아들 빅또르(Víctor)를 통해 '이중주제'를 열렬히 추구한다. 『불살라진 물(Agua quemada)』(1981)은 네 개의 서술 단락으로 구분되는데, 이 네 개의 단락은 환경과 등장인물을 통해 서로 내적 연관관계를 갖는다. 이러한 사실은, 소설을 상징적으로 풀어나가는 작가 알폰소 레이에스의 "이곳이 세계에서 가장 투명한 지역인가?", 그리고 "그렇다면 나의 이 높은 형이상학적 계곡에서 무엇을 할 것인가?"라는 의문에 모든 것을 투영해 볼 때 명백히 드러난다. 비센떼 베르가라(Vicente Vergara)는 혁명을 통해 완성된 인물로, 그를 이해하기 위해서는 우선 '그의 삶은 내부에 축적되어 있으며 외부에 존재하지 않는다'는 그의 고집부터 이해해야 한다. 아구스띤 베르가라(Agustín Vergara)는 반대로, 비센떼와는 달리 외부에서, 그리고 동시에 유대와 원조에서 벗어난 채 살아간다. 앞의 등장인물들의 손자이기도 하고 아들이기도 한 쁠루따르꼬(Plutarco)는 그들의 의견을 무난히 조정해 내기 위해 애쓴다. 루이시또(Luisito)는 향수 속에 머문 채 살아가는 장애아다. 상호유대를 창출해 낼 수 있는 고독과 역사의 상징인 도냐 마누엘리따(Doña Manuelita)는 자신이 잃어버린 딸 루뻬 루삐따(Lupe Lupita)의 자리를 한 청년의 존재를 통해 대체하려고 하는데, 그녀는 한때 루뻬를 비르헨(Virgen)이라는 또 다른 이름과 무익한 바퀴의자로 쓸데없이 보호하려 했었다. 개들은 세습 재산의 감시자였고, 이후 원조의 단절을 상징하는 동물이 된다. 중산층에 속한 원주민 페데리꼬 실바(Federico Silva)나 방황하는 젊은이의 상징인 베르나베(Bernabé)와 같은 기타 등장인물들 역시 중요한 인물들인데, 멕시코시에서는 악마 꼬후엘로라는 어려운 역할을 담당한다. 『그링고 비에호(Gringo Viejo)』(1985)는 작품 전체를 통해 한 외국인에게 모든 주인공적인 면모를 부여함으로써 작가의 변화된 모습을 또렷이 보여준다. 푸엔떼스는 이 작품 속에서 미국인 암브로스 비어스(Ambrose Bierce)의 이야기를 자유롭게 재구성해 내는데, 이 인물은 여생을 혁명중인 멕시코에서 보내고자 했던 남북전쟁의 퇴역군인이다. 자국의 제국주의적 행보에 반기를 들었다가 끝내는 빤초 비야에 의해 총살당하는 이 특이한 인물은 약탈당한 남부 인근의 현실과는 거리가 먼 이국 출신의 이례적인 대표자로서 푸엔떼스의 소설에 등장한다. 마지막으로 『미완의 끄리스또발(Cristóbal Nonato)』(1987)은 결코 형식에서의 긴장감을 늦추지 않은, 거의 새로운 서술 방식을 자유자재로 구사한 푸엔떼스 최고의 과시적 표현 측면을 고양시킨 작품이다. 태내 착상으로부터 출생에 이르는 기간을 통해, 마치 1992년 10월 12일이 예정되어 있기라도 한 듯 생겨난 이 태아는 전지전능한 능력을 통해 멕시코에서 벌어지고 있는 사건들을 관찰하고 분석함으로써 푸엔떼스의 다른 인물들을 월등히 초월한다. 그는 쌍둥이 여자형제와 더불어 세상으로 나오는데, 이러한 사실은 줄곧 역사적이고 전설적인 반향을 불러일으키는 줄거리상에서 대단한 상징적 의미를 내포한다. 의심할 나위없이, 이 끄리스또발이라는 소년은 비관적이고 신랄한 풍자가이며, 체념적이며 공격적이고 익살꾼인 동시에 새롭고 놀라운 열정으로 언어를 구사하는 푸엔떼스의 강박관념인 히드라의 또 다른 머리다. 아마도, 마지막 부분에 이르면 이러한 전위주의의 '재발견'이 거의 설득력을 잃게 된다는 사실을 발견하게 될 것이다. 그럼에도 불구하고, 이미 기정사실화된 이 변명은 여전히 큰 가치를 지니고 있다. 이제 멕시코의 이 위대한 작가는 미래를 향해 나아가려는 자신의 도피행각에서 어느 정도 한계점에 도달한 것처럼 보인다.

> 소설-새로운 문제 제기
>
> 푸엔떼스의 작품은 스페인어로 씌어진 현대문학에서 가장 유려하고 다양한 맛을 주는 작품 들 중의 하나이다. 그러나 그의 작품이 다양한 장르를 넘나들고 있으며, 그 주제 또한 다채롭지만, 언제나 작품을 통해 문제를 제기하고 있다는 사실에는 변함이 없다. 또, 그의 모든 작품은 제기된 물음에 대해 답변을 제시하고자 하지만, 그 답변으로부터 늘 또 다른 물음이 생성되어 나오곤 한다. 이러한 물음에 대해 한마디로 답변을 하거나, 혹은 하다못해 어렴풋이나마 묘사하는 일이 그리 쉽지만은 않다. 그가 던지는 질문 자체가 매우 광범위하고, 따라서 그 속에 수많은 잔가지들이 존재하기 때문이다.
>
> – 옥따비오 빠스, 『옥따비오 빠스의 작품 속에 나타나는 멕시코(México en la obra de Octavio Paz)』

까를로스 푸엔떼스의 문학적인 성과로서 그의 소설작품 이외에도 그가 꾸준히 써온 수필들을 간과해서는 안된다. 사실 『파리: 5월 혁명(París: la revolución de mayo)』(1968), 『라틴아메리카 신소설(La nueva novela hispanoamericana)』(1969), 『두 개의 문이 있는 집(Casa con dos puertas)』(1970), 『멕시코식 시간(Tiempo mexicano)』(1971), 『세르반떼스 혹은 독서 비평(Cervantes o la crítica de la lectura)』

(1976)과 같은 작품들은 문학, 미술, 그리고 그가 여러 편의 대본을 쓰기도 했던 영화, 사회학, 그리고 정치학에 이르는 매우 다양한 영역에서 기울였던 푸엔떼스의 각별하고 빛나는 노력을 드러내는 증거다. 또한 흥미를 끌 만한 연극 대본도 세 편 남겼는데, 『모든 고양이는 황갈색이다(Todos los gatos son pardos)』에서는 멕시코 내에 공존하고 있는 양대 문화의 대립에 대한 새로운 접근을, 『애꾸눈 국왕(El tuerto es rey)』에서는 멕시코화되지 않은 추상적 실존주의 내에서 최초로 시도된 부조리에 대한 연구를 짐작하게 하는데, 이 두 작품은 모두 1971년에 발표되었다. 다른 하나는 1982년에 발표된 '과거의 연인'들에 대한 애가 『달빛에 비친 난초(Orquídeas a la luz de la luna)』다. 이 작품들과 더불어 그는 현대 라틴아메리카 작가들 가운데 가장 왕성한 창작력을 과시했으며, 그 결과 1987년에 세르반떼스 문학상을 수상하게 된다.

찾아보기

【ㄷ】

【ㅁ】

【ㅅ】

【ㅇ】

【ㅈ】

【ㅊ】

【ㅍ】

【ㅎ】

【기타】

질문으로 풀어주는 **멕시코**

초판 인쇄 2009년 2월 20일
초판 발행 2009년 2월 28일

지은이 ▪ 정경원 외
펴낸이 ▪ 박 철
펴낸곳 ▪ 한국외국어대학교 출판부
130-791 서울시 동대문구 이문동 270
전화 (02)2173-2495~6
팩스 (02)2173-3363
홈페이지 http://press.hufs.ac.kr
전자우편 press@hufs.ac.kr
출판등록 ▪ 제6-6호(1969. 4. 30)
디자인 · 편집 ▪ (주)이환디앤비 (02)2254-4301
인쇄 · 제본 ▪ (주)동화인쇄공사 (02)719-7181

ISBN 978-89-7464-537-3 93950 정가 15,000원

* 잘못된 책은 교환하여 드립니다.

불법복사는 지적재산을 훔치는 범죄행위입니다.

저작권법 제136조(권리의 침해죄)에 따라 위반자는 5년 이하의 징역 또는 5천만원 이하의 벌금에 처하거나 이를 병과할 수 있습니다.

〈한국외국어대학교 중남미연구소 라틴아메리카 총서 Ⅲ〉